Utilize este código QR para se cadastrar de forma mais rápida:

Ou, se preferir, entre em:
www.moderna.com.br/ac/livro

e siga as instruções para ter acesso aos conteúdos exclusivos do Livro Digital

CÓDIGO DE ACESSO:
A 00264 MATENCL5E 3 97841

Faça apenas um cadastro. Ele será válido para:

Da semente ao livro,
sustentabilidade por todo o caminho

Plantar florestas
A madeira que serve de matéria-prima para nosso papel vem de plantio renovável, ou seja, não é fruto de desmatamento. Essa prática gera milhares de empregos para agricultores e ajuda a recuperar áreas ambientais degradadas.

Fabricar papel e imprimir livros
Toda a cadeia produtiva do papel, desde a produção de celulose até a encadernação do livro, é certificada, cumprindo padrões internacionais de processamento sustentável e boas práticas ambientais.

Criar conteúdos
Os profissionais envolvidos na elaboração de nossas soluções educacionais buscam uma educação para a vida pautada por curadoria editorial, diversidade de olhares e responsabilidade socioambiental.

Construir projetos de vida
Oferecer uma solução educacional Moderna é um ato de comprometimento com o futuro das novas gerações, possibilitando uma relação de parceria entre escolas e famílias na missão de educar!

Taciro Comunicação, Alexandre Santana e Estúdio Pingado

Apoio:

www.twosides.org.br

Fotografe o Código QR e conheça melhor esse caminho.
Saiba mais em *moderna.com.br/sustentavel*

Ênio Silveira

Engenheiro mecânico pela Universidade Federal do Ceará – UFC. Engenheiro eletricista pela Universidade de Fortaleza – Unifor. Diretor pedagógico do Sistema ATS de Ensino. Professor de Matemática e Física em escolas particulares do estado do Ceará.

Cláudio Marques

Supervisor pedagógico do Sistema ATS de Ensino. Professor e assessor de Matemática em escolas particulares de Ensino Fundamental do estado do Ceará.

MATEMÁTICA
3

5ª edição

© Ênio Silveira, Cláudio Marques, 2019

Coordenação editorial: Mara Regina Garcia Gay
Edição de texto: Carolina Maria Toledo, Daniel Vitor Casartelli Santos, Mateus Coqueiro Daniel de Souza
Assistência editorial: Kátia Tiemy Sido, Paulo César Rodrigues dos Santos, Zuleide Maria Talarico
Gerência de *design* e produção gráfica: Everson de Paula
Coordenação de produção: Patricia Costa
Suporte administrativo editorial: Maria de Lourdes Rodrigues
Coordenação de *design* e projetos visuais: Marta Cerqueira Leite
Projeto gráfico: Bruno Tonel
Capa: Bruno Tonel, Daniel Messias
   Ilustração de capa: Ivy Nunes
Coordenação de arte: Wilson Gazzoni Agostinho
Edição de arte: Marcia Cunha do Nascimento
Editoração eletrônica: Teclas Editorial
Coordenação de revisão: Elaine C. del Nero
Revisão: Recriar Editorial, Renata Brabo, Vera Rodrigues, Viviane T. Mendes
Coordenação de pesquisa iconográfica: Luciano Baneza Gabarron
Pesquisa iconográfica: Carol Bock, Maria Marques, Mariana Alencar
Coordenação de *bureau*: Rubens M. Rodrigues
Tratamento de imagens: Fernando Bertolo, Joel Aparecido, Luiz Carlos Costa, Marina M. Buzzinaro
Pré-impressão: Alexandre Petreca, Everton L. de Oliveira, Marcio H. Kamoto, Vitória Sousa
Coordenação de produção industrial: Wendell Monteiro
Impressão e acabamento: EGB Editora Gráfica Bernardi Ltda
Lote: 756343
Cod: 24119782

Dados Internacionais de Catalogação na Publicação (CIP)
(Câmara Brasileira do Livro, SP, Brasil)

Silveira, Ênio
   Matemática / Ênio Silveira, Cláudio Marques. –
5. ed. – São Paulo : Moderna, 2019.

   Obra em 5 v. para alunos do 1º ao 5º ano.

   1. Matemática (Ensino fundamental) I. Marques, Cláudio. II. Título.

19-25565   CDD-372.7

Índices para catálogo sistemático:
1. Matemática : Ensino fundamental   372.7
Maria Alice Ferreira – Bibliotecária – CRB-8/7964

ISBN 978-85-16-11978-2 (LA)
ISBN 978-85-16-12009-2 (LP)

Reprodução proibida. Art. 184 do Código Penal e Lei 9.610 de 19 de fevereiro de 1998.
Todos os direitos reservados
EDITORA MODERNA LTDA.
Rua Padre Adelino, 758 – Belenzinho
São Paulo – SP – Brasil – CEP 03303-904
Vendas e Atendimento: Tel. (0_ _11) 2602-5510
Fax (0_ _11) 2790-1501
www.moderna.com.br
2022
Impresso no Brasil

1 3 5 7 9 10 8 6 4 2

Apresentação

Estimado(a) aluno(a),

Neste livro, vamos apresentar a você, de maneira interessante e criativa, os conhecimentos matemáticos.

Aprender Matemática vai ajudá-lo a compreender melhor o mundo que o cerca. Você vai perceber que a Matemática está presente em casa, na escola, no parque, em todo lugar. Ela é importante no nosso dia a dia, pois nos ajuda a interpretar informações, buscar soluções para problemas cotidianos e tomar decisões.

Embarque conosco nesta viagem surpreendente pelo mundo da Matemática! Você vai fazer descobertas incríveis!

Participe de todas as atividades propostas e cuide bem do seu livro. Ele será seu companheiro durante todo este ano.

Os autores

*Aos meus filhos,
Priscila, Ingrid e Ênio Filho, que são
minha inspiração, minha vida.*

Ênio Silveira

*À minha esposa, Letícia,
pela inspiração e compreensão,
com minha admiração e estima.*

Cláudio Marques

Como é o seu livro

Durante os estudos, você encontrará neste livro páginas organizadas com o objetivo de facilitar seu aprendizado e torná-lo mais interessante.

Abertura da unidade

Nestas páginas, você terá um primeiro contato com o conteúdo que será estudado em cada unidade, respondendo a algumas questões no **Trocando ideias**.

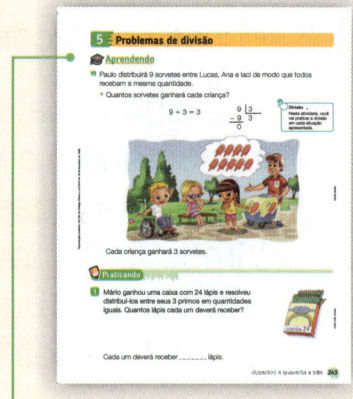

Resolvendo problemas

Neste boxe, você vai encontrar problemas mais elaborados que os apresentados na unidade.

Apresentação do conteúdo

Para cada conteúdo trabalhado na seção **Aprendendo**, há uma sequência de atividades na seção **Praticando**.

Curiosidade

Este boxe traz informações interessantes que envolvem Matemática.

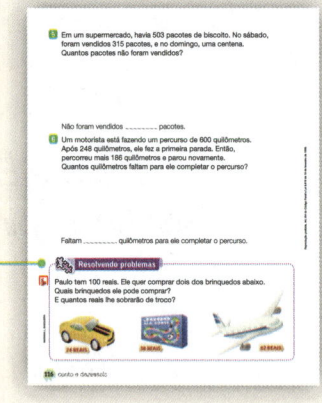

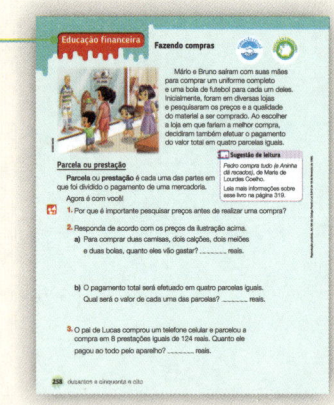

Educação financeira

São dadas informações sobre o tema estudado de forma clara e organizada.

Agindo e construindo

Neste boxe, você vai construir coisas legais que ajudarão a entender alguns conceitos.

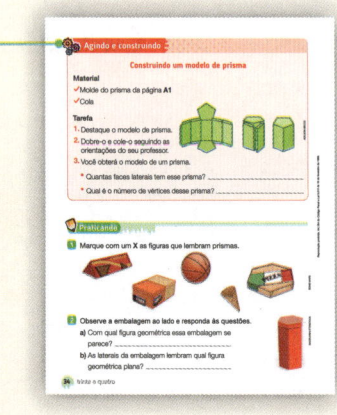

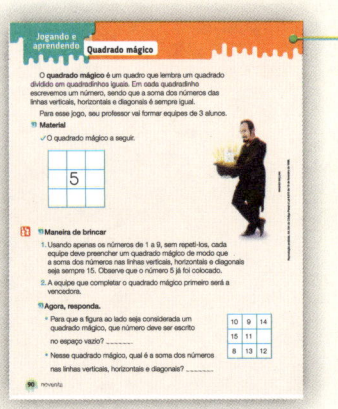

Jogando e aprendendo

Nesta seção, você se reunirá aos colegas para jogar e aprender Matemática.

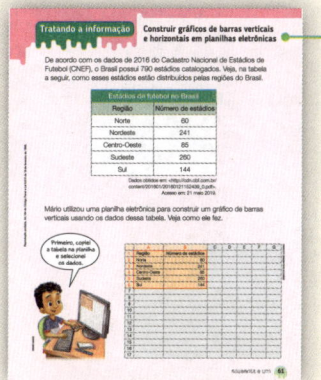

Tratando a informação
Nesta seção, você vai aprender a trabalhar com informações apresentadas em gráficos, quadros e tabelas.

Investigando a chance
Nesta seção, você vai aprender que nem todas as coisas que acontecem têm chances iguais de ocorrer.

Praticando mais
Estas páginas trazem uma nova sequência de atividades. É importante que você faça todas para perceber o quanto aprendeu.

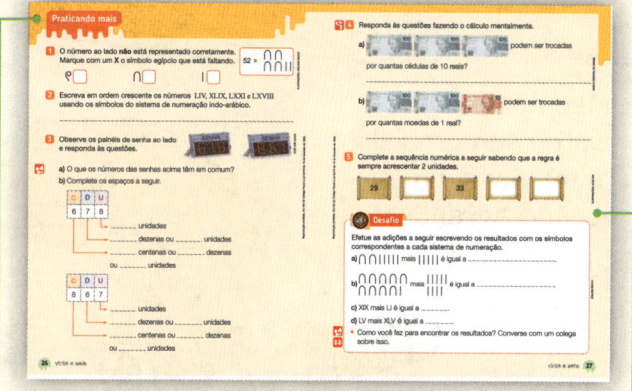

Lendo e descobrindo
Nesta seção, você vai encontrar textos sobre diversos assuntos, como saúde, cidadania, meio ambiente, entre outros.

Desafio
Ao final de cada unidade, você resolverá pelo menos uma atividade desafiadora para testar seus conhecimentos.

Ícones utilizados na obra

Estes ícones indicam como realizar algumas atividades:

 Elaboração de problemas
 Atividade oral
 Grupo
 Dupla

Ícone com indicação de conteúdo digital

Conteúdo digital
Ícone com indicação de conteúdo digital como animações, jogos e atividades interativas.

 Desenho ou pintura
 Cálculo mental
 Calculadora
 Atividade no caderno

Indicam situações em que são abordados temas integradores

Indicação de conteúdo extraclasse

Sugestão de site
Indicação de jogos, animações, vídeos e atividades interativas *on-line*.

Os *links* indicados nesta coleção podem estar indisponíveis após a data de publicação deste material.

Sugestão de leitura
Indicação de leitura de livros.

No final do livro digital, você encontra as Atividades para verificação de aprendizagem.

Sumário

UNIDADE 1 — Sistemas de numeração 10

1. História dos números 12
2. Sistema de numeração egípcio 14
3. Sistema de numeração romano 17
4. Sistema de numeração indo-arábico .. 21
- Tratando a informação 24
- Praticando mais 26

UNIDADE 2 — Figuras geométricas 28

1. Cubo e paralelepípedo 30
2. Prisma 33
- Agindo e construindo 34
3. Pirâmides 35
- Agindo e construindo 36
- Lendo e descobrindo 37
4. Cilindro, cone e esfera 38
- Agindo e construindo 39
- Tratando a informação 41
- Praticando mais 43

UNIDADE 3 — Os números 46

1. Recordando os números até 999 48
2. A unidade de milhar 51
3. Números de 4 algarismos 53
4. Antecessor e sucessor 57
5. Comparando números 59
- Tratando a informação 61
- Praticando mais 63

UNIDADE 4 — Adição 66

1. Alguns significados da adição 68
2. Adição 70
3. Adição com troca 77
4. Problemas de adição 86
- Jogando e aprendendo 90
- Praticando mais 91

UNIDADE 5 — Subtração 93

1. Alguns significados da subtração 94
2. Subtração sem trocas 97
3. Subtração com trocas 102
4. Adição e subtração: operações inversas 108
5. Problemas de subtração 111
6. Problemas com duas operações 114
7. Ideia de igualdade 117
- Tratando a informação 119
- Praticando mais 121

UNIDADE 6 — Figuras geométricas planas 124

1. Linhas 126
2. Segmento de reta 128
3. Retas paralelas e retas concorrentes 130
4. Polígonos 132
5. Paralelogramo e trapézio 136
6. Circunferência e círculo 138
7. Ampliando e reduzindo figuras 141
- Lendo e descobrindo 143
- Praticando mais 144

UNIDADE 7 — Medidas de comprimento e de tempo 146

1. Medidas de comprimento 148
- Agindo e construindo 154
2. O perímetro 157
3. Medidas de tempo 159
- Lendo e descobrindo 161
- Investigando a chance 176
- Lendo e descobrindo 177
- Praticando mais 178

UNIDADE 8 — Multiplicação — 181

1. As ideias da multiplicação 182
2. Tabuadas do 2 e do 3 188
3. Tabuadas do 4, do 5 e do 6 189
4. Tabuadas do 7, do 8 e do 9 191
5. Ordem e associação de fatores 194
6. Problemas de multiplicação 197
7. Multiplicação sem reagrupamento ... 198
8. Multiplicação com reagrupamento ... 201
9. O dobro e o triplo 208
10. Multiplicação por 10 e por 100 211
11. Multiplicação por 20, por 30, por 40, ... 213
12. Multiplicação de um número por uma adição 214
13. Outros problemas de multiplicação .. 216
14. Problemas de adição, subtração e multiplicação 217
- **Tratando a informação** 218
- **Praticando mais** 220

UNIDADE 9 — Divisão — 222

1. Os significados da divisão 224
2. Divisão exata e divisão não exata 227
3. Algoritmo da divisão 231
4. Multiplicação e divisão: operações inversas 238
5. Problemas de divisão 243
6. Problemas de divisão e outras operações 247
7. Valor do termo desconhecido 250
- **Educação financeira** 258
- **Praticando mais** 260

UNIDADE 10 — Números na forma de fração — 262

1. Noção de fração 264
2. Metade ou meio 265
3. Terça parte ou terço 267
4. Outras partes do inteiro 268
5. Problemas com números na forma de fração 271
- **Praticando mais** 274

UNIDADE 11 — Deslocamento, localização e simetria — 276

1. Localização e deslocamento 278
2. Comparando figuras 281
3. Simetria 283
- **Agindo e construindo** 285
- **Lendo e descobrindo** 287
- **Praticando mais** 288

UNIDADE 12 — Medidas de massa, de capacidade e de temperatura — 290

1. Unidades de medida de massa 292
2. O litro e o mililitro 302
3. Temperatura 307
- **Lendo e descobrindo** 310
- **Tratando a informação** 312
- **Praticando mais** 314

Sugestões de leitura 318

Material complementar 321

Trocando ideias

1. Qual é o nome da rua em que está passando o menino na cadeira de rodas?
2. Qual é o destino do ônibus que você vê na ilustração?
3. Que horas está marcando o relógio da vitrine da loja?

História dos números

🎓 Aprendendo

Há milhares de anos, a humanidade registra quantidades usando diferentes tipos de representação. Para fazer esses registros, há indícios da utilização de vários recursos, como marcas ou riscos em paredes, pedras, madeiras e ossos.

> 📖 **Sugestão de leitura**
>
> *A origem dos números*, de Majungmul e Ji Won Lee. Leia mais informações sobre esse livro na página 318.

Com o decorrer do tempo, a humanidade ampliou seu conhecimento e passou a ter necessidades mais complexas de registrar, contar e medir. Para atender a essas necessidades, foram criados símbolos e regras para representar os diferentes números. E, assim, surgiram os primeiros **sistemas de numeração**.

Nesta unidade, vamos estudar alguns desses antigos sistemas que foram desenvolvidos pelos egípcios, pelos romanos e pelos indianos e árabes.

Praticando

1 Responda às questões.

 a) Você conhece algo sobre esses povos? Faça uma pesquisa e conte aos colegas o que descobriu.

b) Que símbolos você utiliza para escrever números?

_____

 c) Com esses símbolos podemos escrever qualquer número? Converse com o professor e os colegas sobre isso.

12 doze

2 Em cada quadro, registre a quantidade de cachorros e gatos sem usar números.

3 Um pastor usou pedrinhas para representar cada uma das ovelhas que saíram do cercado pela manhã. A ilustração representa o pastor e parte de suas ovelhas no final da tarde. Descubra quantas ovelhas ainda não retornaram ao cercado.

Um pouco da história da contagem
Nesta animação, você verá como nossos antepassados começaram a contar.

2 Sistema de numeração egípcio

🎓 Aprendendo

A civilização egípcia teve início por volta de 3200 a.C., no nordeste da África, às margens do rio Nilo.

Essa civilização produziu conhecimentos em áreas como arquitetura, medicina e astronomia, além de desenvolver uma escrita e um sistema de numeração.

Os símbolos utilizados pelos egípcios no sistema de numeração eram inspirados, por exemplo, em instrumentos e outros objetos usados pelas pessoas que habitavam a região do rio Nilo, em plantas e em partes do corpo humano. Veja alguns desses símbolos e o número que cada um representa.

Elaborado com base em: *Atlas geográfico*: espaço mundial, de Graça Maria Lemos Ferreira. São Paulo: Moderna, 2016.

Bastão	Calcanhar	Rolo de corda
1	10	100

Observe a seguir outros números representados com símbolos egípcios. Para saber o número representado basta adicionar os valores de cada símbolo.

▶ 5
1 + 1 + 1 + 1 + 1 = 5

▶ 32
10 + 10 + 10 + 1 + 1 = 32

▶ 200
100 + 100 = 200

▶ 141
100 + 10 + 10 + 10 + 10 + 1 = 141

14 catorze

Veja como representamos alguns números nesse sistema de numeração.

a) Cada símbolo pode ser repetido até nove vezes.

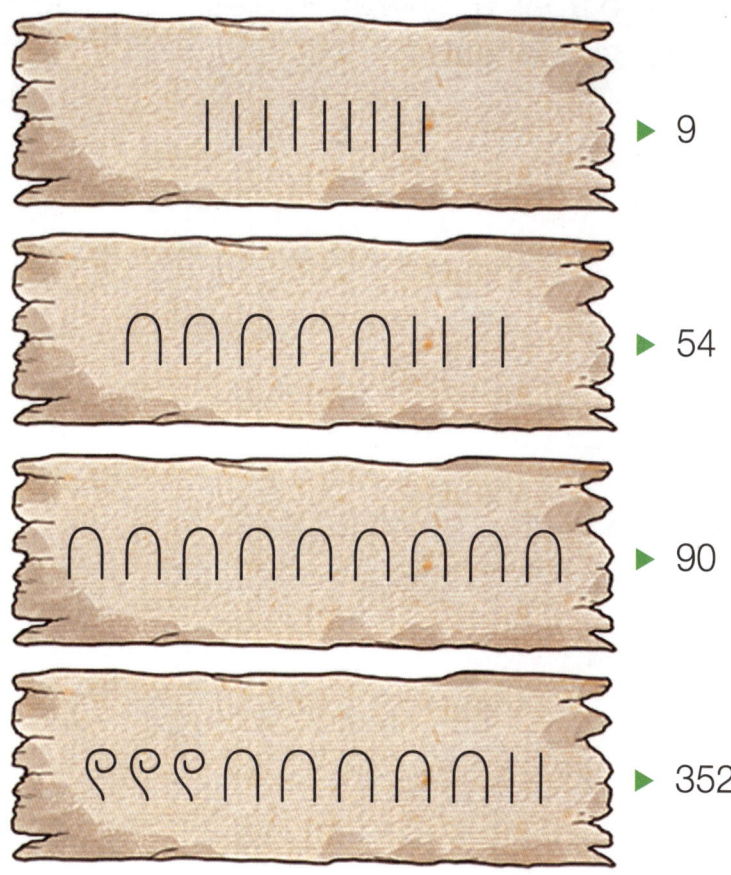

b) Os valores correspondentes a cada símbolo são sempre adicionados, não importando a ordem em que os símbolos estão escritos.

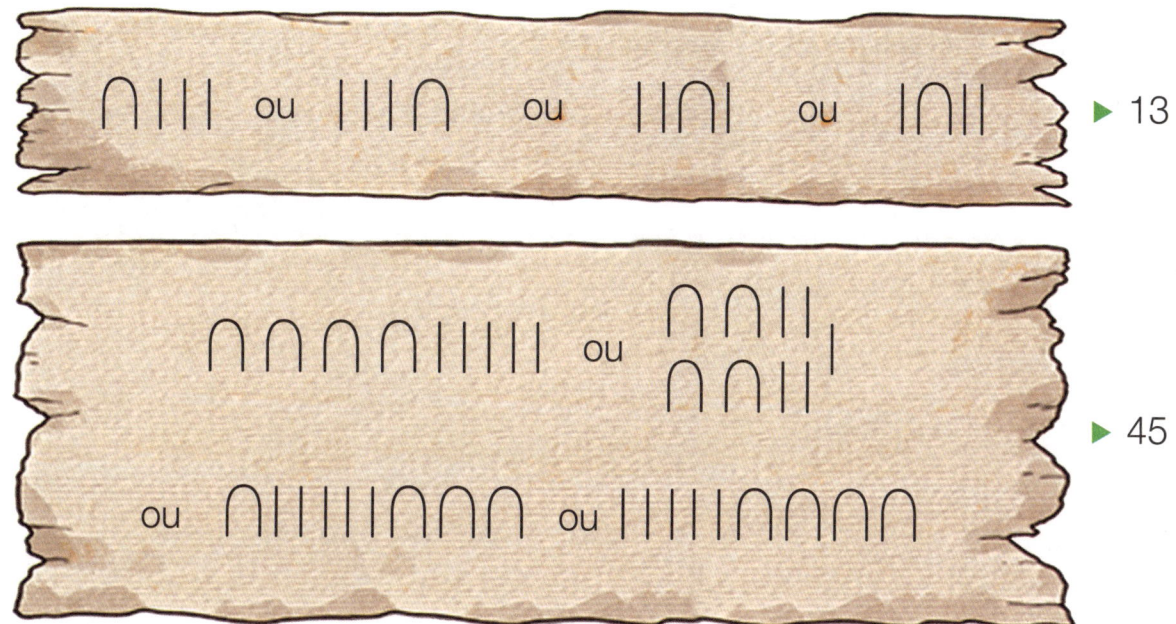

quinze **15**

Praticando

1 Represente no espaço abaixo, utilizando símbolos egípcios, o número de alunos da sua turma.

2 Ligue as representações do mesmo número.

| | | | | | •   • 99

ꟼ ꟼ ꟼ   •   • 72

| | ∩ ∩ ∩ ∩ ∩ ∩ ∩   •   • 300

∩ ∩ ∩ ∩ ∩ | | | | |
∩ ∩ ∩ ∩ | | | | •   • 6

3 Utilize os símbolos egípcios para representar os seguintes números:

a) 7 ▶ _____

b) 25 ▶ _____

c) 101 ▶ _____

d) 286 ▶ _____

e) 500 ▶ _____

3 Sistema de numeração romano

Aprendendo

- O sistema de numeração romano foi, durante muitos séculos, o mais utilizado na Europa. Com as grandes navegações e a expansão do comércio, esse sistema foi substituído pelo que usamos hoje.

Elaborado com base em: *Atlas geográfico*: espaço mundial, de Graça Maria Lemos Ferreira. São Paulo: Moderna, 2016.

Os símbolos que representam os números no sistema romano são letras do alfabeto. Veja no quadro abaixo algumas letras empregadas no sistema romano e o número correspondente do nosso sistema de numeração.

I	V	X	L	C
1	5	10	50	100

No dia a dia, ainda podemos encontrar números romanos. Observe.

Curiosidade

Indicação de séculos

Os números romanos também são utilizados para indicar os séculos. O século **I** teve início no ano 1 e terminou no ano 100. O século **II** começou em 101 e foi até o ano 200. O século **XX** teve início em 1901 e terminou em 2000. Estamos no século **XXI**, que terminará em 2100.

dezessete 17

Veja como representamos alguns números nesse sistema de numeração.

Os símbolos I, X e C podem ser repetidos até três vezes seguidas.

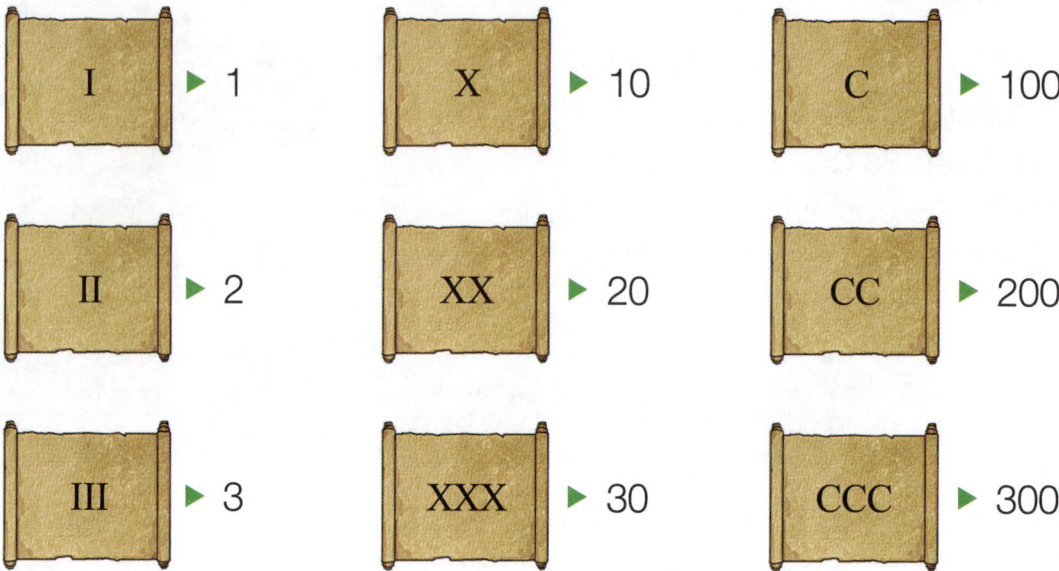

Quando o símbolo da esquerda tiver valor menor que o valor do símbolo da direita, devemos fazer a **subtração** de valores se:

- I aparecer antes de V ou de X.

IV ▶ 5 − 1 = 4   IX ▶ 10 − 1 = 9

- X aparecer antes de L ou de C.

XL ▶ 50 − 10 = 40   XC ▶ 100 − 10 = 90

Se o símbolo da esquerda tiver valor maior ou igual ao valor do símbolo da direita, devemos fazer a **adição** de seus valores.

VI ▶ 5 + 1 = 6   LV ▶ 50 + 5 = 55

18 dezoito

Praticando

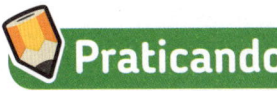

1 Represente os números a seguir usando símbolos romanos.

a) 8 ▶ ____________
b) 13 ▶ ____________
c) 16 ▶ ____________
d) 20 ▶ ____________
e) 24 ▶ ____________
f) 28 ▶ ____________
g) 31 ▶ ____________
h) 33 ▶ ____________
i) 36 ▶ ____________
j) 39 ▶ ____________
k) 40 ▶ ____________
l) 42 ▶ ____________
m) 45 ▶ ____________
n) 48 ▶ ____________

2 Determine os números correspondentes aos números romanos, conforme o exemplo.

> **Exemplo:**
> XXIII ▶ 10 + 10 + 1 + 1 + 1 = 23

a) XXXV ▶ ____________
b) XXVII ▶ ____________
c) XVIII ▶ ____________
d) XXVI ▶ ____________
e) XXXVIII ▶ ____________

3 Utilizando o nosso sistema de numeração, escreva os números representados pelos símbolos romanos.

a)

▶ ☐

b)

▶ ☐

c)

▶ ☐

d)

▶ ☐

ILUSTRAÇÕES: ALEX CÓI

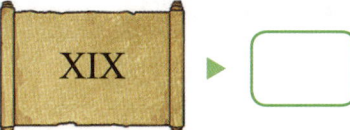

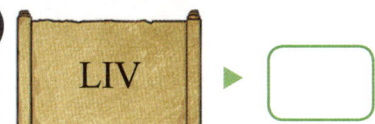

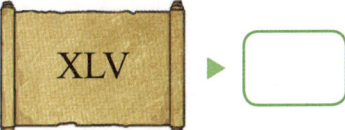

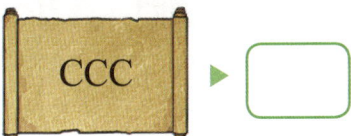

4 Complete para indicar a hora marcada em cada relógio.

a) _____ horas

b) _____ horas

5 Escreva com símbolos romanos, conforme o exemplo.

> **Exemplo:**
> João Vinte e Três ▶ João XXIII

a) Capítulo oito ▶ _____

b) Século vinte e um ▶ _____

c) Dom Pedro Primeiro ▶ _____

d) Dom João Sexto ▶ _____

e) Século dezessete ▶ _____

6 Escreva em ordem crescente os números XXXVI, XLIV, XXVIII e XVII.

_____ < _____ < _____ < _____

7 Complete o quadro.

Século	Começa no ano	Termina no ano
XV	1401	
XVIII		
XXI		

20 vinte

4 Sistema de numeração indo-arábico

Aprendendo

Sugestão de leitura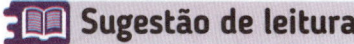

O valor de cada um, de Martins Rodrigues Teixeira. Leia mais informações sobre esse livro na página 318.

O nosso sistema de numeração é o **sistema de numeração indo-arábico**. Ele tem esse nome porque foi idealizado pelos antigos indianos (povos que habitavam o vale do rio Indo, onde se localiza hoje um país chamado Paquistão) e divulgado pelos árabes para muitos povos.

Nesse sistema, foram criados 10 símbolos, denominados **algarismos**, para representar qualquer número. Eles sofreram modificações ao longo do tempo, até ficar com a aparência atual.

0, **1**, **2**, **3**, **4**, **5**, **6**, **7**, **8**, **9**

Elaborado com base em: *Atlas geográfico*: espaço mundial, de Graça Maria Lemos Ferreira. São Paulo: Moderna, 2016.

Ainda hoje, muitas pessoas usam os dedos das mãos para contar! O fato de termos 10 dedos nas mãos e de eles serem utilizados como instrumento de contagem pode ter sido o motivo da criação do sistema de numeração indo-arábico, uma vez que ele é um sistema **decimal**, ou seja, um sistema em que os agrupamentos são feitos de 10 em 10. Além disso, os algarismos assumem valores diferentes conforme a posição que ocupam no número.

Praticando

1 Responda às questões.

a) Para formar 1 dezena, precisamos agrupar quantas unidades?

b) Para formar 1 centena, precisamos agrupar quantas dezenas?

c) Que números de dois algarismos diferentes podemos formar com os algarismos 3 e 4?

vinte e um 21

2 Observe as casas a seguir.

a) O que os números das casas acima têm em comum? Converse com os colegas sobre isso.

b) Complete os espaços a seguir e verifique quanto vale cada algarismo dos números 132 e 321.

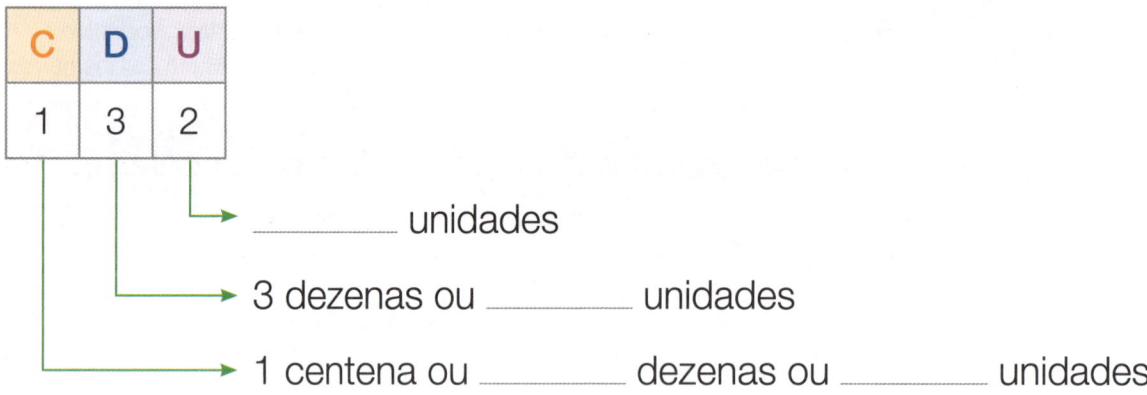

_____ unidades

3 dezenas ou _____ unidades

1 centena ou _____ dezenas ou _____ unidades

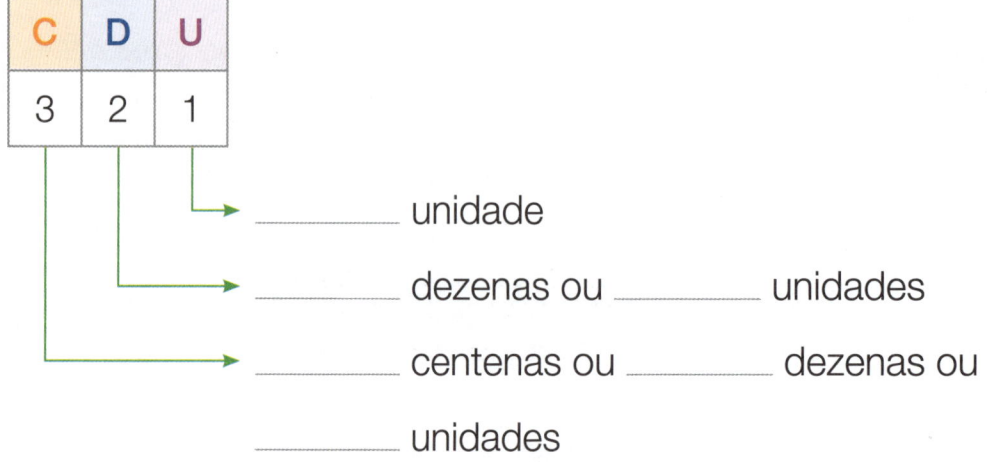

_____ unidade

_____ dezenas ou _____ unidades

_____ centenas ou _____ dezenas ou _____ unidades

3 Observe o número abaixo.

a) Escreva esse número utilizando os símbolos do sistema indo-arábico. _____

b) Quando mudamos a posição dos símbolos egípcios, o número formado se altera? Por quê?

c) No caso do nosso sistema de numeração, a mudança na posição dos algarismos altera o número formado? Por quê?

4 Ana tem 124 figurinhas. Veja como Bruno e Iaci fizeram para representar essa quantidade.

a) Bruno utilizou os símbolos de qual sistema de numeração?
_____

b) E Iaci, qual sistema de numeração utilizou?
_____

c) Em qual sistema foi mais trabalhosa a representação da quantidade de figurinhas de Ana? Justifique sua resposta.

d) Represente a quantidade de figurinhas que Ana tem usando o sistema de numeração romano. _____

vinte e três **23**

Tratando a informação
Ler, interpretar e comparar dados em tabelas

1 Ação, romance, comédia ou animação?
O gerente de um cinema fez uma pesquisa para saber quais desses gêneros de filme seus clientes preferem. Veja a tabela abaixo.

Gênero de filme preferido				
Gênero de filme	Ação	Romance	Comédia	Animação
Número de pessoas	73	82	99	810

Dados obtidos pelo gerente do cinema, em abril de 2019.

a) Quantas pessoas preferem filmes de romance? _____

b) Qual é o gênero de filme que a maioria dos clientes desse cinema prefere?

_____

c) Qual é a diferença entre o número de pessoas que preferem filmes de comédia e o número de pessoas que preferem filmes de ação?

_____

d) Participaram dessa pesquisa mais ou menos de 999 pessoas?

_____

e) Dê sua opinião de acordo com a tabela. A maioria das pessoas que participaram da pesquisa eram adultos ou crianças?

_____

• Converse com os colegas sobre a resposta dada no item **e**.

24 vinte e quatro

2 O gerente de uma loja de roupas fez um levantamento da quantidade vendida de alguns produtos durante um mês. Veja abaixo a tabela que ele fez.

Vendas de uma loja de roupas durante um mês	
Roupa	Quantidade vendida
Bermuda	90
Terno	70
Vestido social	50
Camiseta	90

Dados obtidos pelo gerente da loja, em maio de 2019.

a) Reúna-se com um colega e assinalem **V** para as afirmações verdadeiras e **F** para as falsas.

☐ Foram vendidos 50 ternos.

☐ Entre os produtos pesquisados, o vestido social foi o menos vendido por essa loja.

☐ A quantidade de bermudas vendidas é igual à quantidade de camisetas vendidas.

☐ Foram vendidos 30 ternos a mais que vestidos sociais.

☐ Considerando somente as bermudas e as camisetas, a loja vendeu mais de 200 peças no mês.

b) Dê sua opinião de acordo com a tabela. A maioria dos clientes que compraram os produtos da tabela costuma praticar algum esporte? Converse com os colegas sobre isso.

Praticando mais

1 O número ao lado **não** está representado corretamente. Marque com um **X** o símbolo egípcio que está faltando.

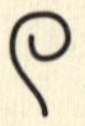

🌀 ☐   ∩ ☐ | ☐

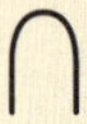

2 Escreva em ordem crescente os números LIV, XLIX, LXXI e LXVIII usando os símbolos do sistema de numeração indo-arábico.

_____

3 Observe os painéis de senha ao lado e responda às questões.

a) O que os números das senhas acima têm em comum?

b) Complete os espaços a seguir.

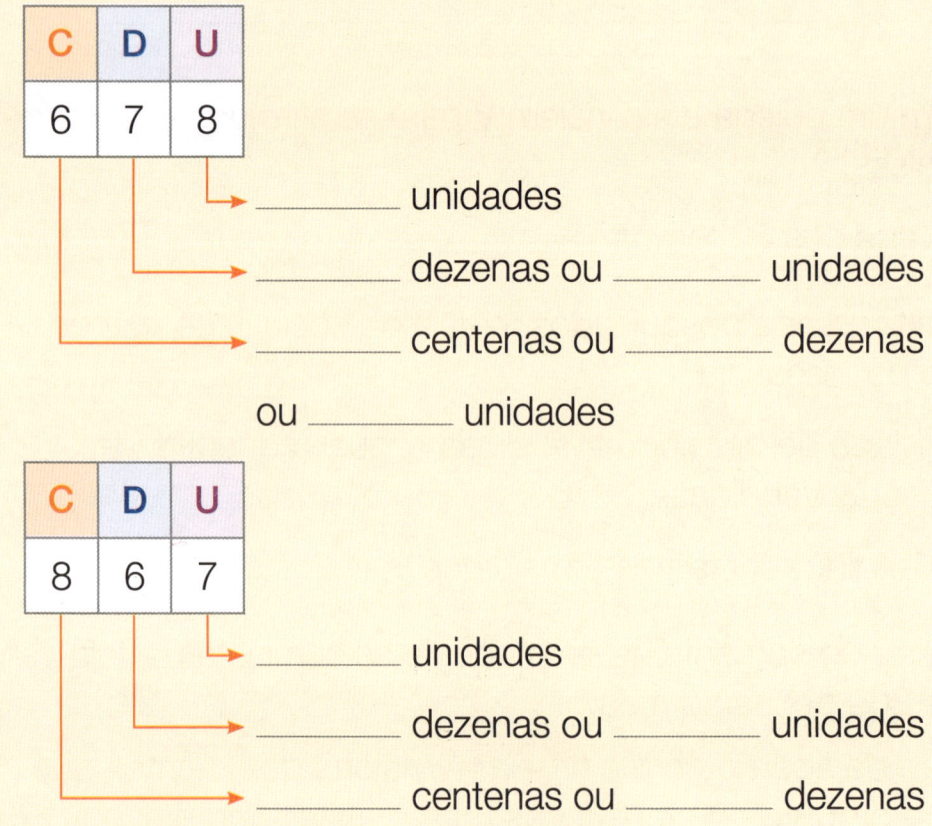

C	D	U
6	7	8

→ _____ unidades
→ _____ dezenas ou _____ unidades
→ _____ centenas ou _____ dezenas ou _____ unidades

C	D	U
8	6	7

→ _____ unidades
→ _____ dezenas ou _____ unidades
→ _____ centenas ou _____ dezenas ou _____ unidades

4 Responda às questões fazendo o cálculo mentalmente.

a)   podem ser trocadas por quantas cédulas de 10 reais?

_____

b)   podem ser trocadas por quantas moedas de 1 real?

_____

5 Complete a sequência numérica a seguir sabendo que a regra é sempre acrescentar 2 unidades.

29 — 33 — —

Desafio

Efetue as adições a seguir escrevendo os resultados com os símbolos correspondentes a cada sistema de numeração.

a) ∩∩|||||| mais ||||| é igual a _____.

b) ∩∩∩∩∩ ∩∩∩∩| mais ||||| |||| é igual a _____.

c) XIX mais LI é igual a _____.

d) LV mais XLV é igual a _____.

• Como você fez para encontrar os resultados? Converse com um colega sobre isso.

vinte e sete 27

UNIDADE 2
Figuras geométricas

Trocando ideias

1. Você consegue identificar objetos que lembram figuras geométricas nesta festa de aniversário?
2. Os balões que estão presos na parede lembram qual figura geométrica: o cone ou a esfera?
3. Em sua casa existe algum objeto que lembre uma figura geométrica?

vinte e nove 29

1 Cubo e paralelepípedo

Aprendendo

 Sugestão de leitura

O homem que amava caixas, de Stephen Michael King. Leia mais informações sobre esse livro na página 318.

- A embalagem de creme dental lembra uma figura geométrica não plana. O nome dela é **paralelepípedo** ou **bloco retangular**. Observe seus principais elementos.

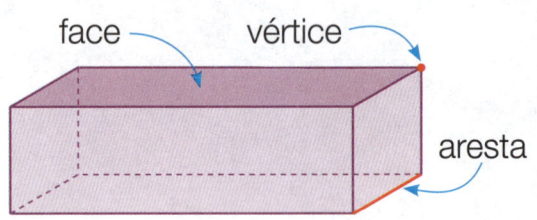

Paralelepípedo — face, vértice, aresta

O paralelepípedo tem **8** vértices, **12** arestas e **6** faces.

- A embalagem do presente que Isabela ganhou em seu aniversário lembra uma figura geométrica não plana chamada **cubo**. Observe seus principais elementos.

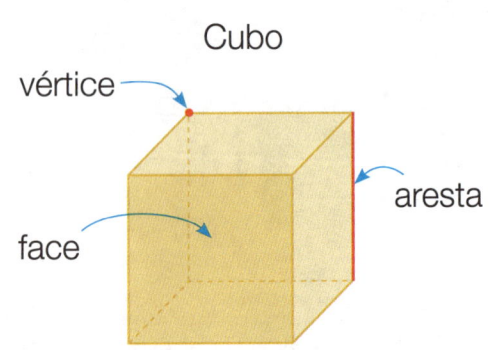

Cubo — vértice, aresta, face

O cubo tem **8** vértices, **12** arestas e **6** faces.

> O **cubo** é um tipo especial de paralelepípedo. Nele, todas as faces são quadradas e todas as arestas têm o mesmo comprimento. Nos demais paralelepípedos, nem todas as arestas têm a mesma medida.

30 trinta

Praticando

1 Com alguns cubos pequenos, Iaci montou um cubo grande. Observe e complete.

- Para montar o cubo grande, ela utilizou _____ cubos pequenos.

2 Bruno ficou de frente para 4 grandes cubos coloridos e os desenhou. Pinte o desenho de Bruno, de acordo com a posição dos cubos.

Desenho de Bruno

3 Léo montará uma caixa que terá o formato de um cubo. Marque com um **X** os moldes que ele poderá usar para montar essa caixa.

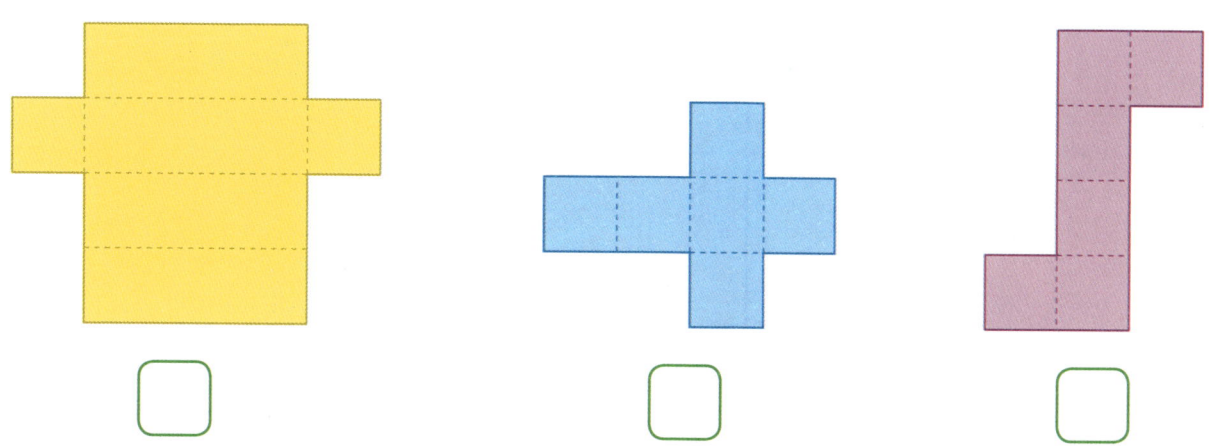

- Converse com um colega sobre como você pensou para descobrir quais moldes Léo poderá usar para fazer a caixa.

trinta e um **31**

4 Os dados lembram cubos cujas faces contêm pontos que indicam os números de 1 a 6. Sabendo que a soma dos pontos das faces opostas de um dado é sempre igual a 7, descubra que números estão representados nas faces opostas de um dado.

_____

5 Os empilhamentos abaixo são formados por cubos. Escreva a quantidade de cubos que há em cada empilhamento.

a)

b)

_____   _____

6 Allan mediu as dimensões do cubo e do paralelepípedo, conforme indicado abaixo.

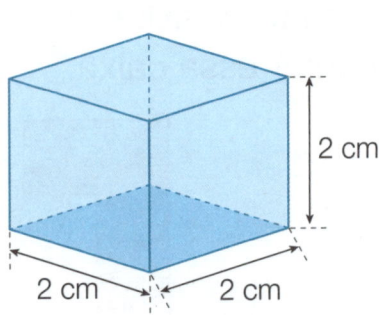
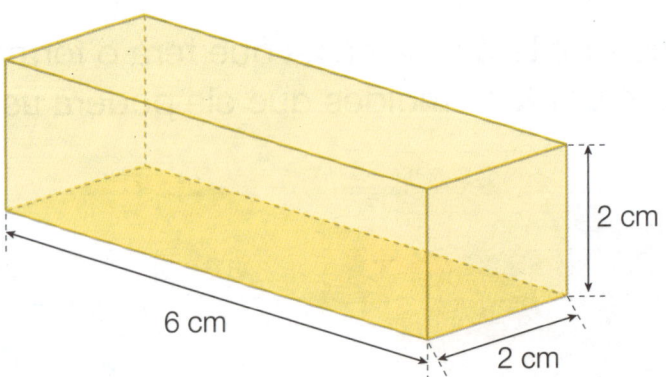

• O que diferencia, nesse caso, o cubo desse paralelepípedo?

_____

_____

_____

2 Prisma

Aprendendo

1. Iaci ganhou uma camiseta que estava em uma embalagem que se parece com um **prisma**.

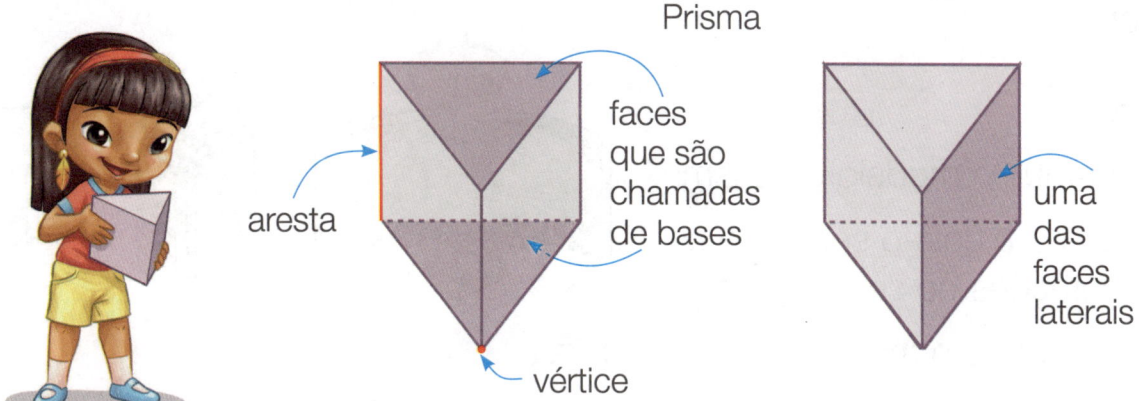

O prisma acima tem **6** vértices, **9** arestas, **2** bases e **3** faces laterais.

As bases desse prisma são triangulares.

As faces laterais desse prisma são retangulares.

Observe outros prismas.

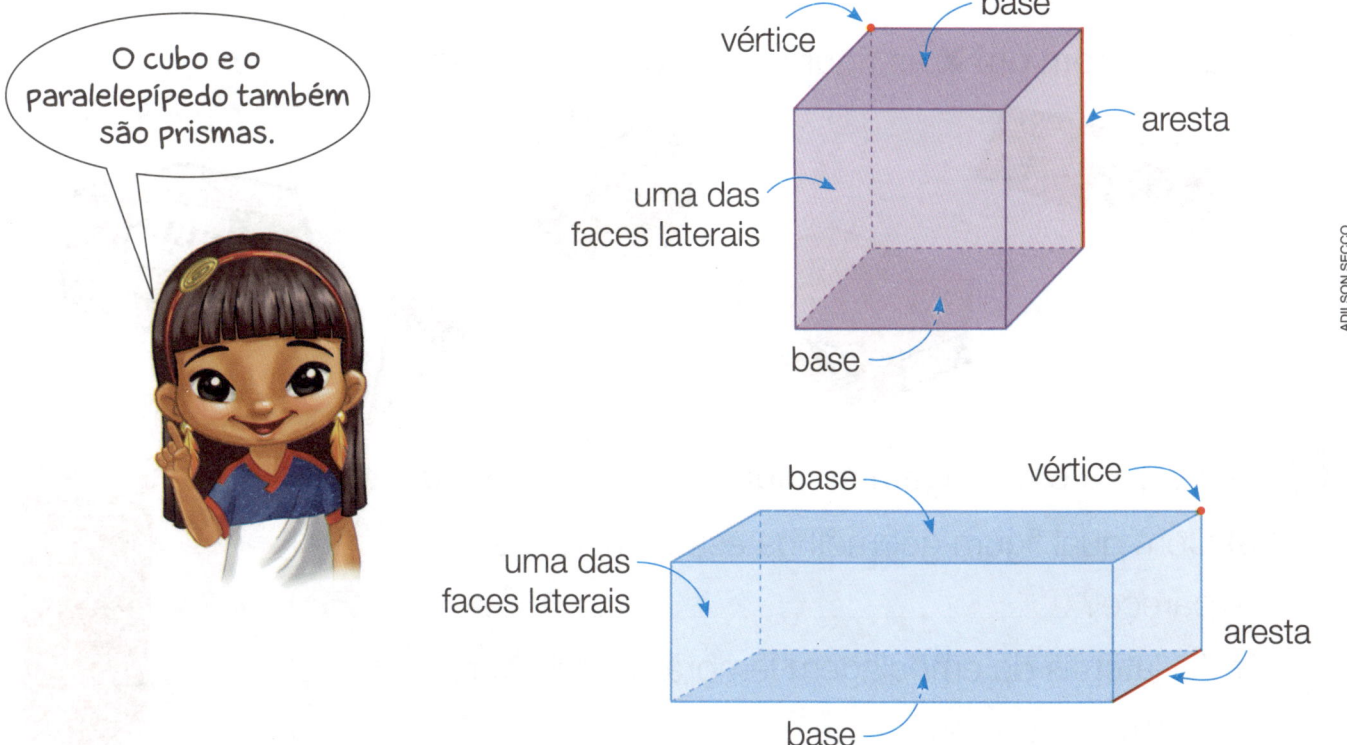

O cubo e o paralelepípedo também são prismas.

trinta e três 33

Agindo e construindo

Construindo um modelo de prisma

Material

✓ Molde do prisma da página **A1**

✓ Cola

Tarefa

1. Destaque o modelo de prisma.
2. Dobre-o e cole-o seguindo as orientações do seu professor.
3. Você obterá o modelo de um prisma.

- Quantas faces laterais tem esse prisma? _____
- Qual é o número de vértices desse prisma? _____

Praticando

1 Marque com um **X** as figuras que lembram prismas.

2 Observe a embalagem ao lado e responda às questões.

a) Com qual figura geométrica essa embalagem se parece? _____

b) As laterais da embalagem lembram qual figura geométrica plana? _____

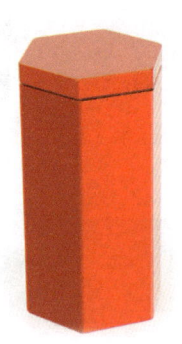

34 trinta e quatro

3 Pirâmides

Aprendendo

Lucas ganhou uma caixa de bombons de sua avó.

Observe que eles lembram a figura geométrica **pirâmide**.

A pirâmide mostrada acima tem **5** vértices, **8** arestas e **5** faces. Uma das faces é chamada de **base**.

A base dessa pirâmide tem a forma de um quadrado. Já as outras faces têm a forma de triângulos.

Praticando

1 Observe as pirâmides. Depois, complete a tabela.

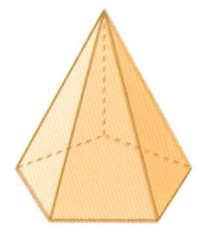

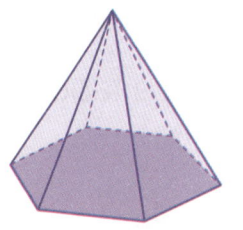

Elementos das pirâmides			
Elemento / Figuras	Número de arestas	Número de faces	Número de vértices
Pirâmide laranja			
Pirâmide roxa			

trinta e cinco 35

Agindo e construindo

Construindo um modelo de pirâmide

Material
- Molde de pirâmide da página **A2**
- Cola

Tarefa

1. Destaque o molde.
2. Dobre-o e cole-o nas marcas indicadas.
3. Você obterá o modelo de uma pirâmide.

- A base desse modelo de pirâmide é triangular ou retangular?

_____

- Essa pirâmide tem mais ou menos vértices que uma pirâmide de base quadrada? _____

2 Observe o paralelepípedo e a pirâmide representados ao lado.

Em seguida, complete a tabela.

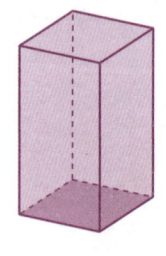

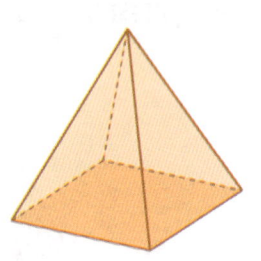

Elementos das figuras geométricas			
Elemento / Figura	Número de arestas	Número de faces	Número de vértices
Paralelepípedo			
Pirâmide			

Lendo e descobrindo

Pirâmides

Em alguns lugares do mundo existem construções que lembram a figura geométrica pirâmide.

No Egito, estão as famosas pirâmides de Gizé, que lembram pirâmides de base quadrada. Elas foram construídas por volta de 2600 a.C. a mando dos faraós Quéfren, Quéops e Miquerinos. A maior delas é a de Quéops, que tem altura equivalente à de um prédio de 47 andares.

Outra pirâmide bastante conhecida é a do Louvre, localizada no pátio principal do palácio do Louvre, em Paris, na França. Ela foi inaugurada em 1989 e lembra uma pirâmide de base quadrada. Sua altura é equivalente à de um prédio de 6 andares.

Pirâmides de Gizé: Quéfren, Quéops e Miquerinos, Egito, 2017.

Pirâmide do Louvre, Paris, França, 2016.

Responda.

1. Quéfren, Quéops e Miquerinos lembram pirâmides de base quadrada. Quantas arestas cada uma tem?

2. A pirâmide de Quéops tem altura aproximadamente igual a quantas vezes a altura da pirâmide do Louvre?

4 Cilindro, cone e esfera

Aprendendo

O **cilindro**, o **cone** e a **esfera** também são figuras geométricas não planas.

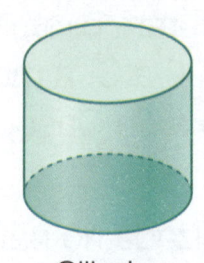

Cilindro 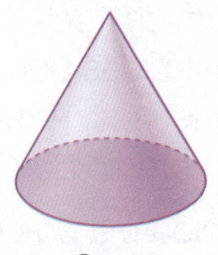 Cone  Esfera

O cilindro tem **2** bases, nenhum vértice e nenhuma aresta.

O cone tem **1** vértice, **1** base e nenhuma aresta.

A esfera não tem base nem aresta nem vértice.

> O cilindro, o cone e a esfera apresentam partes arredondadas e, por isso, são exemplos de **corpos redondos**.

Praticando

1 Observe os objetos abaixo e registre com quais figuras geométricas não planas eles se parecem.

a)

b)

c)

d)

38 trinta e oito

2 Observe atentamente os dois grupos de figuras abaixo.

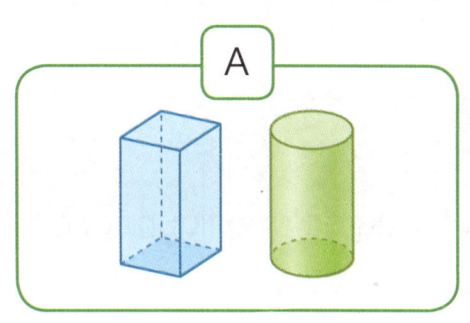

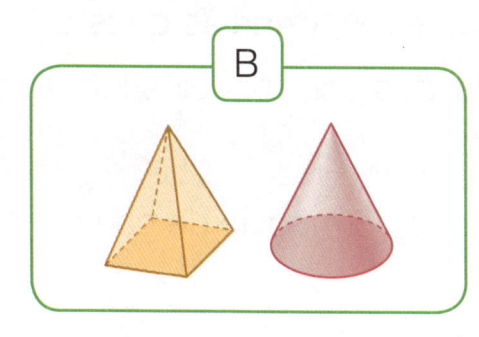

A

B

- Registre as características parecidas e as características diferentes das figuras de cada quadro. Compare sua resposta com as de seus colegas.

_____

_____

_____

Agindo e construindo

Construindo um modelo de cilindro e um modelo de cone

Material

✓ Molde de cilindro da página **A3**

✓ Molde de cone da página **A4**

✓ Cola

Tarefa

1. Destaque os moldes.
2. Dobre-os e cole-os nas marcas indicadas.
3. Você obterá o modelo de um cilindro e o modelo de um cone.

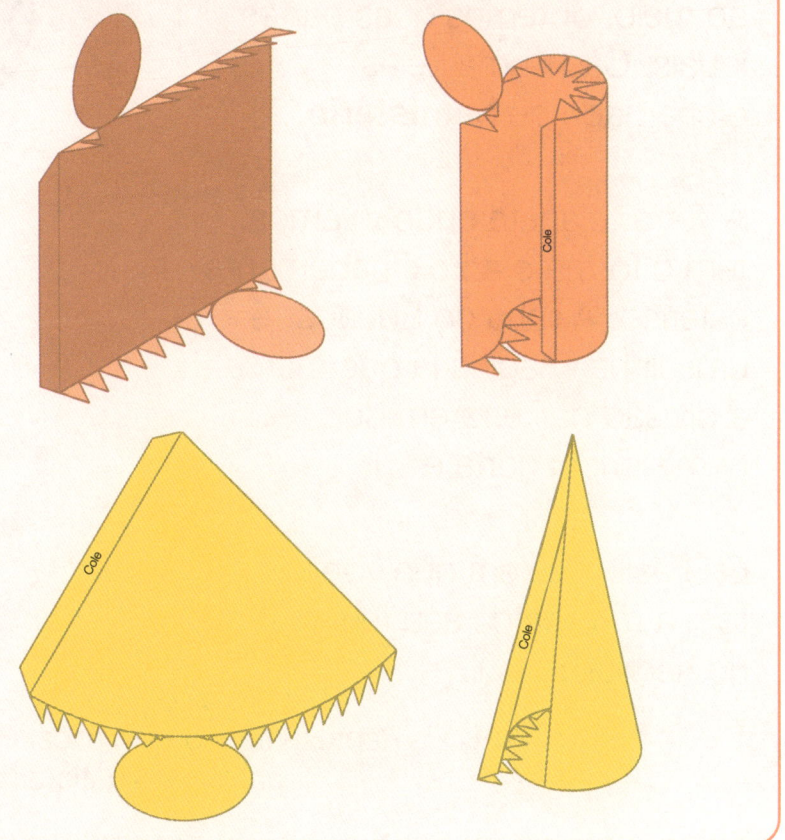

trinta e nove 39

3 Observe o modelo de cilindro e o de cone que você montou na página anterior e responda às questões.

a) Qual dos dois modelos tem a maior altura?

_____

b) A base do modelo de cone tem a forma de que figura geométrica plana?

_____

c) Quantos vértices tem o modelo de cilindro?

_____

d) Qual é a diferença entre o número de bases do cilindro e o número de bases do cone?

_____

Curiosidade

Hemisfério

Quando se corta uma esfera ao meio, obtemos duas partes iguais. Cada uma delas é chamada de **hemisfério**.

A Terra, planeta onde vivemos, tem o formato aproximadamente esférico. A linha do Equador é uma linha imaginária que marca a divisão da Terra em dois hemisférios: norte e sul.

O Brasil, país em que vivemos, tem a maioria de seu território no hemisfério sul.

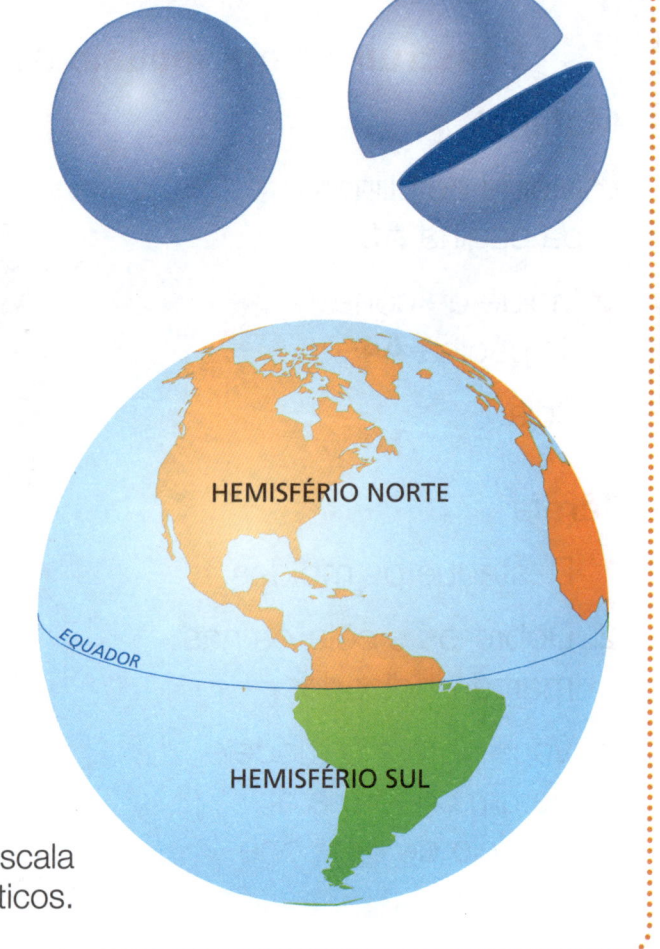

Representação sem escala para fins didáticos.

Tratando a informação
Ler, interpretar e comparar dados em tabelas

1 Nas Paralimpíadas do Rio de Janeiro em 2016, o Brasil ficou em 8º lugar, com a conquista de 72 medalhas: 14 de ouro, 29 de prata e 29 de bronze. Observe na tabela abaixo o número de medalhas de ouro, prata e bronze conquistadas pelos países que terminaram os jogos paralímpicos nas três primeiras posições.

Medalhas conquistadas pelos países que ocuparam as três primeiras posições nas Paralimpíadas Rio 2016

Países	Ouro	Prata	Bronze	Total
China	107	81	51	239
Grã-Bretanha	64	39	44	147
Ucrânia	41	37	39	117
Total	212	157	134	503

Dados obtidos em: <http://www.brasil2016.gov.br/pt-br/megaeventos/paraolimpiadas> Acesso em: 20 maio 2019.

a) Quantas medalhas de prata a Grã-Bretanha conquistou?
_____

b) Qual desses países conquistou mais medalhas de bronze? _____

c) Quantas medalhas, ao todo, a Ucrânia conquistou?
_____

d) Quantas medalhas de ouro esses três países conquistaram juntos?
_____

e) Dê sua opinião de acordo com a tabela: Qual desses países investe mais em esportes paralímpicos? Converse com os colegas.

2 Veja na tabela a seguir dados levantados por Janaina referente ao número de sorveterias e hamburguerias que ela abriu em cada região do Brasil.

Estabelecimento	Número de sorveterias e hamburguerias abertas por Janaina					
	Região					Total
	Norte	Nordeste	Centro-Oeste	Sudeste	Sul	
Sorveteria	3	7	2	9	4	25
Hamburgueria	0	2	0	3	0	
Total			2			30

Dados fornecidos por Janaina em abril de 2019.

a) Complete os totais das linhas e das colunas da tabela.

b) Reúna-se com um colega. Leiam as afirmações abaixo e, com base na tabela acima, assinalem **V** para as afirmações verdadeiras e **F** para as falsas.

☐ Não existem hamburguerias nas regiões Norte, Centro-Oeste e Sul.

☐ A região Norte é a que possui o menor número de sorveterias.

☐ Existem na região Nordeste 5 sorveterias a mais que na região Centro-Oeste.

☐ Existem, no total, 30 sorveterias no Brasil.

☐ O maior número de hamburguerias está na região Sudeste.

☐ Não existem hamburguerias na região Nordeste.

c) Se Janaina abrisse uma hamburgueria na região Norte e outra na região Centro-Oeste, ela teria hamburguerias em todas as regiões?

Praticando mais

1 Pinte de amarelo as representações de figuras geométricas não planas que têm somente linhas retas e de azul as que têm uma ou mais linhas arredondadas.

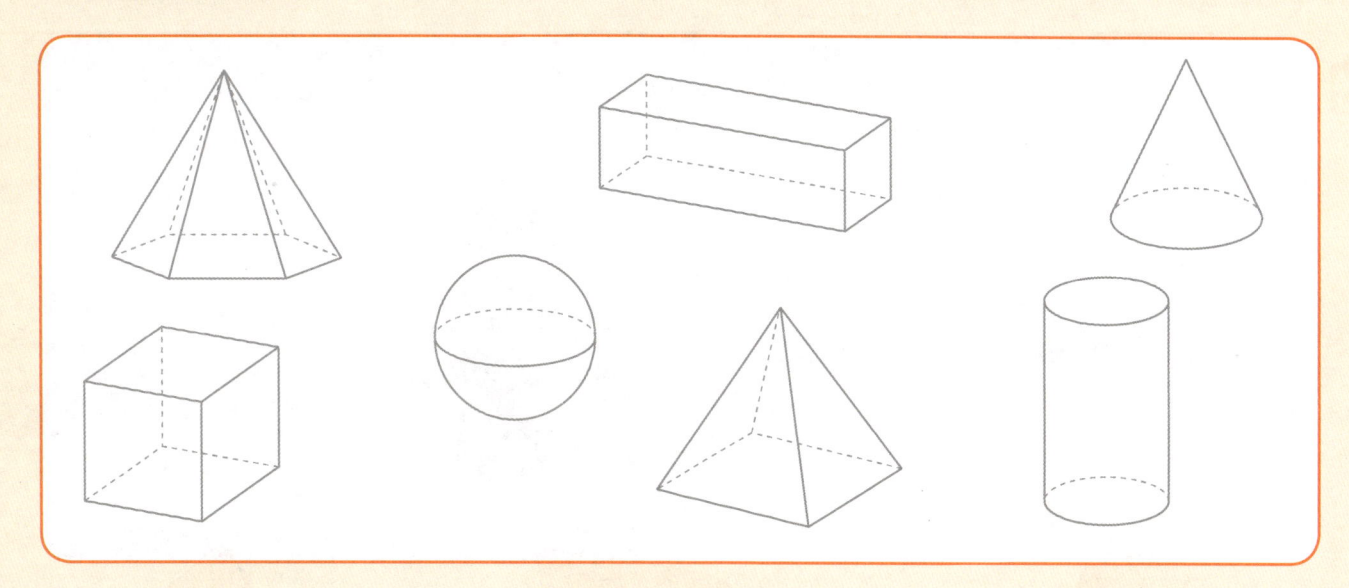

2 Ligue as figuras geométricas não planas às figuras geométricas planas que representam suas faces.

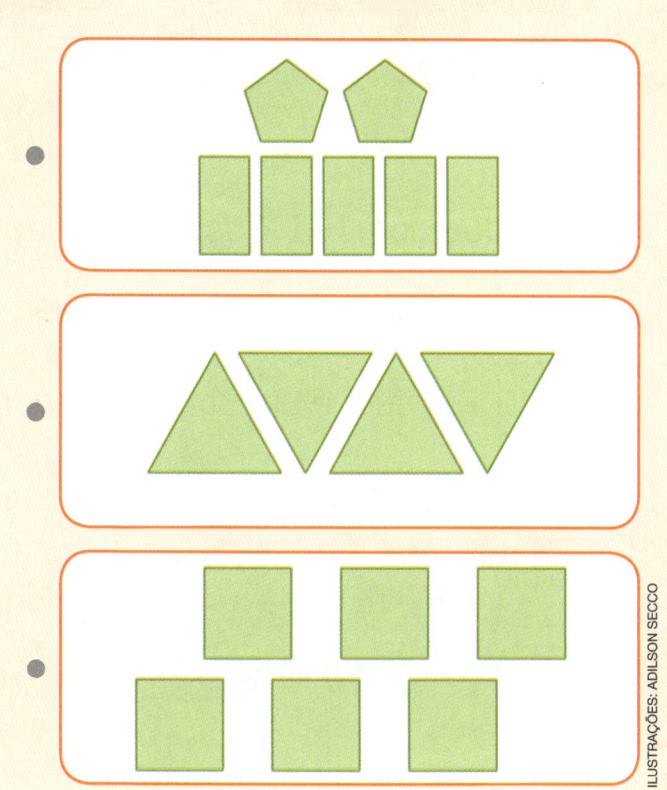

Cubo

Prisma

Pirâmide

quarenta e três 43

3 Observe as figuras abaixo.

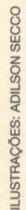

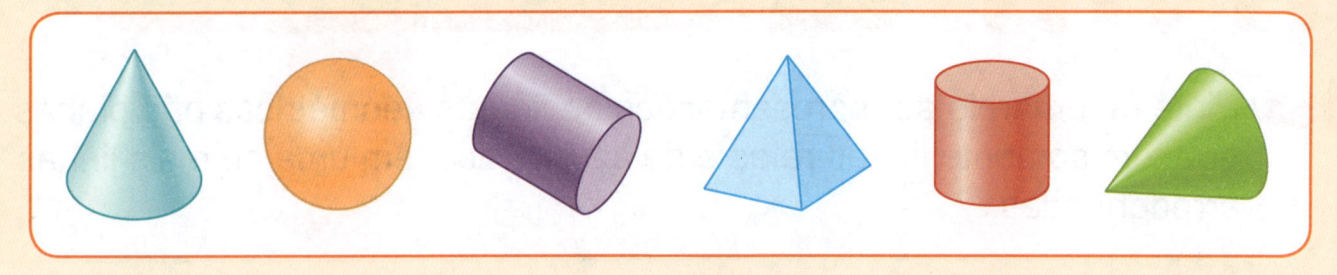

- Qual é o nome da figura geométrica "intrusa"? Justifique sua resposta.

4 Ana desmontou uma embalagem. Cerque com uma linha a representação do molde dessa embalagem.

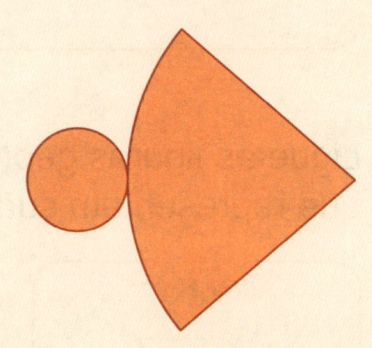

5 Marque com um **X** as afirmações verdadeiras.

☐ A base do cone é triangular.

☐ A esfera é um corpo redondo.

☐ O paralelepípedo tem a base circular.

☐ Toda pirâmide tem base quadrada.

☐ O cubo tem 6 faces quadradas.

Figuras geométricas não planas
Nesta atividade, você verá algumas figuras geométricas e suas características.

- Agora, reescreva no caderno as afirmações falsas, corrigindo-as.

44 quarenta e quatro

6 Observe a estrutura em forma de cubo que Lucas construiu com palitos e massa de modelar. Depois, responda às questões.

a) Quantos palitos ele usou para construir essa estrutura?
_____

b) Quantos pedaços de massa de modelar ele usou?
_____

c) Os palitos representam que elementos de um cubo?
_____

Desafio

Clara decorou um bolo em forma de paralelepípedo com cobertura de chocolate. Depois, cortou-o em 9 pedaços. Observe a ilustração e responda.

a) Quantos pedaços têm cobertura de chocolate em apenas uma face?
_____

b) Quantos pedaços têm cobertura em apenas duas faces? _____

c) Quantos e quais são os pedaços de bolo que têm o maior número de faces com cobertura de chocolate?
_____

UNIDADE 3
Os números

"Aqui tem 10 cédulas de 100 reais."

Trocando ideias

1. Qual é a quantia, em real, que o idoso está recebendo do funcionário do banco?

2. Você conhece outros lugares que disponibilizam atendimento preferencial e prioritário? Na sua opinião, por que foi necessário criar uma lei federal com essa finalidade?

quarenta e sete 47

1 Recordando os números até 999

Aprendendo

Já estudamos diferentes maneiras de representar os números até 999. Veja como podemos representar o número 243.

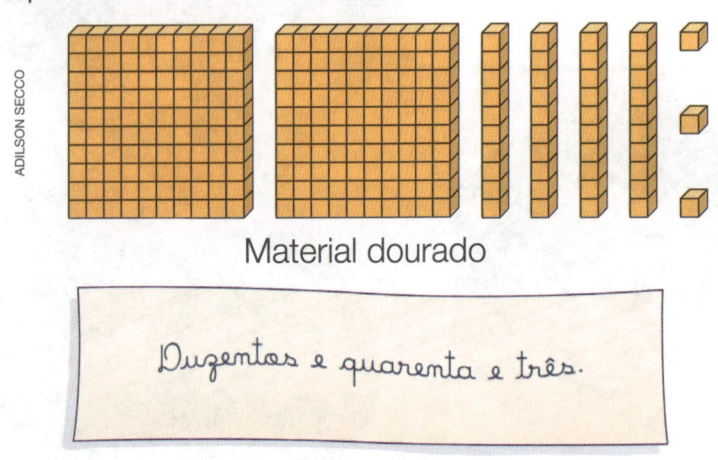

Material dourado

Ábaco

Duzentos e quarenta e três.

Por extenso

C	D	U
2	4	3

Quadro de ordens

Praticando

1 Ajude Iaci a decompor o número 243, considerando o maior número de centenas exatas, o maior número de dezenas exatas e as unidades.

_____ centenas mais 4 dezenas mais _____ unidades são 243 unidades.

200 + _____ + 3 = _____

2 Complete os quadrinhos com a quantidade de cédulas e moedas necessária para formar 243 reais. Utilize as cédulas e moedas da página **A5** para auxiliar na atividade.

Dica
- Monte o envelope da página **A6** para guardar o material.

48 quarenta e oito

3 Escreva o número representado em cada quadro.

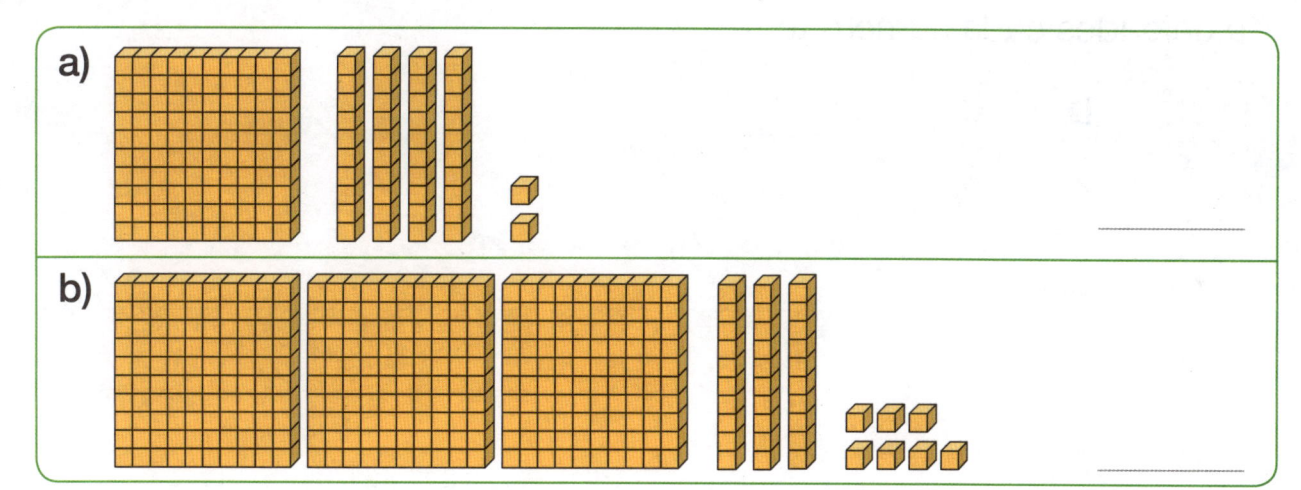

a) _____

b) _____

4 Decomponha os números abaixo de dois modos diferentes.

865 ▶ _____ ou _____

586 ▶ _____ ou _____

658 ▶ _____ ou _____

- O que esses números têm em comum?

Dica
- Utilize o material dourado da página **A7**.

5 Em cada caso, escreva duas adições e duas subtrações que resultem no mesmo número.

a) 72 + 74 = 146

36 + _110_ = 146

_150_ − 4 = 146

_196_ − _____ = 146

b) 150 + _____ = 205

_____ + 180 = 205

245 − _____ = 205

_____ − 5 = 205

c) _____ + 200 = 380

_____ + _____ = 380

_____ − 100 = 380

420 − _____ = 380

d) 250 + _____ = 500

_____ + 100 = 500

_____ − 120 = 500

_____ − _____ = 500

quarenta e nove **49**

6 Observe o quadro de ordens e escreva quantas centenas, dezenas e unidades cada número tem.

C	D	U
5	2	8

_____
_____

C	D	U
4	7	6

_____
_____

C	D	U
1	9	3

_____
_____

7 Componha os números abaixo.

a) 700 + 30 + 6 = _____

b) 800 + 9 = _____

c) 1 centena + 7 dezenas + 4 unidades = _____

d) 9 centenas + 6 dezenas = _____

8 Complete com a quantidade de dezenas correspondentes.

a) 450 ▶ _____ dezenas

b) 270 ▶ _____ dezenas

c) 360 ▶ _____ dezenas

d) 830 ▶ _____ dezenas

9 Esta bicicleta custa 327 reais.

Se você fosse comprá-la, quantas cédulas de 10 reais e quantas moedas de 1 real utilizaria?

_____
_____

50 cinquenta

2 A unidade de milhar

Aprendendo

1. No sistema de numeração decimal, cada grupo de **10 centenas** corresponde a **1 unidade de milhar**.

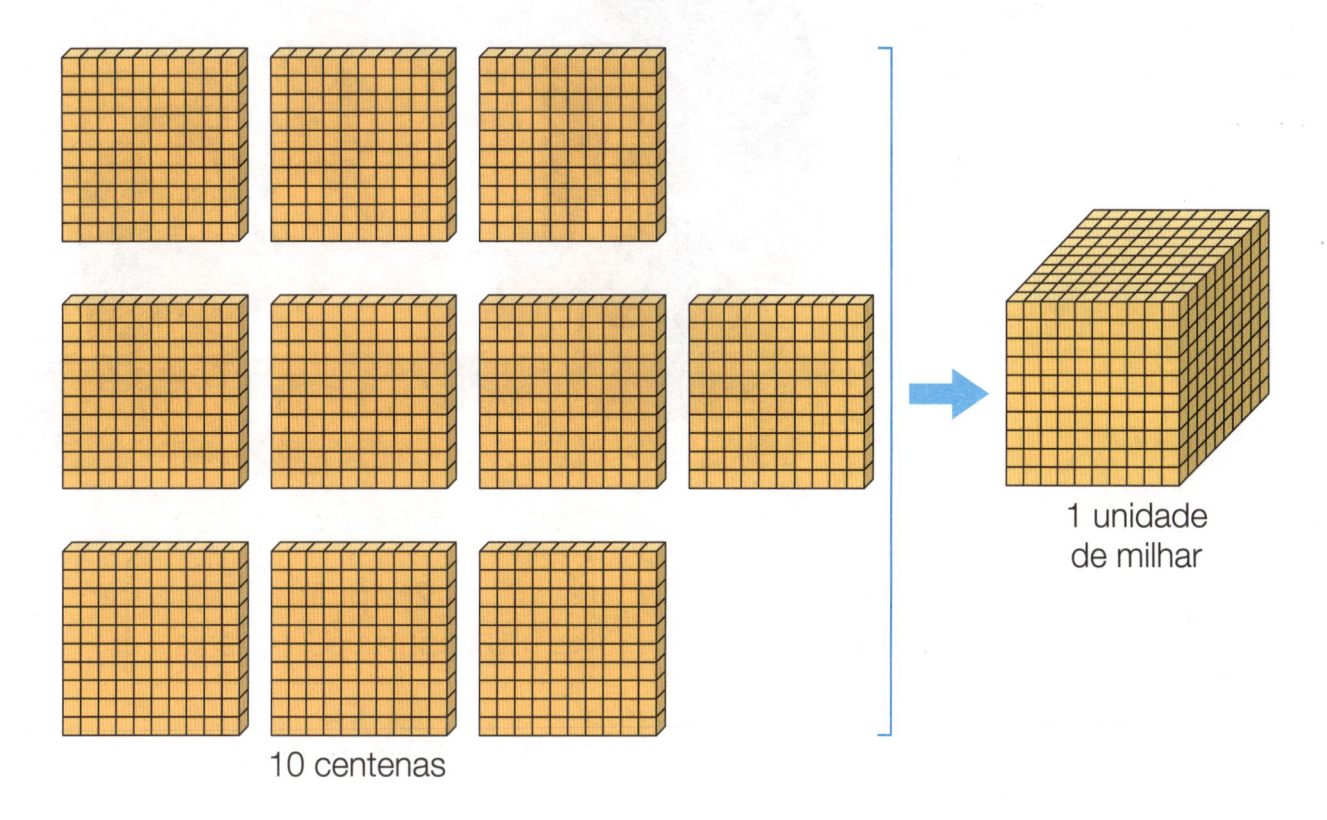

10 centenas → 1 unidade de milhar

Veja outros modos de representar a unidade de milhar.

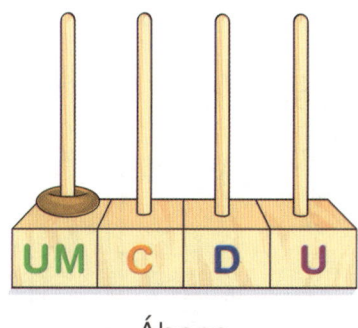

Ábaco

UM	C	D	U
1	0	0	0

Quadro de ordens

1 unidade de milhar são 10 centenas ou 100 dezenas ou 1 000 unidades.

cinquenta e um 51

Praticando

1 A mãe de Iaci foi ao banco para sacar 1 000 reais de sua conta. O caixa do banco deu a ela duas opções para a retirada desse valor.

1ª opção
10 cédulas de 100 reais

2ª opção
100 cédulas de 10 reais

a) Qual dessas opções você escolheria? Por quê? Converse com os colegas.

b) Se a mãe de Iaci quisesse receber a quantia do saque em moedas de 1 real, quantas moedas ela receberia? _____

2 Identifique o número representado em cada ábaco.

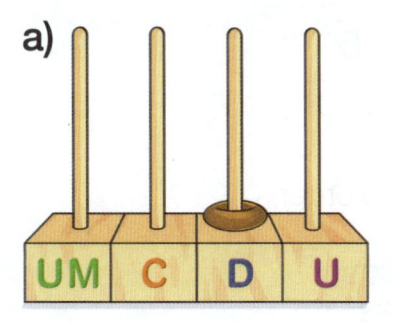

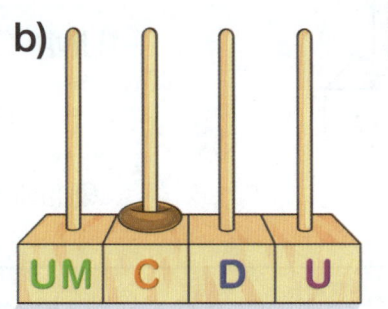

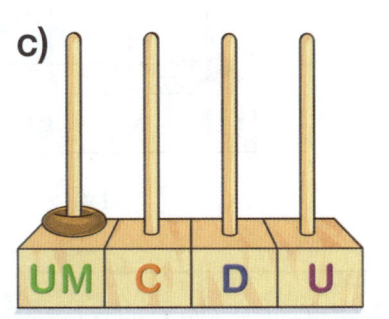

a)

b)

c)

52 cinquenta e dois

3 Números de 4 algarismos

🎓 Aprendendo

Unidades de milhar exatas

1. Observe nos quadros abaixo como representar 2 e 3 unidades de milhar.

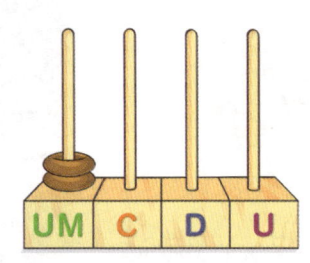

UM	C	D	U
2	0	0	0

2 unidades de milhar são 20 centenas ou 200 dezenas ou 2 000 unidades.

UM	C	D	U
3	0	0	0

3 unidades de milhar são 30 centenas ou 300 dezenas ou 3 000 unidades.

• Ligue as fichas azuis às fichas verdes correspondentes.

| 4 unidades de milhar | 800 dezenas | 400 unidades | 8 centenas |

| 8 unidades de milhar | 80 dezenas | 4 000 unidades | 4 centenas |

cinquenta e três 53

Números até 9 999

O Parque Zoobotânico Getúlio Vargas, ou Zoológico de Salvador, é considerado um centro de referência na preservação dos animais silvestres pertencentes à fauna brasileira. Em 2014, o zoológico mantinha sob seus cuidados 1 756 (mil setecentos e cinquenta e seis) animais.

Parque Zoobotânico Getúlio Vargas em Salvador (BA), 2016.

Observe como podemos representar o número 1 756 utilizando o ábaco, o quadro de ordens e o material dourado.

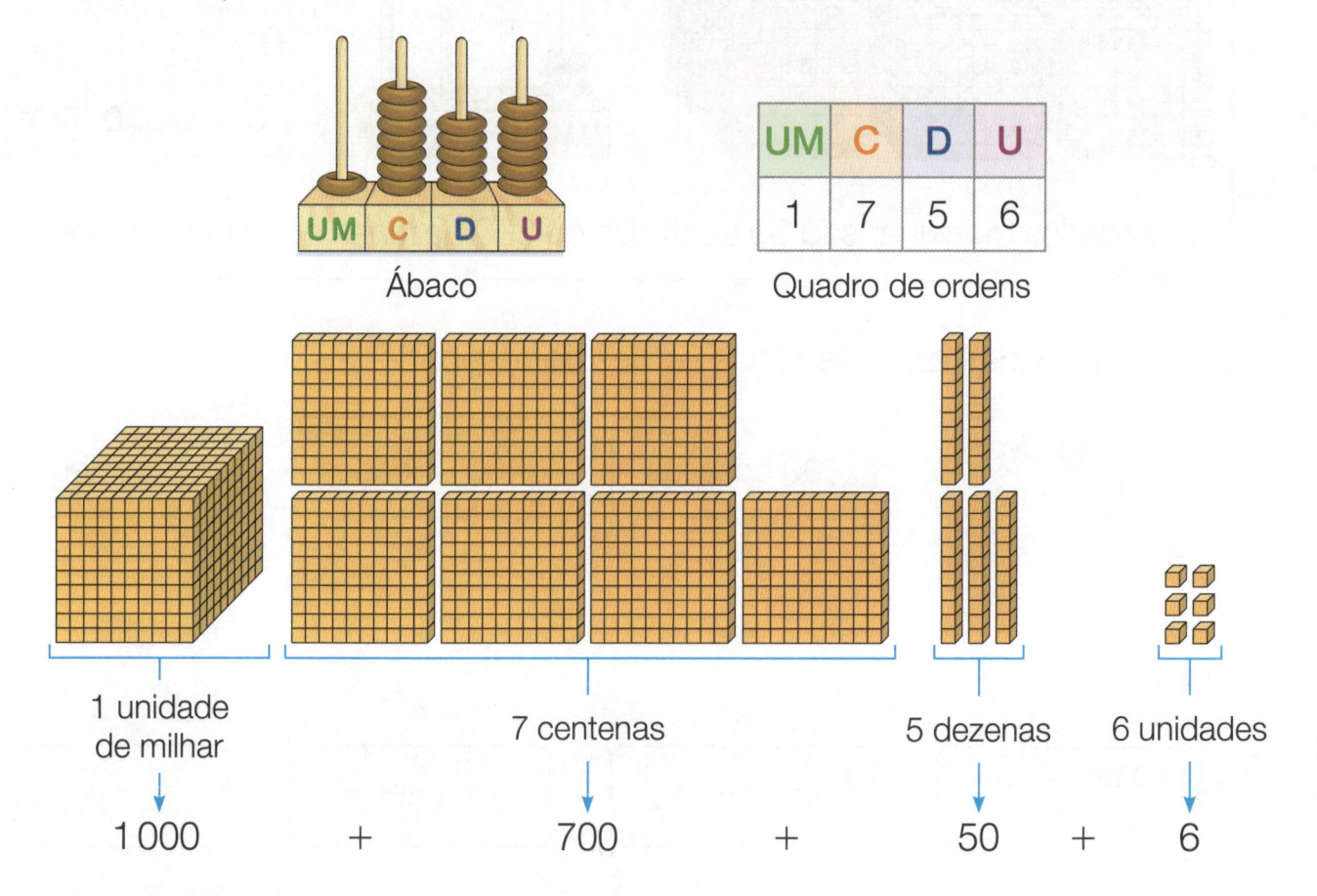

Ábaco

UM	C	D	U
1	7	5	6

Quadro de ordens

1 unidade de milhar   7 centenas   5 dezenas   6 unidades

1 000   +   700   +   50   +   6

54 cinquenta e quatro

Praticando

1 Identifique os números representados nos ábacos a seguir.

a)

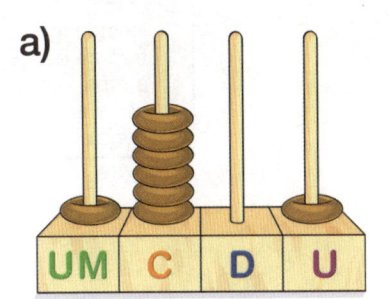

b)

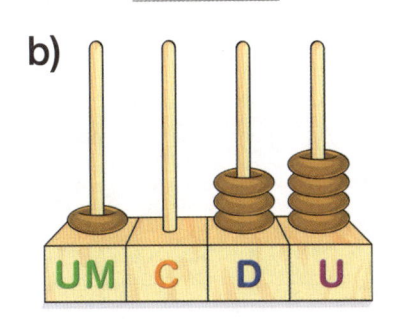

c)

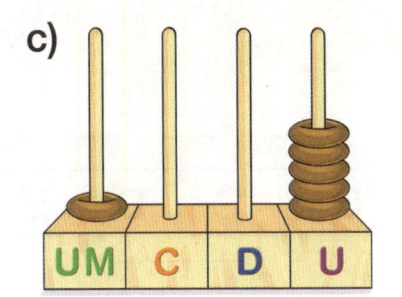

d)

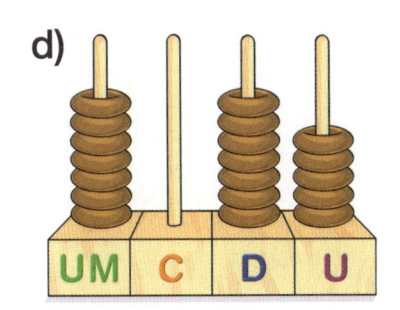

e)

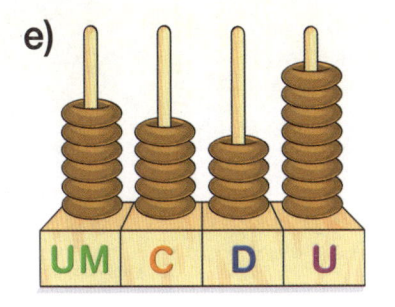

f)

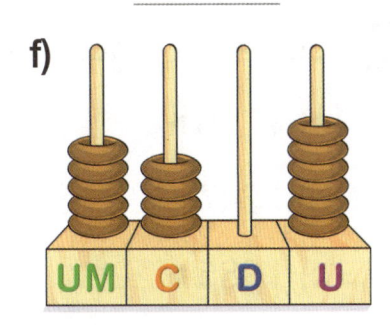

2 Escreva, por extenso, o número correspondente à quantidade representada em cada caso.

a)

b)

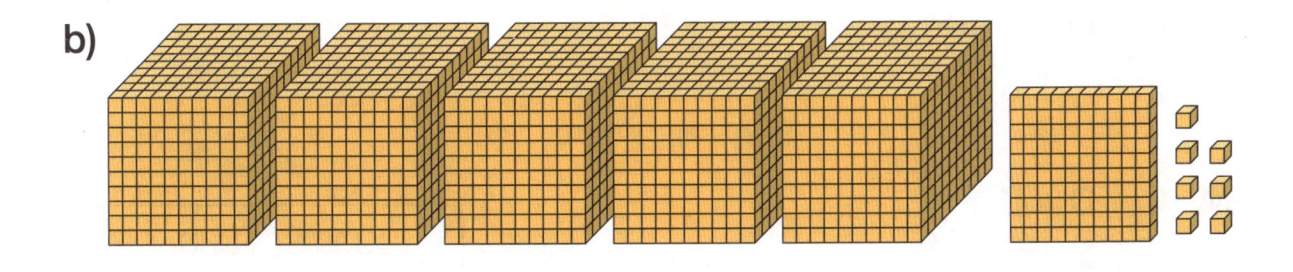

cinquenta e cinco 55

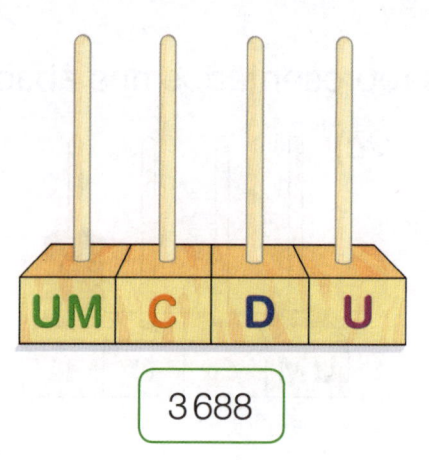

3 Desenhe argolas no ábaco abaixo para representar o número indicado.

UM C D U

3 688

Ábaco
Neste jogo, você terá de descobrir a representação correta para concluir as fases.

4 Escreva os números a seguir por extenso.

a) 1 256 ▶ _____

b) 1 347 ▶ _____

c) 1 085 ▶ _____

5 Decomponha os números como no exemplo.

1 854 ▶ 1 unidade de milhar, 8 centenas, 5 dezenas e 4 unidades

a) 1 672 ▶ _____

b) 2 069 ▶ _____

6 Ligue cada quadro de ordens a uma decomposição do número representado.

UM	C	D	U
9	0	7	4

UM	C	D	U
6	4	5	9

UM	C	D	U
7	3	2	5

6 000 + 400 + 50 + 9

7 000 + 320 + 5

8 000 + 1 000 + 74

56 cinquenta e seis

4 Antecessor e sucessor

🎓 Aprendendo

1. Mário foi com seus pais ao posto de saúde.

(Balão: "Eu serei o próximo a tomar vacina.")

Podemos dizer que o número 18 é o **sucessor** do número 17 ou, ainda, que o número 17 é o **antecessor** do número 18.

> Considerando a sequência de números 0, 1, 2, 3, 4, 5, 6, 7, ..., para obter o **sucessor** de um número, adicionamos 1 a esse número e, para obter o **antecessor** de um número maior que o zero, subtraímos 1 desse número.

✏️ Praticando

1. Responda às perguntas a seguir.

   a) Qual é o sucessor do número 126? _____

   b) Qual é o antecessor do número 3 000? _____

   c) O número 548 é antecessor ou sucessor de 547? _____

   d) O número 7 700 é antecessor ou sucessor de 7 701? _____

2 Veja as teclas da calculadora que Bruno usou para encontrar o sucessor de 399 e o antecessor de 800.

[3] [9] [9] [−] [1] [=] ▶ Sucessor de 399

[8] [0] [0] [+] [1] [=] ▶ Antecessor de 800

- Bruno usou as teclas corretamente? Converse com os colegas.

3 Qual é o sucessor do número 7 898? Escreva-o por extenso.

_____

4 Marque com um **X** o ábaco que representa o número que é antecessor do número 6 000.

5 Assinale **V** para as afirmações verdadeiras e **F** para as falsas.

☐ O sucessor do número 3 399 é o número 3 400.

☐ O antecessor do número 1 100 é o número 1 101.

☐ O número 2 009 é o sucessor do número 2 010.

☐ O antecessor do número 1 000 é um número de 3 algarismos.

☐ O número 4 001 é o antecessor do número 4 002.

5 Comparando números

Aprendendo

Iaci e Ana fizeram uma pesquisa sobre os povos indígenas Matipu e Tapayuna. Em seguida, elas organizaram em uma tabela a população desses dois povos.

População dos povos indígenas Matipu e Tapayuna em 2014		
Povo	Matipu	Tapayuna
População	157	132

Dados obtidos em: <https://pib.socioambiental.org/pt/c/quadro-geral>. Acesso em: 20 maio 2019.

Qual desses povos tem a maior população? Para responder a essa pergunta, Iaci e Ana primeiro representaram os números 157 e 132 com o material dourado e depois compararam o número de centenas, dezenas e unidades desses números.

> Comparei as centenas e verifiquei que os números têm a mesma quantidade de centenas. Então precisamos comparar as dezenas.

> Eu comparei as dezenas e vi que há mais em 157 do que em 132. Portanto, o povo Matipu tem a maior população.

157 ▶

132 ▶

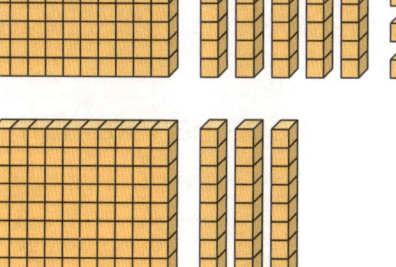

Praticando

1. Se a população do povo Tapayuna fosse de 158 habitantes, ela seria maior ou menor do que a população do povo Matipu? Por quê?

cinquenta e nove **59**

2 Isabela tem um quebra-cabeça com 218 peças, e Lucas tem um com 226 peças. Qual deles possui o quebra-cabeça com o maior número de peças?

_____

3 Cerque com uma linha o quadro de ordens em que está representado o maior número.

C	D	U
4	7	6

C	D	U
5	7	6

C	D	U
4	8	6

4 Complete as frases com as palavras **maior** ou **menor**.

a) O número 408 é _____ que o número 412.

b) O número 535 é _____ que o número 533.

c) O número 2546 é _____ que o número 1849.

d) O número 3772 é _____ que o número 3811.

e) O número 5558 é _____ que o número 5523.

5 Observe os números marcados na reta numérica a seguir.

6120   6121   6122   6123   6124

a) Quais desses números são maiores que o número 6122?

E menores? _____

b) Como podemos reconhecer na reta numérica números maiores ou menores que um número dado? Converse com os colegas.

60 sessenta

Tratando a informação

Construir gráficos de barras verticais e horizontais em planilhas eletrônicas

De acordo com os dados de 2016 do Cadastro Nacional de Estádios de Futebol (CNEF), o Brasil possui 790 estádios catalogados. Veja, na tabela a seguir, como esses estádios estão distribuídos pelas regiões do Brasil.

Estádios de futebol no Brasil	
Região	Número de estádios
Norte	60
Nordeste	241
Centro-Oeste	85
Sudeste	260
Sul	144

Dados obtidos em: <http://cdn.cbf.com.br/content/201601/20160121152439_0.pdf>. Acesso em: 21 maio 2019.

Mário utilizou uma planilha eletrônica para construir um gráfico de barras verticais usando os dados dessa tabela. Veja como ele fez.

Primeiro, copiei a tabela na planilha e selecionei os dados.

	A	B
1	Região	Número de estádios
2	Norte	60
3	Nordeste	241
4	Centro-Oeste	85
5	Sudeste	260
6	Sul	144

sessenta e um **61**

"Em seguida, escolhi a opção para inserir gráfico de barras verticais. Depois que o gráfico estava construído, inseri o título, a identificação dos eixos e os valores de cada barra."

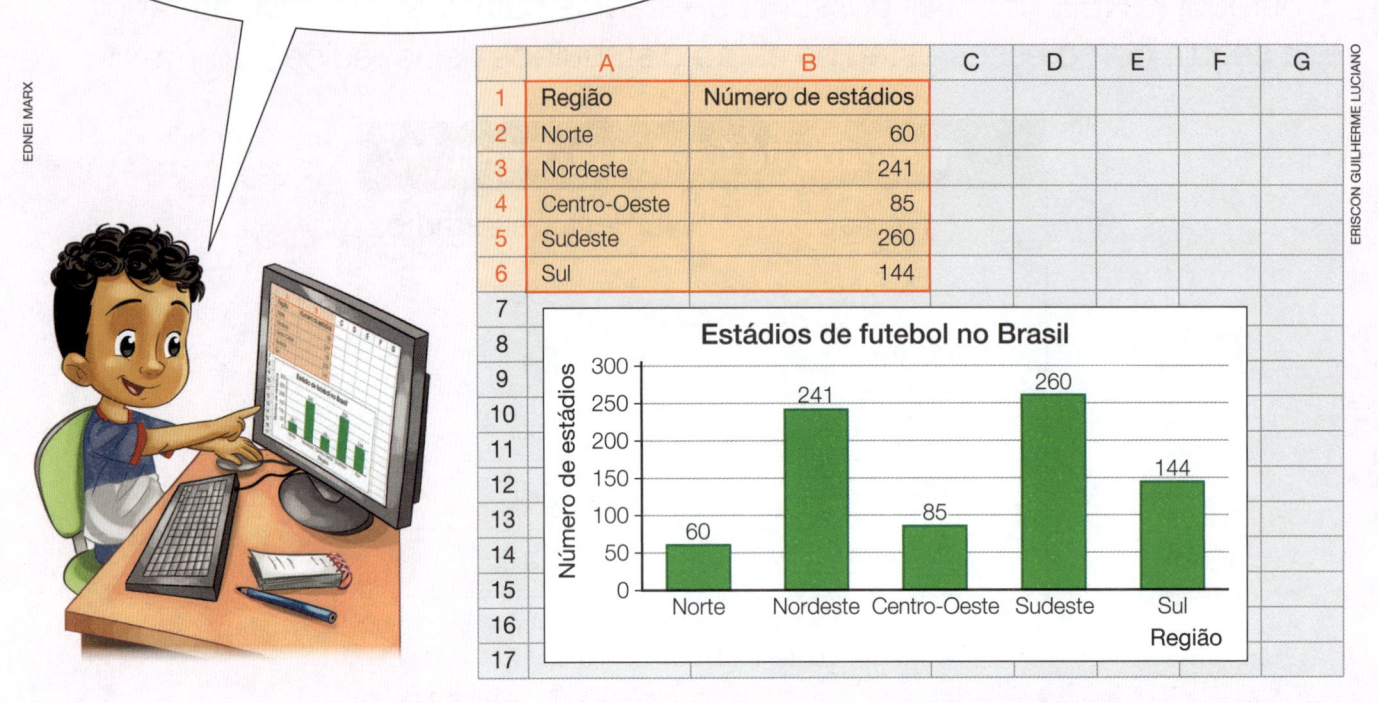

	A	B
1	Região	Número de estádios
2	Norte	60
3	Nordeste	241
4	Centro-Oeste	85
5	Sudeste	260
6	Sul	144

Estádios de futebol no Brasil

- Norte: 60
- Nordeste: 241
- Centro-Oeste: 85
- Sudeste: 260
- Sul: 144

- Usando uma planilha eletrônica, faça o que se pede.

   a) Construa um gráfico de barras horizontais com os dados da tabela da página anterior.

   b) Use os dados da tabela abaixo para construir um gráfico de barras verticais.

População de três municípios brasileiros em 2010	
Município	População
Aroazes (Piauí)	5 779
Barão de Melgaço (Mato Grosso)	7 591
Itaubal (Amapá)	4 265

Dados obtidos em: <https://cidades.ibge.gov.br>.
Acesso em: 21 maio 2019.

   c) Reúna-se com um colega e pesquisem na internet a população de cinco municípios do estado em que moram. Depois, usem esses dados para construir um gráfico de barras horizontais.

Praticando mais

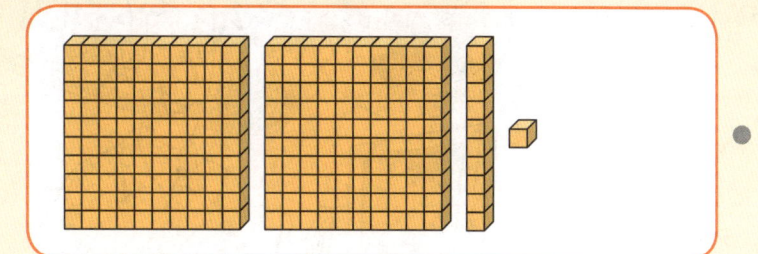

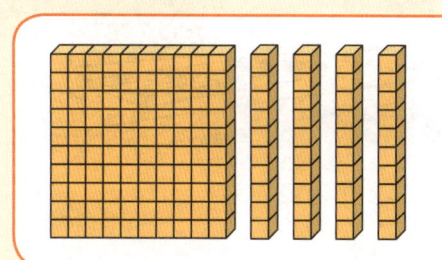

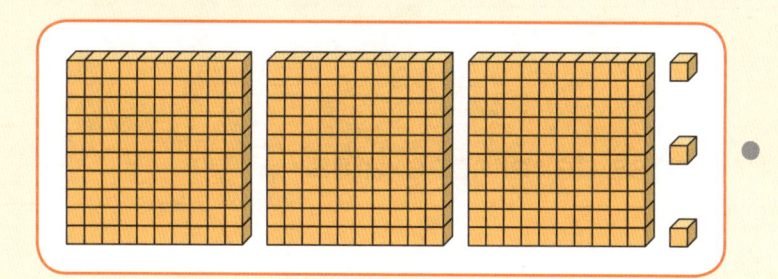

1 Ligue as representações do mesmo número.

2 Escreva os números correspondentes a:

a) 4 centenas, 5 dezenas e 7 unidades ▶ _____

b) 6 centenas e 6 unidades ▶ _____

3 Escreva como se lê cada um dos números representados nos quadros de ordem abaixo.

a)
C	D	U
3	4	3

b)
C	D	U
4	3	3

c)
C	D	U
3	3	4

sessenta e três 63

4 José trabalha em um *pet shop*. No final do dia, ele sempre conta o dinheiro do caixa. Observe a ilustração e responda às questões.

São 100 cédulas de 10 reais e 50 cédulas de 100 reais.

a) Quantos reais havia no caixa do *pet shop*?

_____

b) Se todo o valor do caixa fosse apenas em cédulas de 100 reais, quantas cédulas haveria no total?

_____

5 Escreva os números de 687 a 702.

_____

_____

6 Complete a sequência das unidades de milhar exatas.

| 1 000 | 2 000 | | 4 000 | | | 7 000 | | |

7 Descubra o padrão e complete cada sequência.

a) 701, 702, 703, _____, _____, _____, _____, _____, _____, _____

b) 505, 510, 515, _____, _____, _____, _____, _____, _____, _____

c) 900, 910, 920, _____, _____, _____, _____, _____, _____, _____

d) 800, 750, 700, _____, _____, _____, _____, _____, _____, _____

e) 940, 920, 900, _____, _____, _____, _____, _____, _____, _____

8 Em cada caso, escreva o sucessor e o antecessor do número dado.

	90	

	925	

	2 000	

64 sessenta e quatro

9 Escreva os números a seguir em ordem crescente.

3 677   7 849   852   7 846   3 692

_____

10 Escreva os números a seguir em ordem decrescente, usando o sinal > (maior que).

910   350   230   840   620   190   580

_____

11 Observe o ábaco ao lado. Depois, pinte os quadros abaixo cujas adições correspondem às decomposições do número representado no ábaco.

| 1 000 + 600 + 60 + 1 | 1 600 + 1 |
| 600 + 61 | 1 000 + 660 + 1 | 2 661 − 1 000 |

UM C D U

JOSÉ LUÍS JUHAS

• Agora, escreva pelo menos mais duas decomposições do número representado no ábaco acima. _____

_____

Desafio

Marque com um **X** as afirmações verdadeiras.

☐ O maior número de 4 algarismos é o 9 000.

☐ O menor número de três algarismos diferentes é o 102.

☐ O sucessor do menor número de 4 algarismos é o 999.

☐ O antecessor do maior número de 4 algarismos diferentes é o 9 875.

sessenta e cinco **65**

UNIDADE 4
Adição

POSTO DE ARRECADAÇÃO

Trocando ideias

1. Quantos pacotes de arroz e feijão estão sobre as bancadas?
2. Após as doações de Ana e Clara, que estão entrando no posto de arrecadação, qual será o total de pacotes arrecadados?
3. Você já participou de alguma campanha de arrecadação de alimentos?

sessenta e sete 67

1 Alguns significados da adição

🎓 Aprendendo

Significado de juntar

1. Ana fez uma linda pulseira com 13 miçangas vermelhas e 12 amarelas.

- Quantas miçangas, ao todo, Ana utilizou nessa pulseira?

  Para obter o total de miçangas da pulseira de Ana, podemos juntar as **13** miçangas vermelhas com as **12** miçangas amarelas e representar esse total com uma adição.

  Adição ▶ __13__ + __12__ = __25__

  Ana utilizou 25 miçangas ao todo.

Significado de acrescentar

2. Em uma equipe de voleibol treinam 12 jogadoras, e foram convocadas mais 4 para essa equipe.

- Quantas jogadoras de voleibol há na equipe agora?

  Para saber o total de jogadoras que há na equipe de voleibol agora, podemos acrescentar as **4** jogadoras convocadas às **12** que já treinavam na equipe, ou seja, podemos efetuar uma adição.

  Adição ▶ __12__ + __4__ = __16__

  Agora, há 16 jogadoras de voleibol na equipe.

Praticando

1 Fernanda comprou duas bonecas. Uma custou 33 reais e a outra, 45 reais. Quantos reais Fernanda gastou ao todo?

Fernanda gastou ao todo _____ reais.

2 Um comerciante fez um levantamento de seu estoque de camisetas. Em seguida, organizou os dados na tabela abaixo. Complete os totais das linhas e das colunas da tabela e, depois, responda às questões.

Estoque de camisetas

Cor / Tamanho	Vermelha	Verde	Azul	Total
P (pequeno)	10	25	32	
M (médio)	28	30	20	
G (grande)	41	22	23	
Total				231

Dados obtidos pelo comerciante, em junho de 2019.

a) Qual é a cor da camiseta que há em maior quantidade nesse estoque?

_____

b) Qual é o tamanho de camiseta azul que há em menor quantidade?

_____

sessenta e nove

2 Adição

Aprendendo

No gráfico abaixo, está representada a quantidade de alunos do 3º ano que visitaram a biblioteca da escola em dois dias.

- Quantos alunos, no total, visitaram a biblioteca nesses dois dias?

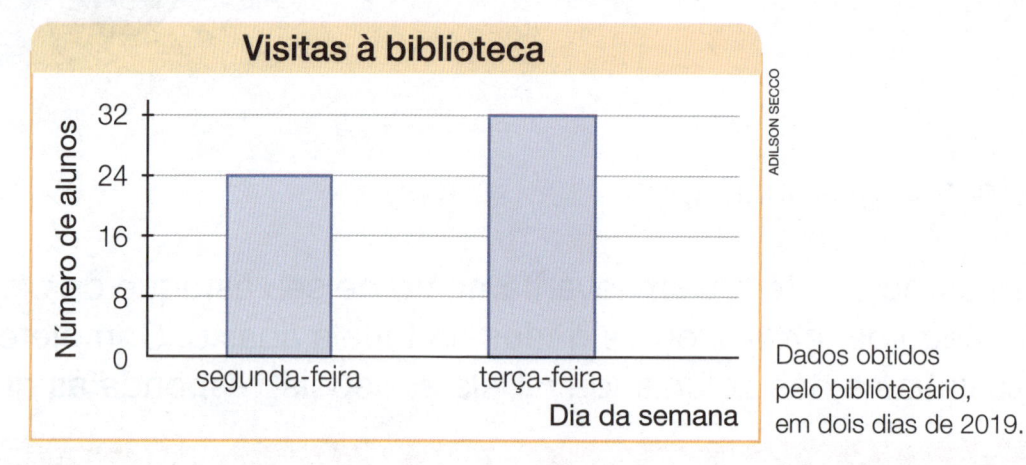

Visitas à biblioteca

(Número de alunos — segunda-feira: 24; terça-feira: 32)

Dados obtidos pelo bibliotecário, em dois dias de 2019.

Na segunda-feira, 24 alunos visitaram a biblioteca e, na terça-feira, 32 alunos.

Utilizando o ábaco

Para saber o total de alunos que visitou a biblioteca, podemos calcular o resultado da adição 24 + 32 usando o ábaco.

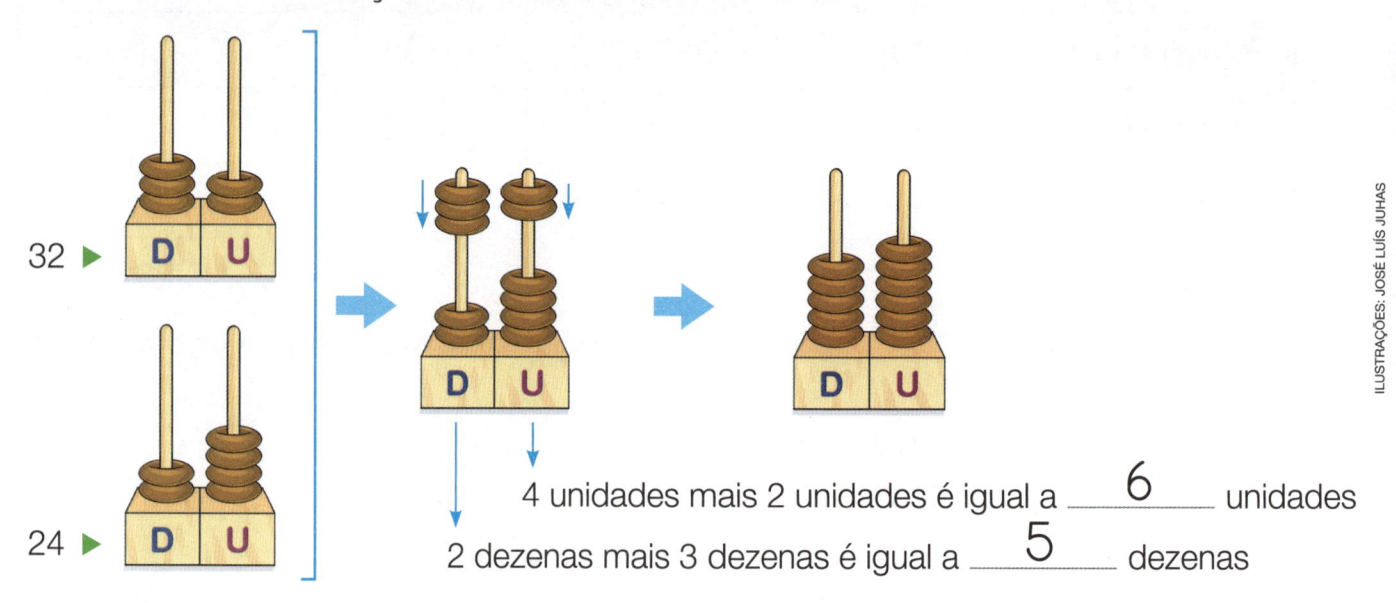

32 ▶

24 ▶

4 unidades mais 2 unidades é igual a __6__ unidades

2 dezenas mais 3 dezenas é igual a __5__ dezenas

Assim: 24 + 32 = 56

Portanto, 56 alunos visitaram a biblioteca nesses dois dias.

Veja a seguir outras maneiras de obter o resultado de 24 + 32.

70 setenta

Utilizando o algoritmo da decomposição

Também podemos calcular o resultado da adição 24 + 32 decompondo os números 24 e 32, separando dezenas e unidades. Adicionamos as unidades e, depois, as dezenas. Por fim, juntamos os resultados obtidos.

$$24 \rightarrow 20 + 4$$
$$+$$
$$32 \rightarrow 30 + 2$$
$$\overline{}$$
$$50 + 6 = 56$$

Utilizando o algoritmo usual

O resultado da adição 24 + 32 também pode ser obtido dispondo os números na vertical. Nesse caso, escrevemos os dois números alinhando as unidades e as dezenas. Encontramos o resultado adicionando primeiro as unidades e, depois, as dezenas. Leia a explicação de Bruno.

D	U
2	4
+3	2
	6

4 unidades mais 2 unidades são 6 unidades.

D	U
2	4
+3	2
5	6

2 dezenas mais 3 dezenas são 5 dezenas.

Essa forma de calcular é chamada de algoritmo usual da adição.

Na adição, nomeamos cada um dos termos assim:

```
  2 4  ← parcela
+ 3 2  ← parcela
-----
  5 6  ← soma ou total
```

setenta e um

1 Flávia coleciona selos. Ela tinha 245 selos e ganhou mais 132 de uma amiga.

- Com quantos selos Flávia ficou?

Utilizando o material dourado

Para descobrir o total de selos, vamos calcular o resultado da adição 245 + 132 utilizando o material dourado.

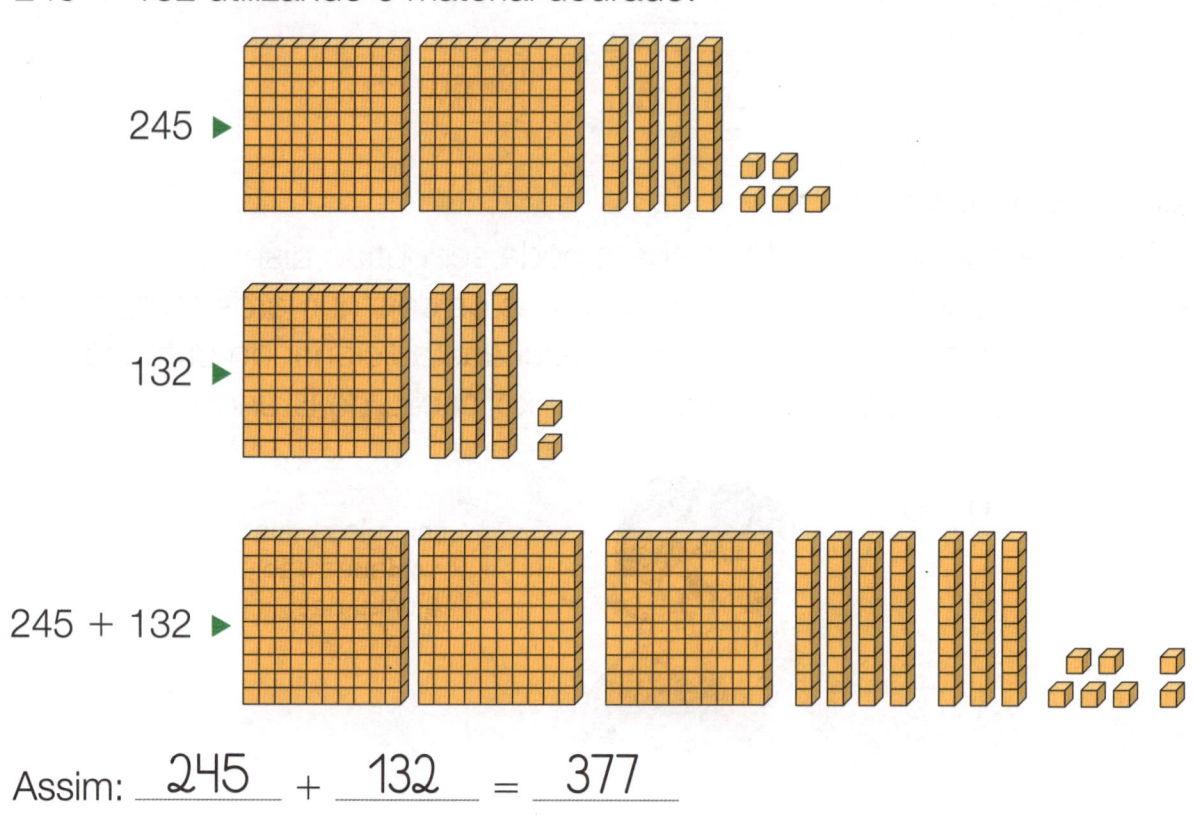

245 ▶

132 ▶

245 + 132 ▶

Assim: __245__ + __132__ = __377__

Portanto, Flávia ficou com 377 selos.

Veja a seguir outras maneiras de obter o resultado de 245 + 132.

Utilizando o algoritmo da decomposição

Também podemos calcular o resultado da adição 245 + 132 decompondo os números 245 e 132, separando centenas, dezenas e unidades.

245 ▶ 200 + 40 + 5
     +
132 ▶ 100 + 30 + 2
     _____
      300 + 70 + 7 = 377

72 setenta e dois

Utilizando o algoritmo usual

O resultado da adição 245 + 132 também pode ser calculado com o algoritmo usual, adicionando primeiro as unidades, depois as dezenas e, em seguida, as centenas.

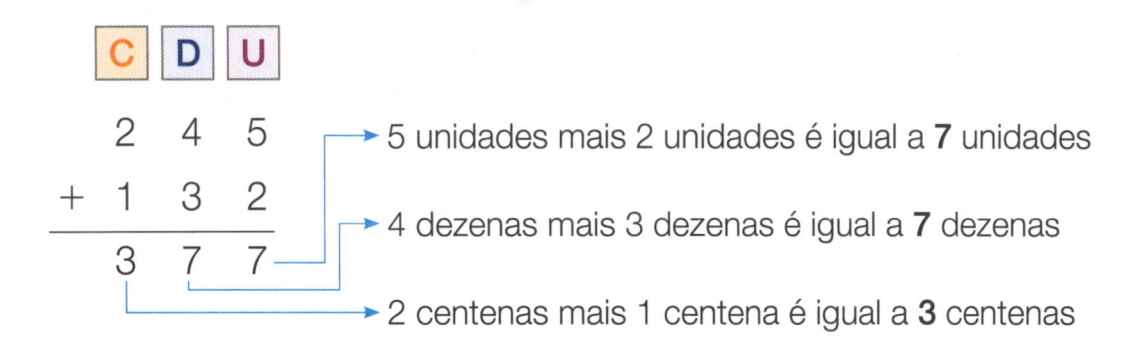

```
  C D U
  2 4 5
+ 1 3 2
  -----
  3 7 7
```

→ 5 unidades mais 2 unidades é igual a **7** unidades

→ 4 dezenas mais 3 dezenas é igual a **7** dezenas

→ 2 centenas mais 1 centena é igual a **3** centenas

Praticando

1 Em um lago havia 22 carpas. Foram colocadas mais 14 carpas nesse lago. Quantas carpas há no lago agora?

Lago com carpas.

Há _____ carpas no lago agora.

2 No pátio de uma montadora de automóveis havia 324 veículos. Foram deslocados para esse pátio mais 215 veículos, produzidos nos últimos dias. Quantos veículos o pátio passou a ter?

O pátio passou a ter _____ veículos.

3 Determine os algarismos representados pelos símbolos ■ e ●.

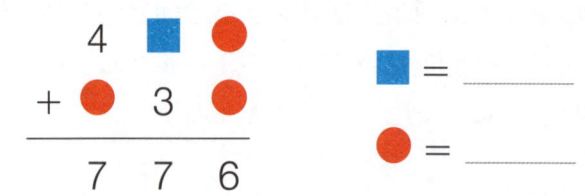

$$\begin{array}{r} 4\ \blacksquare\ \bullet \\ +\ \bullet\ 3\ \bullet \\ \hline 7\ 7\ 6 \end{array}$$

■ = _____

● = _____

- Agora, explique a um colega como você fez para descobrir o valor dos símbolos.

4 Para fazer um trabalho de Arte, Olívia separou 210 lantejoulas coloridas e Luiz separou o dobro de lantejoulas de Olívia. Ao todo, quantas lantejoulas eles separaram?

Olívia e Luiz separaram _____ lantejoulas.

5 Mário e Bruno assistiram a dois desenhos animados. O primeiro durou 23 minutos e o segundo, 42 minutos.

a) Qual foi a duração dos dois desenhos, ao todo?

A duração dos dois desenhos, ao todo, foi de _____ minutos.

b) Esse tempo é maior ou menor que 1 hora? Por quê?

_____

74 setenta e quatro

6 Calcule o resultado de cada adição com o algoritmo usual utilizando o quadro de ordens.

a) 41 + 632 = _____

b) 143 + 325 = _____

c) 152 + 45 = _____

d) 513 + 70 = _____

e) 523 + 5 = _____

f) 8 + 341 = _____

g) 403 + 182 = _____

h) 215 + 62 + 12 = _____

i) 3 + 24 + 712 = _____

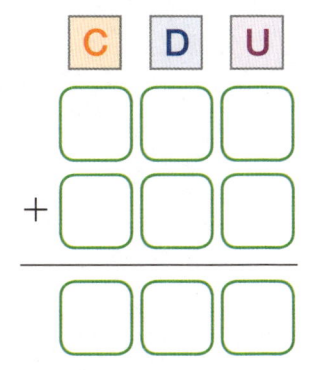

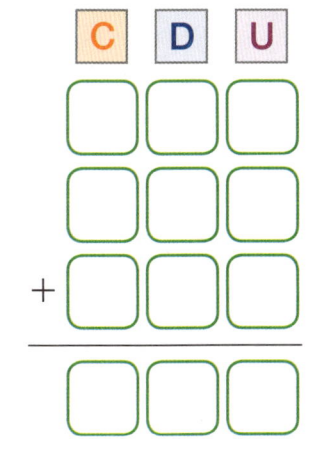

setenta e cinco 75

7 Efetue as adições utilizando o algoritmo usual.

a) 12 + 57 = ____

b) 8 + 151 = ____

c) 52 + 316 = ____

d) 305 + 73 = ____

e) 52 + 36 = ____

f) 24 + 31 + 13 = ____

g) 42 + 131 + 16 = ____

h) 113 + 25 + 411 = ____

i) 125 + 32 + 10 = ____

3 Adição com troca

🎓 Aprendendo

Iaci colheu 27 cajus e Bruno, 35.

- Quantos cajus eles colheram ao todo?

Utilizando o ábaco

Para saber o total de cajus, vamos calcular o resultado da adição 27 + 35 usando o ábaco.

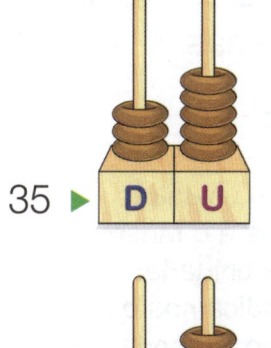

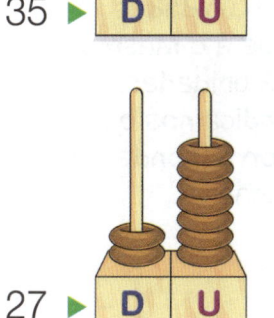

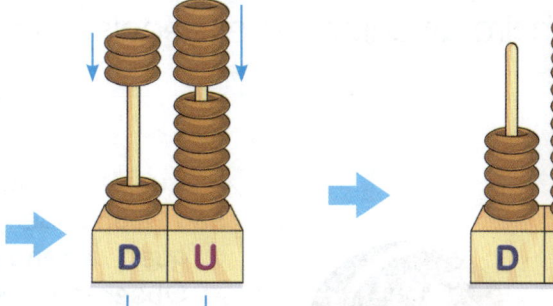

35 ▶ D U

27 ▶ D U

7 unidades mais 5 unidades

é igual a __12__ unidades

2 dezenas mais 3 dezenas é igual a __5__ dezenas

12 unidades é o mesmo que 1 dezena mais 2 unidades.

Trocamos 10 unidades por 1 dezena

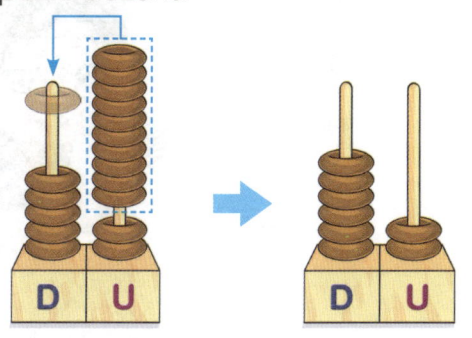

Assim: 27 + 35 = __62__

Portanto, Iaci e Bruno colheram __62__ cajus ao todo.

setenta e sete 77

Veja a seguir outras maneiras de efetuar 27 + 35.

Utilizando o algoritmo da decomposição

Também podemos calcular o resultado da adição 27 + 35 decompondo os números 27 e 35, separando dezenas e unidades.

27 ▶ 20 + 7
+
35 ▶ 30 + 5

50 + 12 = 62

Utilizando o algoritmo usual

O resultado da adição 27 + 35 também pode ser calculado com o algoritmo usual, adicionando primeiro as unidades e, depois, as dezenas.

```
  D U
  1
  2 7
+ 3 5
-----
    2
```

7 unidades mais 5 unidades são 12 unidades, que é o mesmo que 1 dezena e 2 unidades. Observe onde indicamos o número 1, que corresponde a 1 dezena.

```
  D U
  1
  2 7
+ 3 5
-----
  6 2
```

1 dezena mais 2 dezenas mais 3 dezenas são 6 dezenas.

1. Foram vendidos 156 ingressos para uma apresentação no teatro. Ainda restam 135 ingressos.

- Qual é o total de ingressos oferecidos para essa apresentação?

Utilizando o material dourado

Vamos calcular o resultado da adição 156 + 135 utilizando o material dourado.

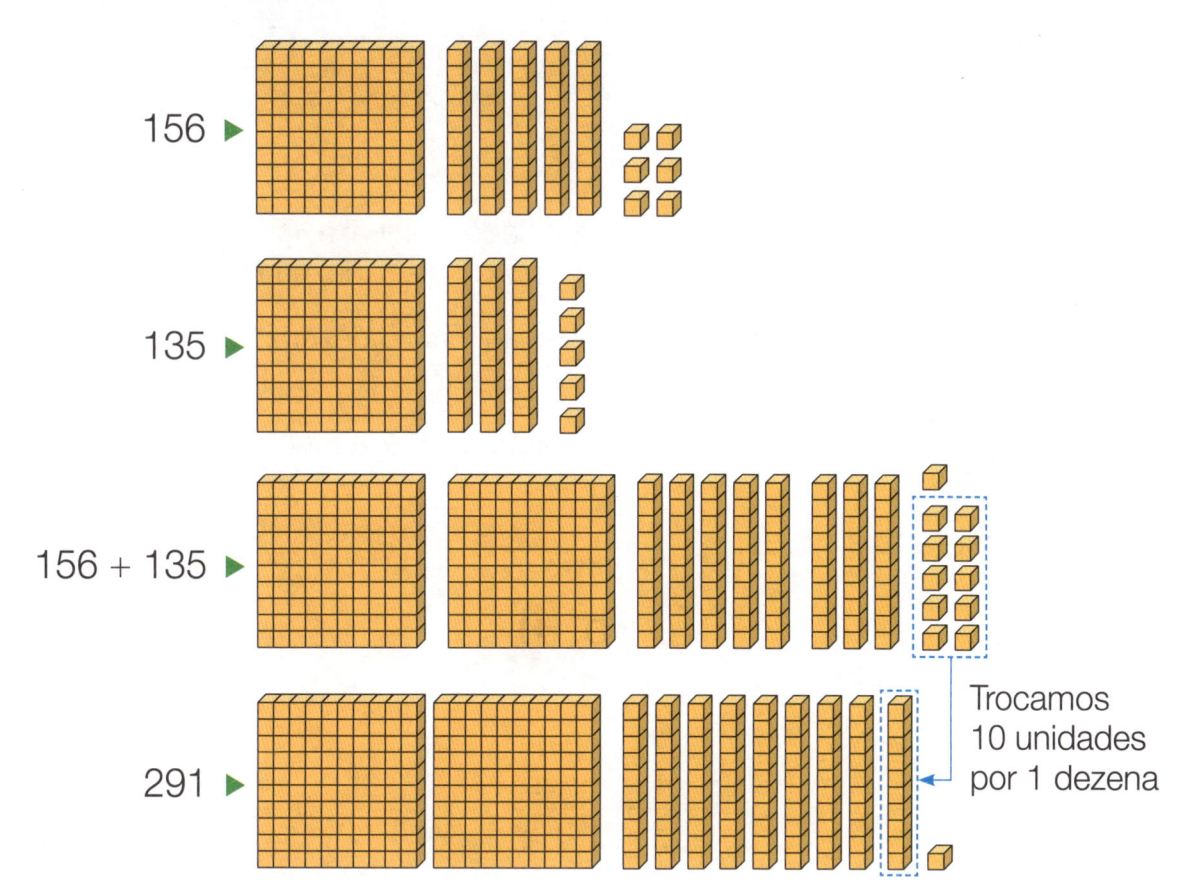

156 ▶

135 ▶

156 + 135 ▶

291 ▶

Trocamos 10 unidades por 1 dezena

Assim: 156 + 135 = 291

Portanto, para a apresentação no teatro foram oferecidos 291 ingressos no total.

Veja a seguir outras maneiras de efetuar 156 + 135.

Utilizando o algoritmo da decomposição

Também podemos calcular o resultado da adição 156 + 135 decompondo os números 156 e 135, separando centenas, dezenas e unidades.

156 ▶ 100 + 50 + 6
+
135 ▶ 100 + 30 + 5
_____
200 + 80 + 11 = **291**

setenta e nove **79**

Utilizando o algoritmo usual

O resultado da adição 156 + 135 também pode ser calculado com o algoritmo usual, adicionando primeiro as unidades, depois as dezenas e, em seguida, as centenas.

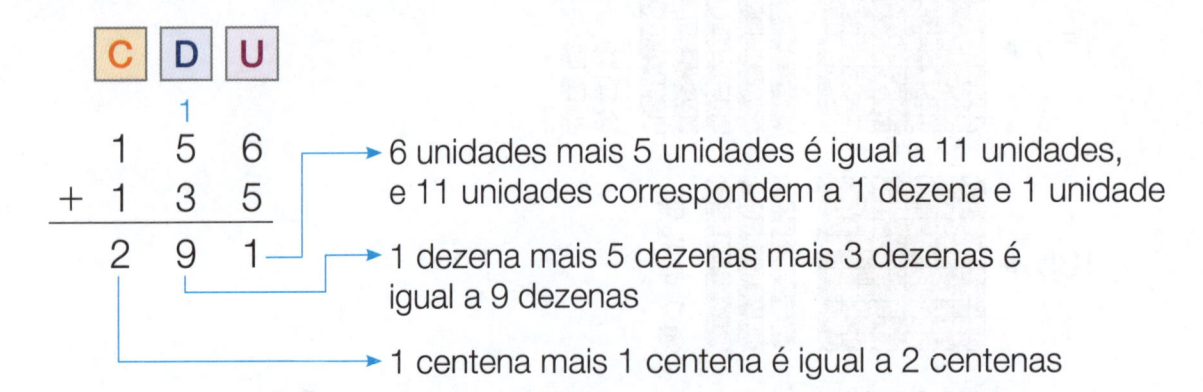

C	D	U
	1	
1	5	6
+ 1	3	5
2	9	1

→ 6 unidades mais 5 unidades é igual a 11 unidades, e 11 unidades correspondem a 1 dezena e 1 unidade

→ 1 dezena mais 5 dezenas mais 3 dezenas é igual a 9 dezenas

→ 1 centena mais 1 centena é igual a 2 centenas

Agora, observe estes exemplos.

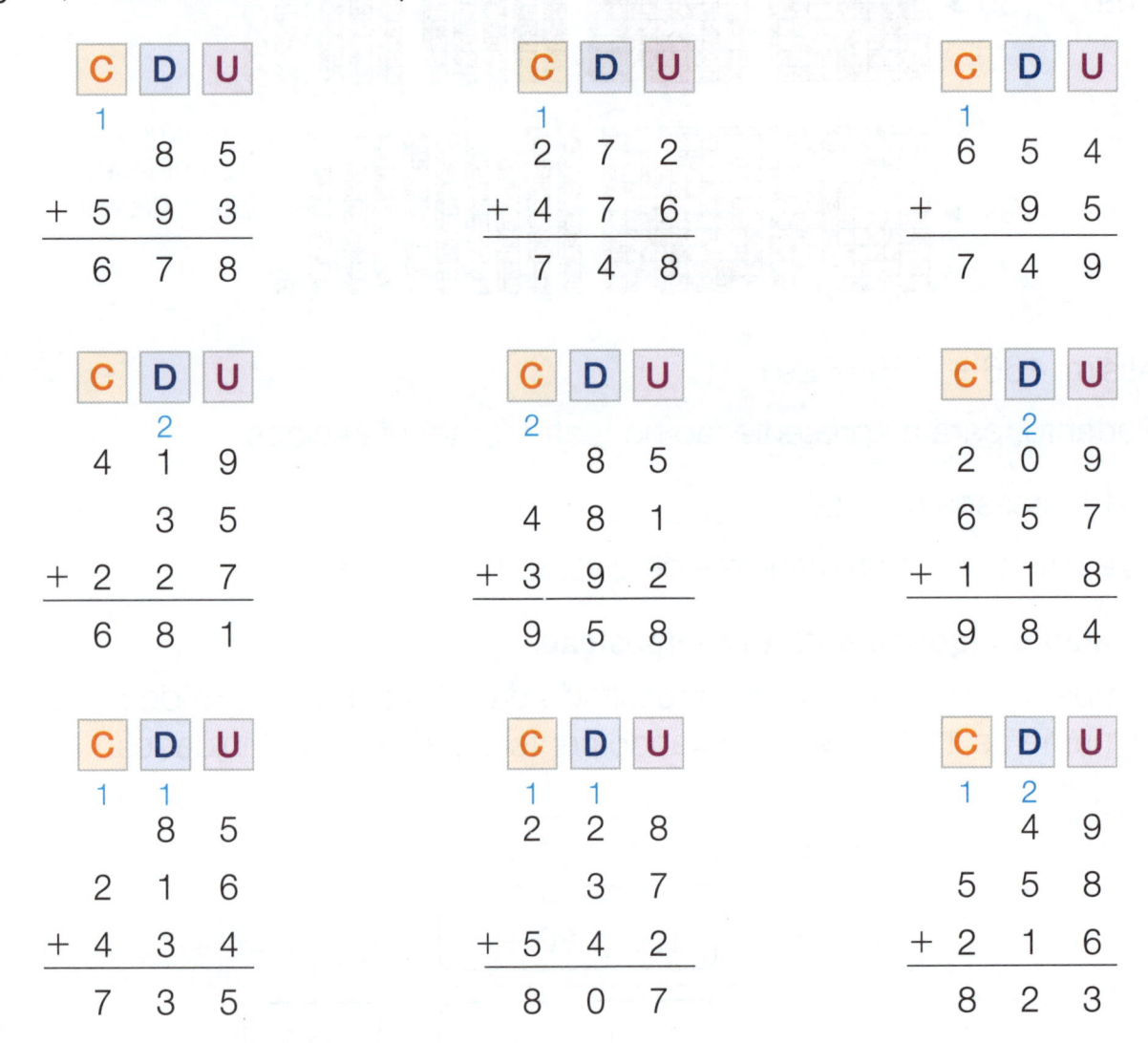

C	D	U
1		
	8	5
+ 5	9	3
6	7	8

C	D	U
1		
2	7	2
+ 4	7	6
7	4	8

C	D	U
1		
6	5	4
+	9	5
7	4	9

C	D	U
	2	
4	1	9
	3	5
+ 2	2	7
6	8	1

C	D	U
	2	
	8	5
4	8	1
+ 3	9	2
9	5	8

C	D	U
	2	
2	0	9
6	5	7
+ 1	1	8
9	8	4

C	D	U
1	1	
	8	5
2	1	6
+ 4	3	4
7	3	5

C	D	U
1	1	
2	2	8
	3	7
+ 5	4	2
8	0	7

C	D	U
1	2	
	4	9
5	5	8
+ 2	1	6
8	2	3

Praticando

1 Efetue as adições utilizando o algoritmo usual.

a)
D	U
5	8
+ 2	8

b)
C	D	U
	5	9
+ 3	0	9

c)
C	D	U
	4	1	5
+ 2	3	8

d)
C	D	U
	8	3
+ 4	7	2

e)
C	D	U
3	6	4
+ 1	7	5

f)
C	D	U
8	9	3
+	5	4

g)
C	D	U
4	1	9
	2	8
+	3	6

h)
C	D	U
	8	2
3	7	4
+ 2	6	1

i)
C	D	U
1	3	6
2	4	7
+ 1	0	9

j)
C	D	U
	9	6
5	1	8
+ 1	3	4

k)
C	D	U
2	6	8
	1	8
+ 4	1	7

l)
C	D	U
1	8	5
2	9	7
+ 1	9	4

oitenta e um **81**

2 Ana coleciona bonecas típicas. Ela tem 24 bonecas típicas de estados brasileiros e 57 de outros países. Quantas bonecas típicas Ana tem ao todo?

Ana tem _____ bonecas típicas ao todo.

3 Efetue as adições utilizando o algoritmo usual.

a)
```
    3 5
    4 6
+   1 3
```

b)
```
    4 2 5
    1 0 8
+   2 1 2
```

c)
```
    5 4 6
    2 1 7
+     3 2
```

d)
```
    3 6 9
      1 8
+   4 0 5
```

e)
```
    2 8 1
    1 8 3
+   3 8 4
```

f)
```
      3 9
    5 1 5
+   1 2 6
```

g)
```
    2 5 6
    1 7 3
+     6 4
```

h)
```
      4 7
    2 5 7
+   4 3 8
```

i)
```
    2 8 6
    1 7 1
+   3 6 4
```

4 Em uma gincana realizada no 3º ano, Bruno, Mário, Isabela e Iaci fizeram o seguinte número de pontos:

Bruno — 89 PONTOS
Mário — 78 PONTOS
Isabela — 108 PONTOS
Iaci — 72 PONTOS

Para saber o total aproximado de pontos que Bruno e Mário fizeram juntos, Lucas primeiro arredondou cada número para a dezena mais próxima e, depois, adicionou mentalmente os números arredondados.

> O número 89 está mais próximo de **90** que de 80.
>
> E o número 78 está mais próximo de **80** que de 70.
>
> 90 pontos mais 80 pontos são 170 pontos.

Assim, Lucas concluiu que Bruno e Mário fizeram juntos, aproximadamente, 170 pontos.

a) Faça como Lucas e obtenha o total aproximado de pontos que Isabela e Iaci fizeram juntas. _____

b) Calcule o valor exato de pontos que Bruno e Mário fizeram juntos e o total de pontos que Isabela e Iaci fizeram juntas. _____

c) Agora, compare o valor exato com o valor obtido por arredondamento.

oitenta e três **83**

5 Liana efetuou uma adição utilizando o material dourado. Observe.

10 unidades = 1 dezena

26 + 18

20 + 6   10 + 8   =   30 + 14   =   40 + 4 = 44

- Agora é sua vez! Faça a adição representada pelo material dourado abaixo.

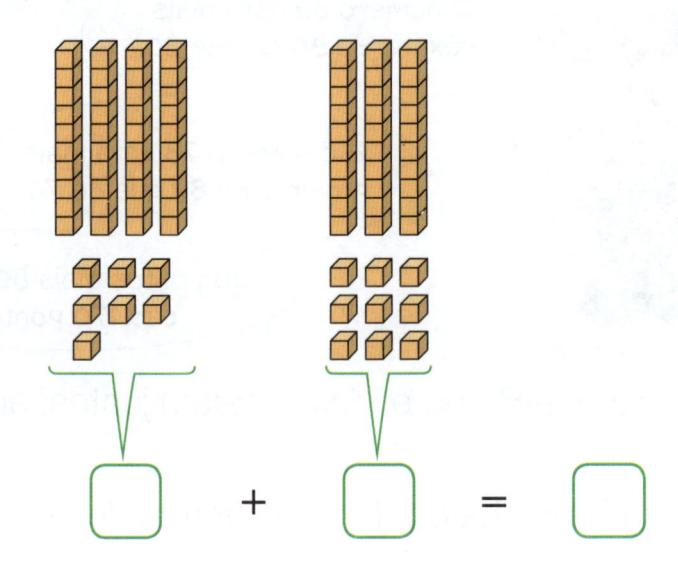

☐ + ☐ = ☐

6 Observe com atenção os exemplos. Depois, calcule mentalmente e registre os resultados das demais operações.

Exemplos:

1 + 2 = 3   10 + 20 = 30   100 + 200 = 300

a) 2 + 4 = _____   c) 20 + 40 = _____   e) 200 + 400 = _____

b) 7 + 2 = _____   d) 70 + 20 = _____   f) 700 + 200 = _____

84 oitenta e quatro

7 Efetue as adições utilizando o algoritmo usual.

a) 456 + 272 + 104 = _____

c) 180 + 356 + 197 = _____

b) 135 + 256 + 68 = _____

d) 523 + 138 + 75 = _____

8 Pedro lançou três dardos. Observe a ilustração ao lado e calcule o total de pontos que ele fez.

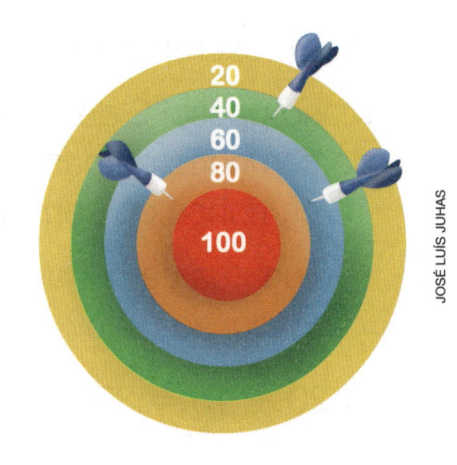

Pedro fez _____ pontos.

9 Veja quantos reais há nos quadros abaixo.

Lembre-se: 100 centavos correspondem a 1 real.

_____ reais

_____ reais

oitenta e cinco 85

4 Problemas de adição

Aprendendo

1. Observe os procedimentos necessários para a resolução de um problema.

> 1º) Leia atentamente o problema.
> 2º) Verifique o que é pedido.
> 3º) Identifique a operação.
> 4º) Efetue os cálculos.
> 5º) Determine a resposta.

Veja o exemplo a seguir.

Mário possui 2 dezenas de carrinhos de passeio e 15 carrinhos de corrida.

- Quantos carrinhos Mário possui ao todo?

20 + 15 = 35

```
  2 0
 +1 5
 ----
  3 5
```

Mário possui 35 carrinhos.

Praticando

1. Joana tem uma criação de 75 galinhas e 68 patos. No total, quantas aves ela cria?

Joana cria _____ aves.

2 Isabela comprou dois jogos. Um custou 42 reais, e o outro, 36 reais. Quanto ela gastou ao todo?

Isabela gastou, ao todo, _____ reais.

3 Preencha a nota fiscal com o valor total das mercadorias.

Casa do Livro — Nº 0078

Item	Quant.	Material	Valor
1	1	Mochila	65 reais
2	1	Estojo de canetas	37 reais
		Total	

- O valor total da compra foi maior que 100 reais? _____

4 Luís foi à feira e comprou 10 abacaxis, 26 peras e 57 mamões. Quantas frutas ele comprou ao todo?

Luís comprou _____ frutas.

oitenta e sete 87

5 Em um dia, uma banca vendeu 152 jornais pela manhã e 146 jornais à tarde. Quantos jornais foram vendidos ao todo nesse dia?

Foram vendidos ao todo _____ jornais.

6 Roberto colheu 128 mangas, 153 laranjas e 75 limões em seu sítio. Quantas frutas ele colheu ao todo?

Roberto colheu _____ frutas ao todo.

7 Lúcio comprou um *smartphone* por 560 reais e um *headset* por 350 reais. Quanto ele gastou?

Lúcio gastou _____ reais.

8 Observe com atenção o esquema abaixo, descubra a regra e complete com os números que faltam.

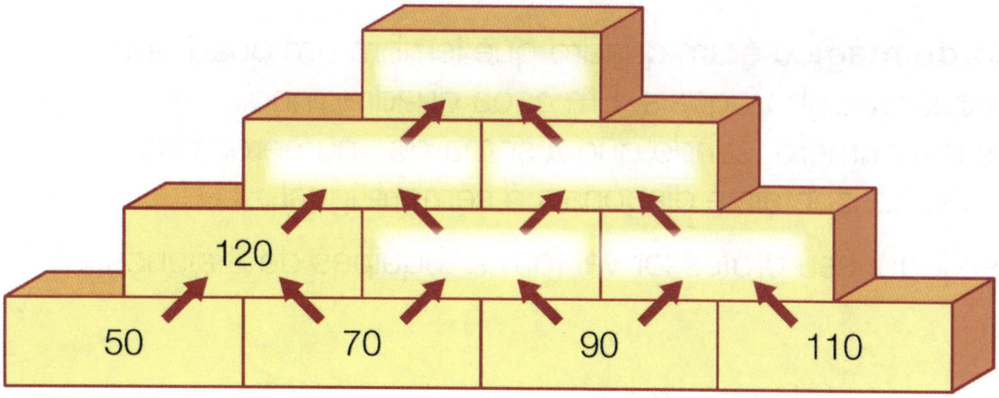
120
50
70
90
110

ADILSON SECCO

9 Observe como Mário e Isabela calcularam o resultado da adição 355 + 566 usando uma calculadora.

3 5 5 + 5 6 6 =
5 6 6 + 3 5 5 =

EDNEI MARX

JOSÉ LUÍS JUHAS

a) Registre o cálculo feito por eles utilizando o algoritmo usual da adição e determine o resultado que eles obtiveram.

b) Confira os cálculos registrados usando uma calculadora e diga o que há de parecido e de diferente nos cálculos feitos pelos dois amigos. A que conclusão você chegou?

Jogando e aprendendo

Quadrado mágico

O **quadrado mágico** é um quadro que lembra um quadrado dividido em quadradinhos iguais. Em cada quadradinho escrevemos um número, sendo que a soma dos números das linhas verticais, horizontais e diagonais é sempre igual.

Para esse jogo, seu professor vai formar equipes de 3 alunos.

Material

✓ O quadrado mágico a seguir.

	5	

Maneira de brincar

1. Usando apenas os números de 1 a 9, sem repeti-los, cada equipe deve preencher um quadrado mágico de modo que a soma dos números nas linhas verticais, horizontais e diagonais seja sempre 15. Observe que o número 5 já foi colocado.

2. A equipe que completar o quadrado mágico primeiro será a vencedora.

Agora, responda.

• Para que a figura ao lado seja considerada um quadrado mágico, que número deve ser escrito no espaço vazio? _____

10	9	14
15	11	
8	13	12

• Nesse quadrado mágico, qual é a soma dos números nas linhas verticais, horizontais e diagonais? _____

Praticando mais

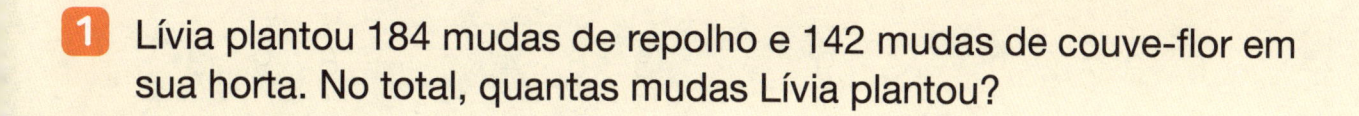

1 Lívia plantou 184 mudas de repolho e 142 mudas de couve-flor em sua horta. No total, quantas mudas Lívia plantou?

No total, Lívia plantou _____ mudas.

2 Um comerciante fez um levantamento para saber quantas bermudas há no estoque de sua loja. Observe e responda às questões.

Estoque de bermudas			
Tamanho \ Cor	Vermelha	Verde	Azul
P (pequeno)	13	28	30
M (médio)	26	28	23
G (grande)	40	21	22

Dados obtidos pelo comerciante, em junho de 2019.

a) Há quantas bermudas de cor vermelha? E de cor verde?

E de cor azul? _____

b) Quantas bermudas de tamanho P o comerciante tem? E de tamanho M? E de tamanho G?

_____

_____

noventa e um **91**

3 Efetue as adições.

a)
C	D	U
	5	8
+	2	8

b)
C	D	U
	5	9
+ 3	0	9

c)
C	D	U
3	6	4
+ 1	7	5

d)
C	D	U
8	9	3
+	5	4

4 Faça a adição dos números dispostos em linhas, colunas e diagonais. Siga as setas.

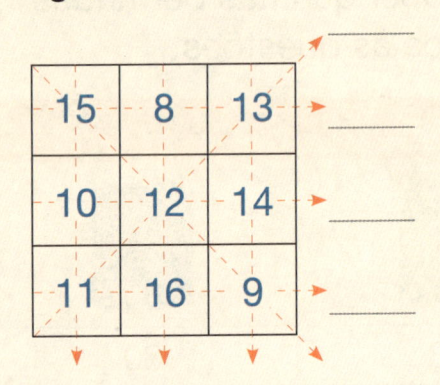

15	8	13
10	12	14
11	16	9

- O que você observou?

Desafio

Um veículo pode transportar até 267 kg de carga. Confira a massa de cada caixa e identifique três caixas que ele poderia levar ao mesmo tempo. Para isso, faça aproximações e cálculos mentais para resolver o problema.

- Agora, registre as estratégias que utilizou.

129 kg
43 kg
82 kg
98 kg

UNIDADE 5
Subtração

Trocando ideias

1. Quantas miniaturas de animais a mais há na mesa maior que na menor?

2. O total de miniaturas de animais das duas mesas é maior ou menor que o total de miniaturas do teto? Quantas a mais ou a menos?

3. Para completar 30 miniaturas de animais, quantas precisam ser acrescentadas na exposição?

noventa e três 93

1 Alguns significados da subtração

🎓 Aprendendo

Significado de retirar

1 Bruno tinha 26 soldadinhos organizados na prateleira do quarto. Ele colocou 12 soldadinhos em uma caixa para levá-los a uma exposição na escola.

- Quantos soldadinhos ficaram na prateleira do quarto de Bruno?

Para obter a quantidade de soldadinhos que ficaram na prateleira, podemos retirar **12** dos **26** soldadinhos de Bruno e representar o que sobrou com uma subtração.

Subtração ▶   26 – 12 = 14

Ficaram __14__ soldadinhos na prateleira do quarto de Bruno.

Significado de separar

1 Na exposição da escola, Bruno separou os 12 soldadinhos em 2 mesas. Na primeira mesa ele colocou 7 soldadinhos.

- Quantos soldadinhos ele colocou na segunda mesa?

Para obter a quantidade de soldadinhos que ele colocou na segunda mesa, podemos separar **7** dos **12** soldadinhos que Bruno levou à escola e representar os que sobraram com uma subtração.

Subtração ▶   12 – 7 = 5

Ele colocou __5__ soldadinhos na segunda mesa.

Significado de completar

🔟 Para formar dois times de futebol, o professor de educação física precisa de 22 jogadores. Ele já reuniu 12.

- Quantos jogadores faltam para completar os dois times?

    Para saber o número de jogadores que faltam para completar os dois times de futebol, podemos subtrair **12** de **22**.

    Subtração ▶ _22_ – _12_ = _10_

    Faltam _10_ jogadores.

Significado de comparar

🔟 Ana tem 18 colares e Iaci, 6.

- Quantos colares Ana tem a mais que Iaci?

    Para determinar quantos colares Ana tem a mais que Iaci, podemos subtrair **6** de **18** e representar a diferença com uma subtração.

    Subtração ▶ _18_ – _6_ = _12_

    Portanto, Ana tem _12_ colares a mais que Iaci.

noventa e cinco 95

Praticando

1 Mariana precisava de 48 reais para comprar uma boneca. Ganhou 25 reais de seu pai, e sua avó lhe deu o que faltava.

a) Quantos reais Mariana ganhou de sua avó?

Mariana ganhou _____ reais de sua avó.

b) Quantos reais o pai de Mariana deu a mais que a avó dela?

Subtração ▶ _____ – _____ = _____

O pai de Mariana deu _____ reais a mais que a avó dela.

2 Iaci está lendo um livro de 55 páginas. Ela já leu 22 páginas. Quantas páginas faltam para Iaci terminar de ler esse livro?

Faltam _____ páginas para Iaci terminar de ler o livro.

3 Júlio ganhou 43 reais de sua tia. Ele separou 12 reais para guardar no seu cofrinho e comprou um jogo com o restante do dinheiro recebido. Quanto Júlio pagou pelo jogo?

Júlio pagou _____ reais pelo jogo.

2 Subtração sem trocas

Aprendendo

1. Ana ganhou uma caixa com 76 bloquinhos de montar. Ela escolheu 44 bloquinhos para montar uma casinha.

- Quantos bloquinhos restaram na caixa?

Utilizando o ábaco

Para determinar quantos bloquinhos restaram na caixa, podemos subtrair **44** de **76** utilizando o ábaco.

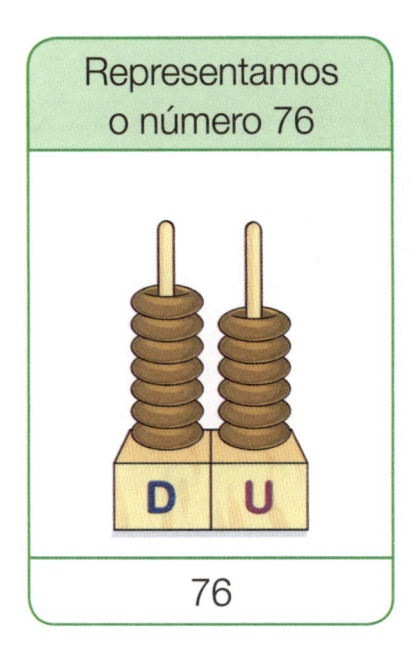

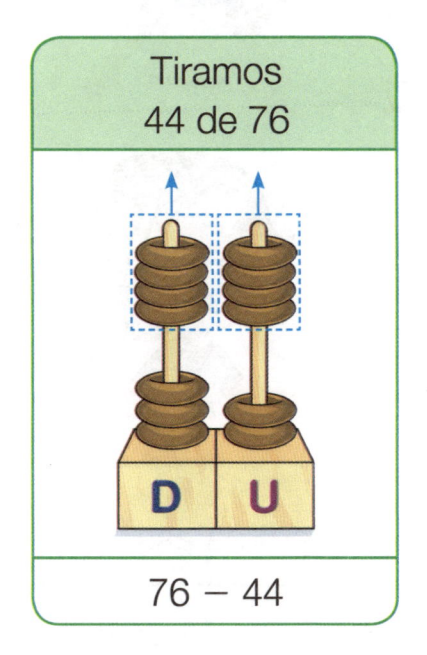

Representamos o número 76	Tiramos 44 de 76	Verificamos o que restou
76	76 − 44	32

Assim: 76 − 44 = __32__

Portanto, restaram na caixa __32__ bloquinhos.

noventa e sete 97

Utilizando o algoritmo da decomposição

Também podemos calcular o resultado da subtração 76 − 44 decompondo os números 76 e 44, separando dezenas e unidades.

76 ▶ 70 + 6
−
44 ▶ 40 + 4

30 + 2 = **32**

Utilizando o algoritmo usual

O resultado da subtração 76 − 44 também pode ser calculado com o algoritmo usual. Nesse caso, primeiro escrevemos o maior número e, abaixo dele, o menor, alinhando as unidades e as dezenas. Em seguida, subtraímos as unidades e, depois, as dezenas. Veja a explicação de Ana.

D	U
7	6
− 4	4
	2

6 unidades menos 4 unidades são 2 unidades.

D	U
7	6
− 4	4
3	2

7 dezenas menos 4 dezenas são 3 dezenas.

Na subtração, nomeamos os termos assim:

7 6 ← minuendo
− 4 4 ← subtraendo
3 2 ← diferença ou resto

1 Priscila e Ingrid combinaram de se encontrar no parque.

Para chegar ao parque, Priscila deu 950 passos e Ingrid deu 630 passos.

- Quantos passos Priscila deu a mais que Ingrid?

Utilizando o material dourado

Para descobrir quantos passos Priscila deu a mais que Ingrid, vamos subtrair **630** de **950** utilizando o material dourado.

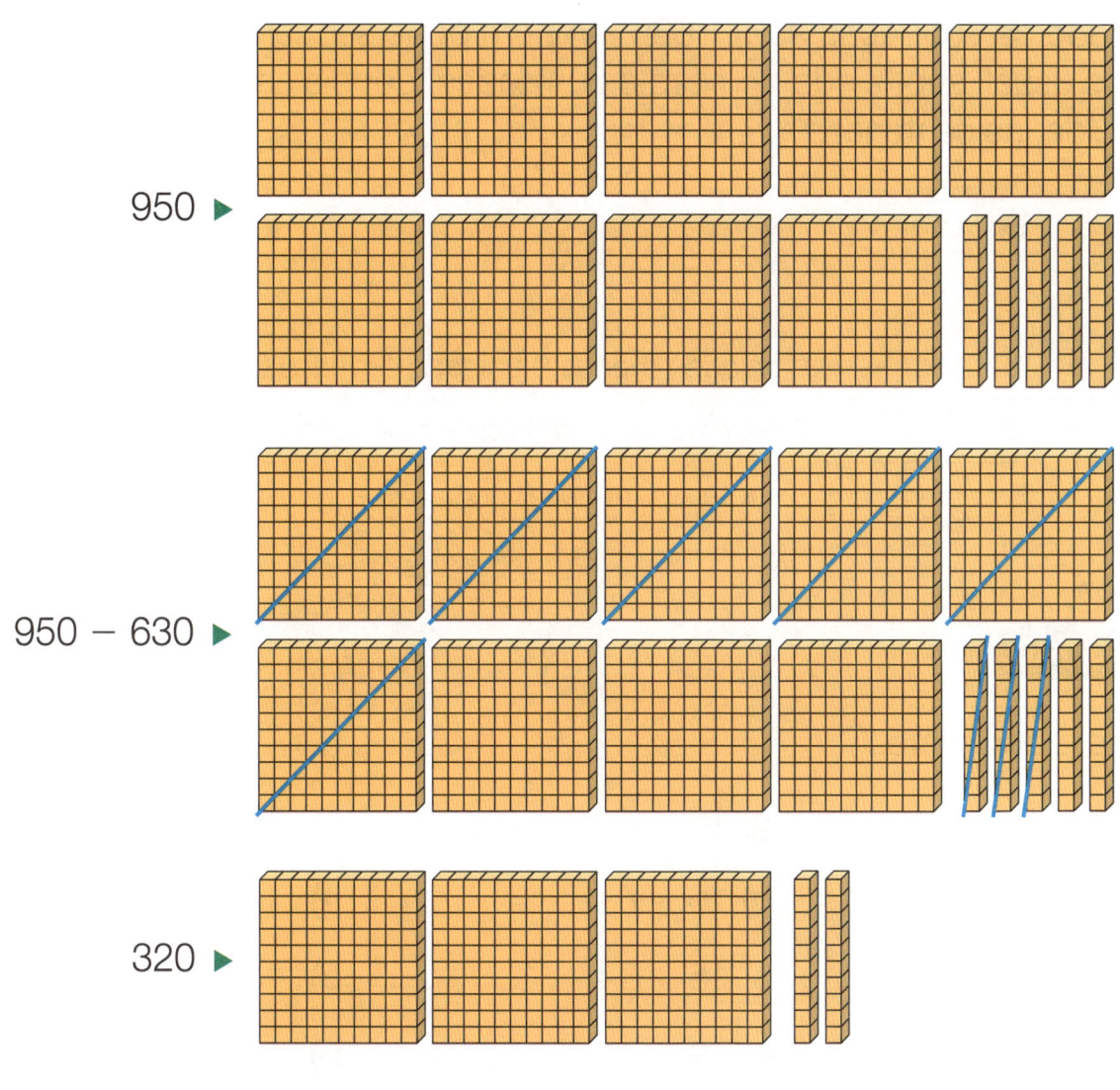

950 ▶

950 − 630 ▶

320 ▶

Assim: 950 − 630 = _320_

Portanto, Priscila deu _320_ passos a mais que Ingrid.

noventa e nove 99

Utilizando o algoritmo da decomposição

Também podemos calcular o resultado da subtração 950 − 630 decompondo os números 950 e 630, separando centenas, dezenas e unidades.

$$950 \rightarrow 900 + 50 + 0$$
$$- \quad 630 \rightarrow 600 + 30 + 0$$
$$\overline{}$$
$$300 + 20 + 0 = 320$$

Utilizando o algoritmo usual

O resultado da subtração 950 − 630 também pode ser calculado com o algoritmo usual, subtraindo primeiro as unidades, depois as dezenas e, em seguida, as centenas.

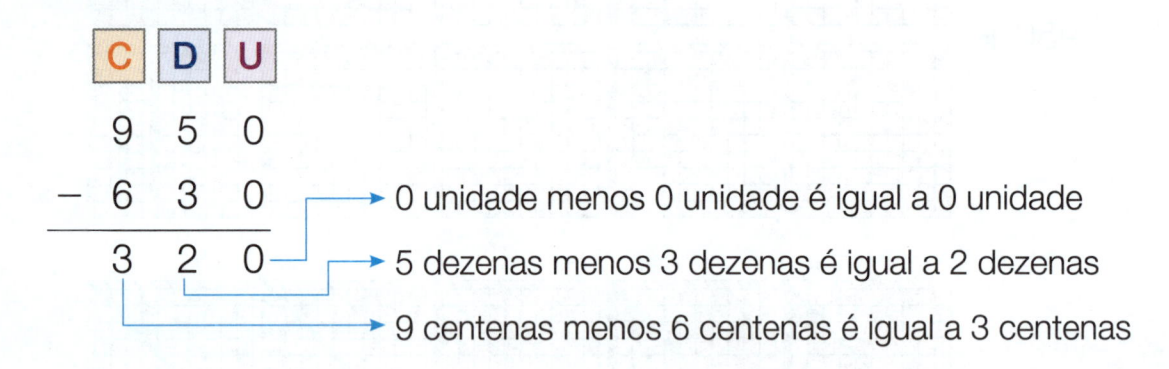

```
  C D U
  9 5 0
- 6 3 0
  ─────
  3 2 0
```

→ 0 unidade menos 0 unidade é igual a 0 unidade
→ 5 dezenas menos 3 dezenas é igual a 2 dezenas
→ 9 centenas menos 6 centenas é igual a 3 centenas

Praticando

1 Calcule e complete.

a) 15 − 5 = _____

b) 17 − 5 = _____

c) 18 − 5 = _____

d) 18 − 6 = _____

e) 19 − 6 = _____

f) 17 − 6 = _____

g) 18 − 7 = _____

h) 19 − 7 = _____

i) 15 − 3 = _____

j) 19 − 8 = _____

k) 19 − 9 = _____

l) 19 − 5 = _____

m) 19 − 4 = _____

n) 17 − 4 = _____

o) 18 − 3 = _____

p) 15 − 10 = _____

q) 17 − 10 = _____

r) 18 − 10 = _____

2 Efetue as subtrações utilizando o algoritmo usual.

a) 85 − 13

c) 382 − 51

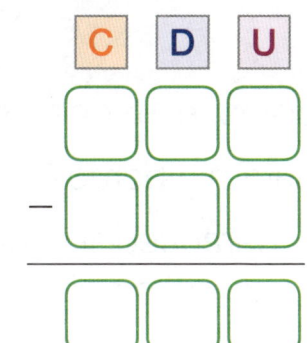

e) 564 − 123

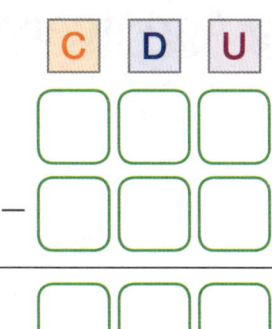

b) 94 − 34

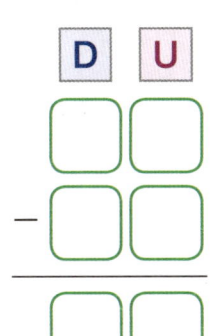

d) 634 − 612

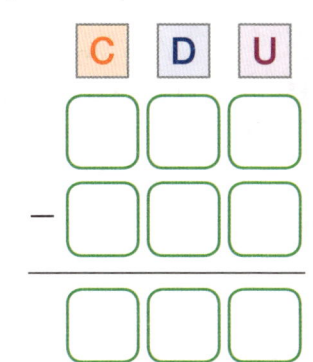

f) 984 − 432

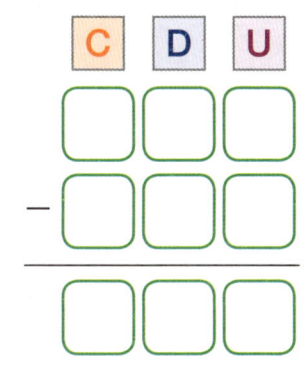

3 Observe o marcador de quilometragem do carro de Beatriz em dois momentos de um mesmo dia. Quantos quilômetros foram percorridos entre o início da manhã e o final da tarde?

Início da manhã: 078 km

Final da tarde: 289 km

Foram percorridos _____ quilômetros.

4 Calcule mentalmente e registre o resultado de cada operação.

a) 3 − 1 = _____

b) 30 − 10 = _____

c) 300 − 100 = _____

d) 5 − 2 = _____

e) 50 − 20 = _____

f) 500 − 200 = _____

g) 8 − 3 = _____

h) 80 − 30 = _____

i) 800 − 300 = _____

cento e um 101

3 Subtração com trocas

🎓 Aprendendo

1 Um avião levava 37 paraquedistas, e 19 deles saltaram.

• Quantos paraquedistas restaram a bordo?

Para descobrir o número de paraquedistas que restaram a bordo, podemos subtrair **19** de **37** usando o ábaco.

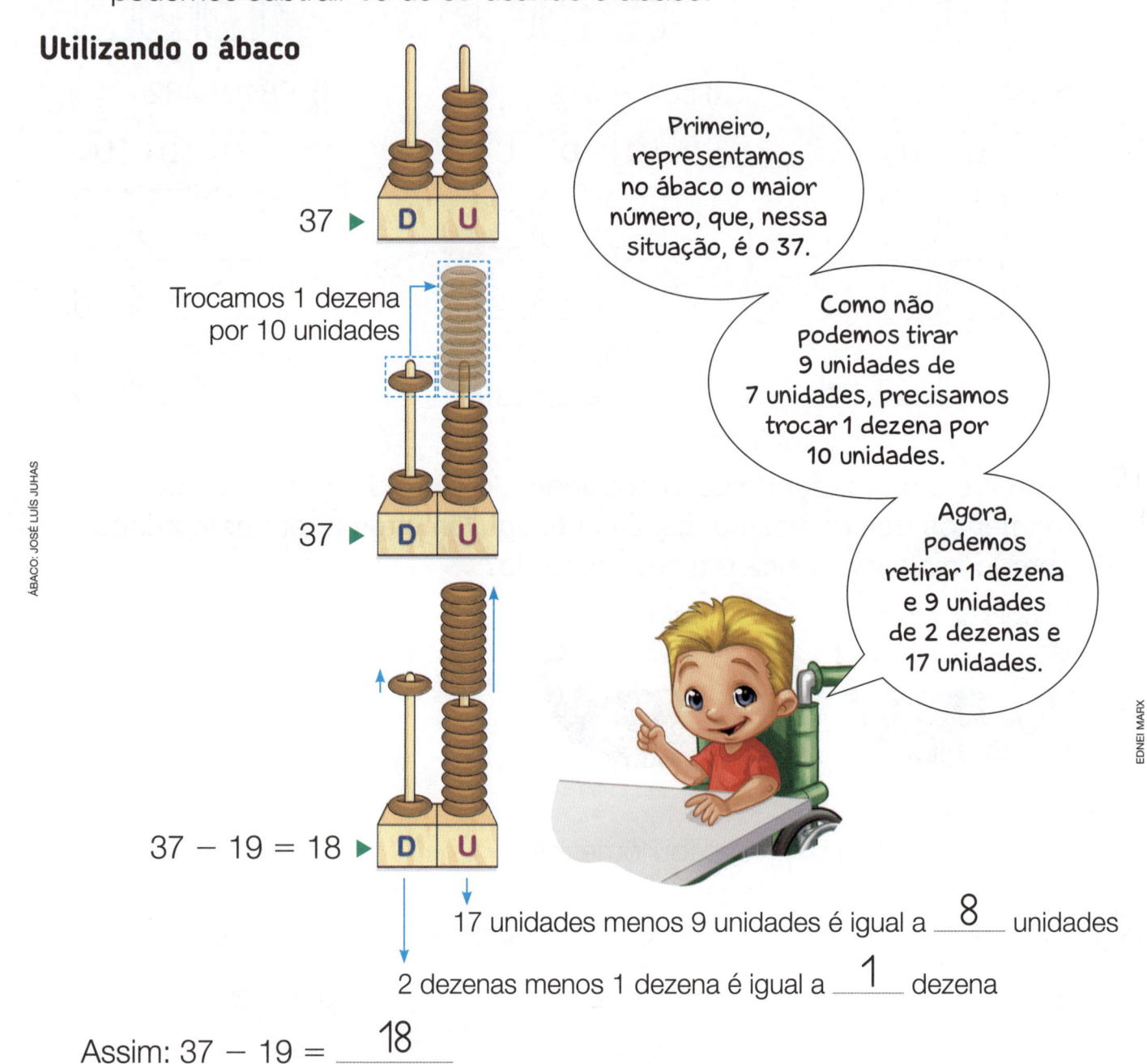

Utilizando o ábaco

37 ▶ D U

Trocamos 1 dezena por 10 unidades

37 ▶ D U

37 − 19 = 18 ▶ D U

> Primeiro, representamos no ábaco o maior número, que, nessa situação, é o 37.

> Como não podemos tirar 9 unidades de 7 unidades, precisamos trocar 1 dezena por 10 unidades.

> Agora, podemos retirar 1 dezena e 9 unidades de 2 dezenas e 17 unidades.

17 unidades menos 9 unidades é igual a __8__ unidades

2 dezenas menos 1 dezena é igual a __1__ dezena

Assim: 37 − 19 = __18__

Portanto, restaram __18__ paraquedistas a bordo.

102 cento e dois

Utilizando o algoritmo usual

O resultado da subtração 37 − 19 também pode ser calculado com o algoritmo usual.

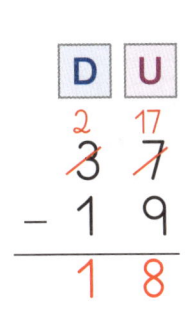

```
   D   U
   2  17
   3̶   7̶
-  1   9
―――――――
   1   8
```

Como não podemos tirar 9 unidades de 7 unidades, trocamos 1 dezena por 10 unidades, ficando com 2 dezenas e 17 unidades. Depois, subtraímos as unidades e as dezenas.

1. Uma escola recebeu 346 livros, dos quais 184 foram para a biblioteca, e os demais foram para as salas de aula.

   • Quantos livros foram para as salas de aula?

Utilizando o material dourado

Observe como subtraímos 184 de 346 usando o material dourado.

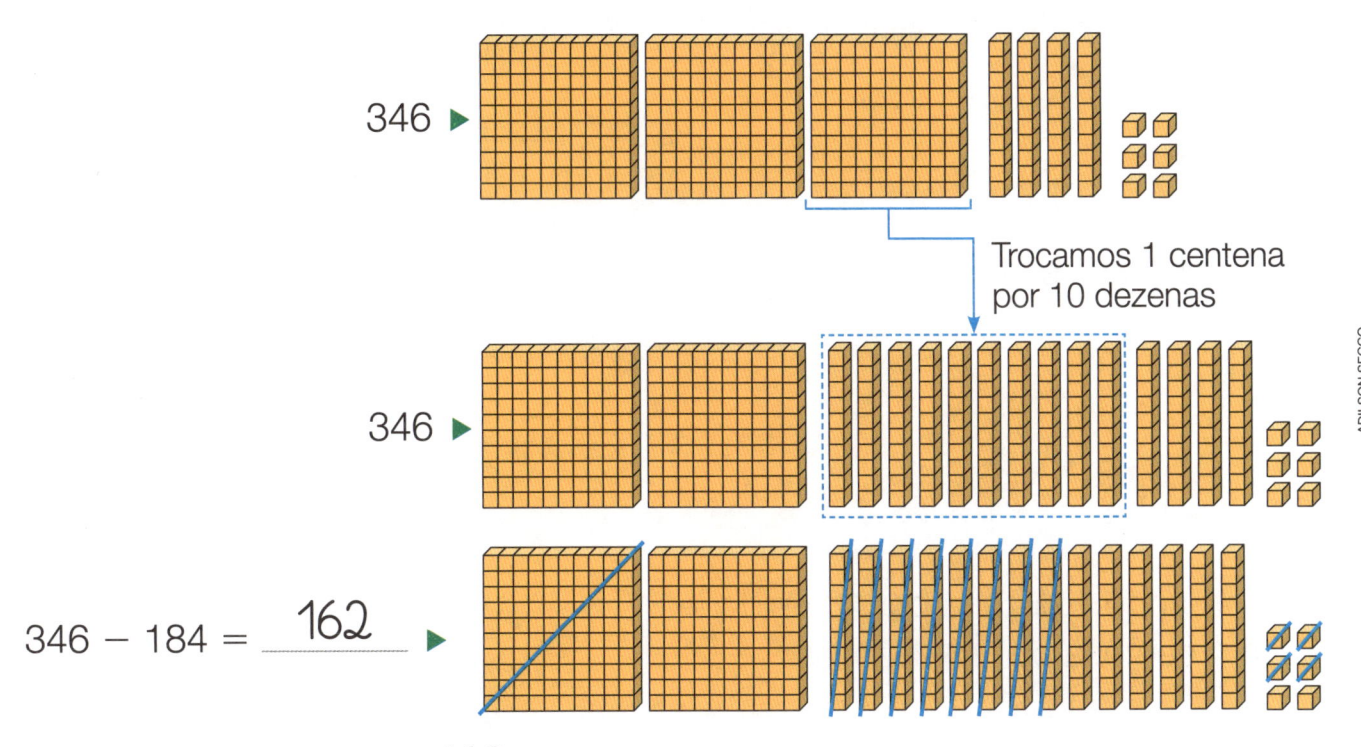

346 ▶

Trocamos 1 centena por 10 dezenas

346 ▶

346 − 184 = __162__ ▶

Assim: 346 − 184 = __162__

Portanto, foram __162__ livros para as salas de aula.

cento e três 103

Utilizando o algoritmo usual

O resultado da subtração 346 − 184 também pode ser calculado com o algoritmo usual.

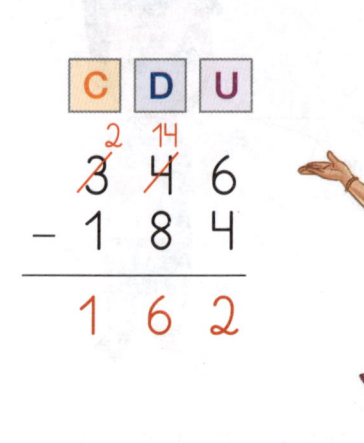

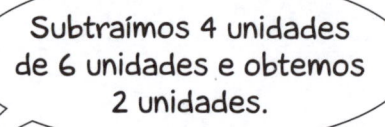

```
  C   D   U
      2  14
      3̷  4̷   6
  −   1   8   4
  ─────────────
      1   6   2
```

Subtraímos 4 unidades de 6 unidades e obtemos 2 unidades.

Como não podemos tirar 8 dezenas de 4 dezenas, trocamos 1 centena por 10 dezenas e ficamos com 2 centenas e 14 dezenas.

Depois, subtraímos as dezenas e as centenas: 14 dezenas menos 8 dezenas são 6 dezenas, e 2 centenas menos 1 centena é 1 centena.

Veja outros exemplos.

- Trocando 1 dezena por 10 unidades:

```
  C   D   U                 C   D   U
      2  14                     3  13
  1   3̷   4̷              1   4̷   3̷
  −       1   7           −       3   6
  ─────────────           ─────────────
  1   1   7               1   0   7
```

- Trocando 1 centena por 10 dezenas:

```
  C   D   U                 C   D   U
  4  13                     6  14
  5̷  3̷   4                 7̷  4̷   5
  −       6   2           −   1   8   3
  ─────────────           ─────────────
      4   7   2               5   6   2
```

- Trocando 1 dezena por 10 unidades e 1 centena por 10 dezenas:

```
  C   D   U                 C   D   U
      11                        10
  2   1̷  14                 3   0̷  15
  3̷  2̷   4̷              4̷  1̷   5̷
  −       5   6           −   3   3   9
  ─────────────           ─────────────
      2   6   8               0   7   6
```

Agora, atenção a estes exemplos:

	C	D	U
		9	
	2	10	10
	3̶	0̶	0̶
−	1	3	6
	1	6	4

	C	D	U
		9	
	5	10	10
	6̶	0̶	0̶
−	3	5	6
	2	4	4

	C	D	U
		9	
	7	10	10
	8̶	0̶	0̶
−	4	0	9
	3	9	1

Praticando

1 Efetue as subtrações.

a)
	C	D	U
		5	6
−		1	8

b)
	C	D	U
	2	3	6
−		1	9

c)
	C	D	U
	6	2	7
−		5	4

d)
	C	D	U
	5	8	2
−		9	0

e)
	C	D	U
	7	6	8
−	2	7	3

f)
	C	D	U
	8	1	3
−	3	3	4

g)
	C	D	U
	6	3	6
−	2	5	9

h)
	C	D	U
	5	0	0
−	3	7	6

i)
	C	D	U
	9	0	0
−	5	4	3

cento e cinco

2 Efetue as subtrações utilizando o algoritmo usual.

a) 68 − 19 = _____

b) 700 − 451 = _____

c) 318 − 179 = _____

d) 245 − 178 = _____

e) 632 − 629 = _____

f) 800 − 534 = _____

g) 364 − 185 = _____

h) 736 − 245 = _____

i) 956 − 809 = _____

3 Calcule mentalmente e registre o resultado de cada subtração.

a) 12 − 3 = _____

b) 120 − 30 = _____

c) 11 − 5 = _____

d) 110 − 50 = _____

e) 14 − 6 = _____

f) 140 − 60 = _____

4 Brincando de arco e flecha com seu primo, Júlio disparou 45 flechas e acertou 27 no alvo. Quantas flechas Júlio errou?

Júlio errou _____ flechas.

5 Observe o preço dos produtos e, depois, responda às questões no caderno.

A — 82 reais

B — 226 reais

a) Qual é o produto mais caro? E o mais barato?

b) Qual é a diferença de preço entre o produto mais caro e o mais barato?

c) Se você tivesse 150 reais, quanto faltaria para comprar o produto mais caro?

d) Se você comprar o produto mais barato e pagar com uma cédula de 100 reais, qual será seu troco?

cento e sete

4 Adição e subtração: operações inversas

Aprendendo

A adição e a subtração são operações inversas.

5 + 3 = 8

8 − 5 = 3
8 − 3 = 5

Observe.

7 + 2 = 9 ▶ 9 − 2 = 7

6 − 4 = 2 ▶ 2 + 4 = 6

Para verificar se uma adição ou subtração está correta, devemos tirar a prova.

Conferindo a adição

Prova

```
  3 5        5 9           5 9
+ 2 4      − 2 4    ou   − 3 5
  5 9        3 5           2 4
```

> O resultado da adição menos uma de suas parcelas é sempre igual à outra parcela.

Conferindo a subtração

Prova

```
  3 4        2 2
− 1 2      + 1 2
  2 2        3 4
```

> O resto mais o subtraendo é igual ao minuendo.

108 cento e oito

Observe outros exemplos.

```
  135 + 47              Prova
        ¹                   ⁷ ¹²
      1 3 5             1 8̷ 2̷
    +   4 7           -   4 7
    ─────────         ─────────
      1 8 2             1 3 5
```

```
  438 - 275             Prova
      ³ ¹³                ¹
      4̷ 3̷ 8             1 6 3
    - 2 7 5           + 2 7 5
    ─────────         ─────────
      1 6 3             4 3 8
```

Praticando

1 Efetue as operações e tire a prova.

a) 245 + 16   Prova

b) 574 + 389   Prova

c) 414 + 556   Prova

d) 245 − 78   Prova

e) 800 − 364   Prova

f) 918 − 745   Prova

cento e nove **109**

2 Ana estava usando a calculadora quando observou que:

$$3 + 4 = 7$$
$$7 - 3 = 4$$
$$7 - 4 = 3$$

- Utilize essa ideia para preencher os dados que faltam nas operações a seguir. Para isso, utilize uma calculadora.

a) 78 + _____ = 123

b) _____ − 12 = 24

c) _____ + 12 = 24

d) 45 − _____ = 34

3 Com o auxílio de uma calculadora, complete as operações em cada item.

a) 1 3 5 − ☐ ☐ = 105

b) 1 3 5 − ☐ ☐ = 115

c) 5 6 7 − ☐ ☐ − ☐ ☐ = 300

- Agora, converse com os colegas sobre como você fez para completar as operações.

4 Observe a quantia que Mário tem e, depois, responda.

a) Quantos reais Mário tem? _____

b) De quantos reais ele precisa para conseguir juntar 50 reais?

_____

c) E de quantos reais ele precisa para conseguir juntar 100 reais?

_____

5 Problemas de subtração

Aprendendo

1 Isabela ganhou um livro com 315 páginas. Já leu 286. Quantas páginas faltam para ela terminar de ler o livro?

```
    10
  2 ⌀ 15
  3 1 5
- 2 8 6
─────────
  0 2 9
```

$315 - 286 = \underline{29}$

Faltam __29__ páginas para ela terminar de ler o livro.

Praticando

1 Lucas ganhou um jogo com 72 tijolinhos. Tirou 50 para montar um castelinho. Quantos tijolinhos restaram?

Restaram _____ tijolinhos.

cento e onze 111

2 Observe as medidas indicadas ao lado e determine a diferença entre as alturas das crianças.

144 cm   134 cm

A diferença entre as alturas das crianças é de _____ centímetros.

3 Roberto comprou 189 livros. E Pedro comprou 72 livros a menos que Roberto. Quantos livros Pedro comprou?

Pedro comprou _____ livros.

4 Rose comprou um leopardo de pelúcia por 89 reais. Deu uma cédula de 100 reais para o pagamento. Quanto ela recebeu de troco?

Rose recebeu _____ reais de troco.

5 Em uma partida de *videogame*, Bruno fez 800 pontos, e Mário, 409. Quantos pontos Bruno fez a mais que Mário?

Bruno fez _____ pontos a mais que Mário.

6 A torre Califa de Dubai tem 828 metros de altura. Já a Taipei 101 tem 509 metros de altura.

Qual é a diferença de altura, em metro, entre essas duas torres?

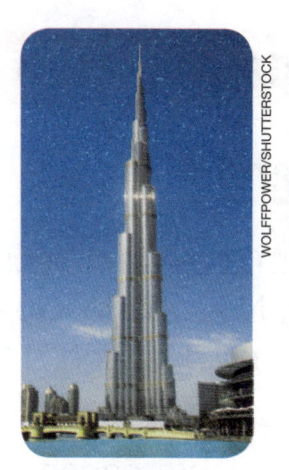

Califa de Dubai, localizada em Dubai, nos Emirados Árabes Unidos, 2013.

Taipei 101, localizada em Taipei, Taiwan, 2013.

A diferença de altura entre essas duas torres é _____ metros.

7 Na eleição para presidente do clube estudantil de uma escola, 645 alunos votaram. Se nessa escola estudam 923 alunos, quantos alunos ficaram sem votar?

Ficaram sem votar _____ alunos.

8 Determine os algarismos representados pelos símbolos 🔺 e ⭐.

```
   ⭐ 8 2
 − 🔺 🔺 ⭐
 ─────────
   3 2 4
```

🔺 = _____

⭐ = _____

- Agora, explique a um colega como você fez para descobrir o valor dos símbolos.

cento e treze 113

6 Problemas com duas operações

Aprendendo

1 Mário tem um quebra-cabeça de 260 peças para montar. No sábado, ele encaixou 108 peças e, no domingo, 116.

- Quantas peças faltam para Mário terminar o quebra-cabeça?

Primeiro, vamos calcular quantas peças Mário encaixou nos dois dias.

C	D	U
	1	
1	0	8
+ 1	1	6
2	2	4

Assim: $\underline{108} + \underline{116} = \underline{224}$

Mário encaixou $\underline{224}$ peças nos dois dias.

Agora, vamos calcular quantas peças faltam para Mário terminar o quebra-cabeça.

C	D	U
	5	10
2	6̸	0̸
− 2	2	4
0	3	6

Assim: $\underline{260} - \underline{224} = \underline{36}$

Faltam $\underline{36}$ peças para Mário terminar o quebra-cabeça.

Praticando

1 Havia 192 carros em um estacionamento. Entraram 39 carros e saíram 57. Quantos carros ficaram no estacionamento?

Ficaram _____ carros no estacionamento.

2 Em um pomar, há 160 abacateiros, 216 limoeiros e 340 laranjeiras. Se 540 dessas árvores estão produzindo frutos, quantas estão sem produzir?

Estão sem produzir frutos _____ árvores.

3 Observe a tabela e determine o número de alunos do 3º ano C.

Número de alunos do 3º ano (por turma)	
Turma	Número de alunos
3º A	27
3º B	25
3º C	
Total	81

Dados obtidos pela escola, em 2019.

4 Mateus tinha 200 bolinhas de gude. Na segunda-feira, ele ganhou 101. Na terça-feira, ganhou mais 79. Na quarta-feira, perdeu 89.

a) Com quantas bolinhas Mateus ficou?

Mateus ficou com _____ bolinhas.

b) Se Mateus não tivesse ganhado bolinhas de gude na segunda-feira, com quantas teria ficado na quarta-feira?

Ele teria ficado com _____ bolinhas.

5 Em um supermercado, havia 503 pacotes de biscoito. No sábado, foram vendidos 315 pacotes, e no domingo, uma centena. Quantos pacotes não foram vendidos?

Não foram vendidos _____ pacotes.

6 Um motorista está fazendo um percurso de 600 quilômetros. Após 248 quilômetros, ele fez a primeira parada. Então, percorreu mais 186 quilômetros e parou novamente. Quantos quilômetros faltam para ele completar o percurso?

Faltam _____ quilômetros para ele completar o percurso.

Resolvendo problemas

Paulo tem 100 reais. Ele quer comprar dois dos brinquedos abaixo. Quais brinquedos ele pode comprar?
E quantos reais lhe sobrarão de troco?

24 REAIS   38 REAIS   62 REAIS

7 Ideia de igualdade

🎓 Aprendendo

1) Veja como Ana fez para calcular o resultado das adições 2 + 6 e 3 + 5 utilizando a reta numérica.

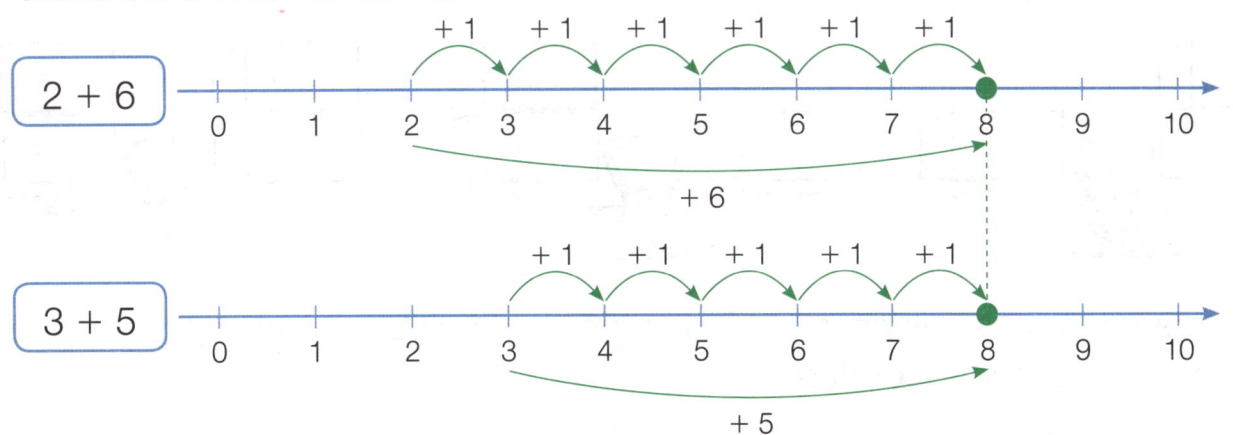

Ana escreveu as **igualdades** 2 + 6 = 8 e 3 + 5 = 8 e percebeu que poderia escrever outra **igualdade** a partir delas:

$$\underbrace{2 + 6}_{1º\ membro} = \underbrace{3 + 5}_{2º\ membro}$$

Toda sentença que tem o sinal "igual a" (=) é uma **igualdade**.

A expressão do lado esquerdo da igualdade é chamada de **1º membro**, e a expressão do lado direito da igualdade é chamada de **2º membro**.

2) Agora, veja como podemos obter o resultado de 9 − 4 e de 7 − 2 utilizando as retas numéricas.

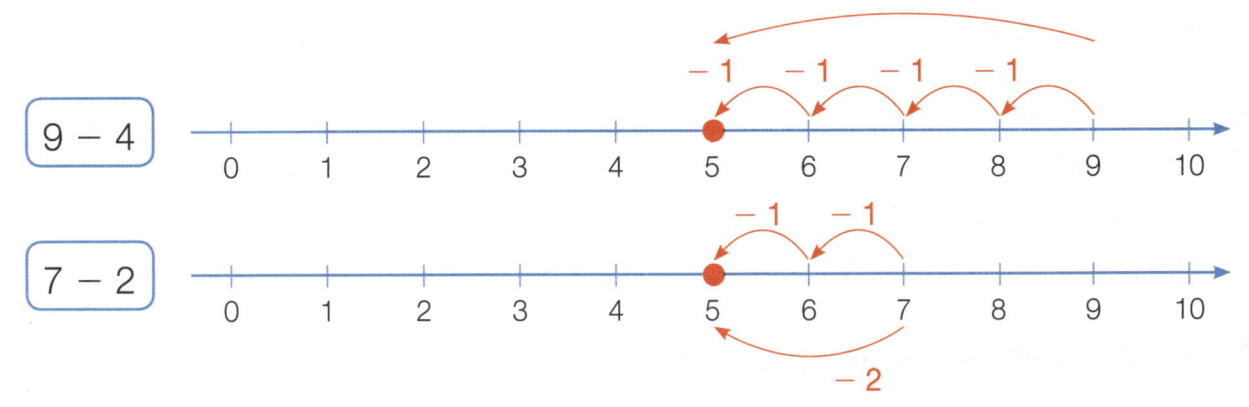

Perceba que 9 − 4 = 5 e 7 − 2 = 5, então, podemos concluir que 9 − 4 = 7 − 2.

cento e dezessete **117**

Praticando

1 Em cada caso, a igualdade é representada pela balança de pratos em equilíbrio. Descubra a massa, em quilograma, de algumas caixas.

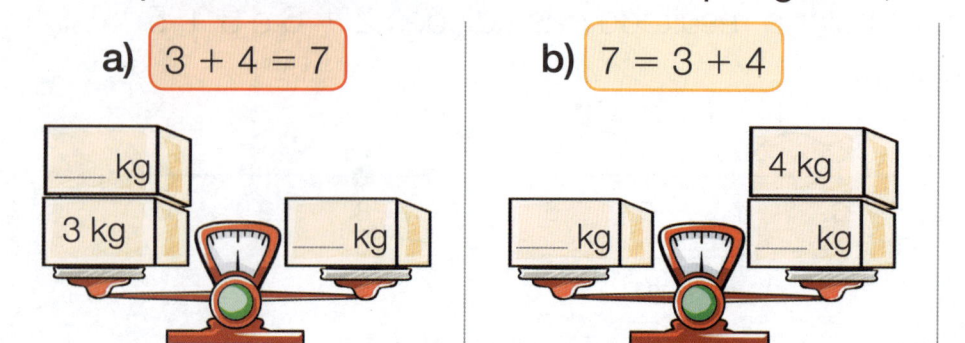

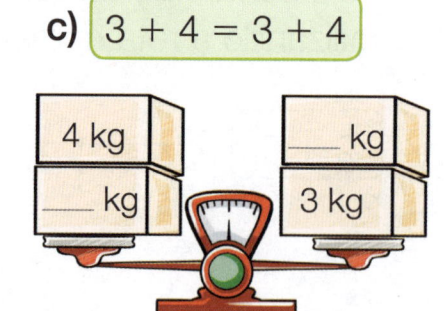

a) $3 + 4 = 7$

b) $7 = 3 + 4$

c) $3 + 4 = 3 + 4$

2 Observe que as balanças abaixo estão em equilíbrio e que cada uma tem uma adição correspondente.

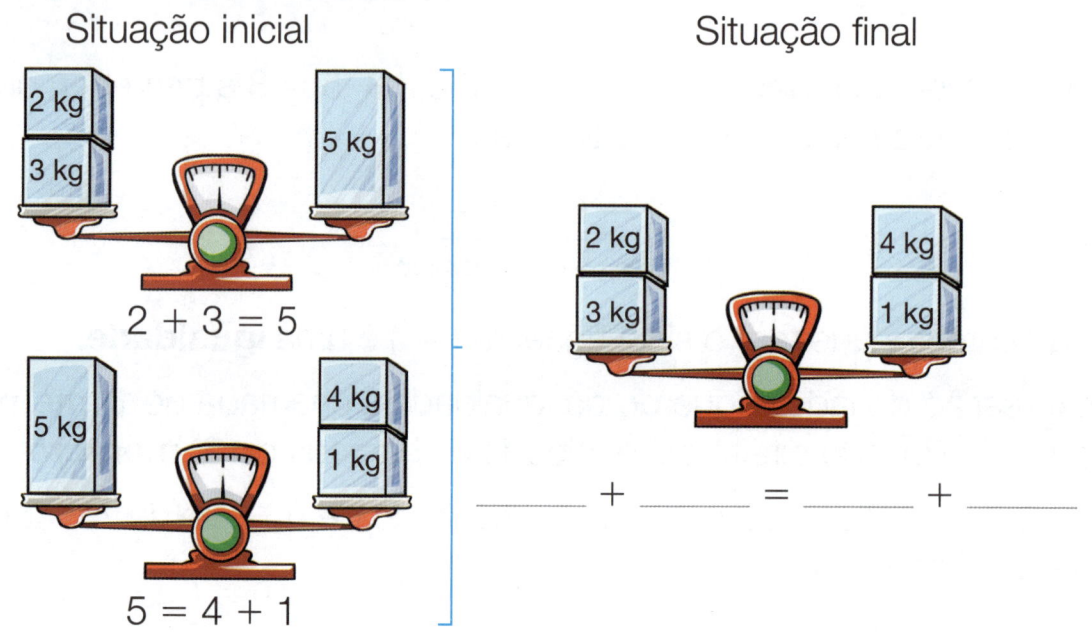

Situação inicial

$2 + 3 = 5$

$5 = 4 + 1$

Situação final

_____ + _____ = _____ + _____

a) Compare as balanças das situações inicial e final e explique por que a balança da situação final está em equilíbrio.

b) Agora, compare as igualdades que foram apresentadas e complete a igualdade da situação final.

3 Assinale **V** para as sentenças verdadeiras e **F** para as falsas.

☐ $6 + 2 = 4 + 4$

☐ $5 + 4 = 6 + 5$

☐ $6 - 4 = 5 - 4$

☐ $8 - 5 = 6 - 3$

Tratando a informação

Ler, interpretar e comparar dados em gráficos de barras (verticais ou horizontais)

1 A professora Célia fez uma pesquisa com alunos do 3º ano para saber qual é o esporte preferido deles.

Observe o gráfico de barras verticais abaixo com o resultado da pesquisa.

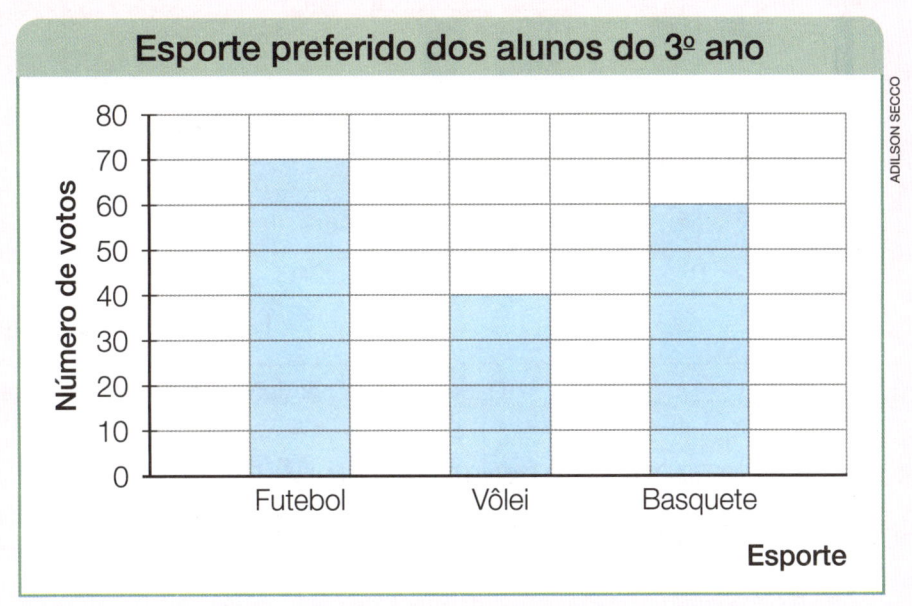

Esporte preferido dos alunos do 3º ano

(Número de votos — Futebol: 70; Vôlei: 40; Basquete: 60)

Dados obtidos pela professora Célia, em setembro de 2019.

a) Qual foi o esporte mais votado? E o menos votado? _____

b) Sabendo que cada aluno escolheu apenas um esporte, quantos alunos do 3º ano participaram dessa pesquisa? _____

c) Em sua opinião, podemos dizer que os alunos que preferem vôlei não jogam basquete? Por quê? Converse com os colegas.

d) Você sabia que praticar esporte é muito importante para a saúde? Você pratica algum esporte? Converse com os colegas.

cento e dezenove **119**

2 João, funcionário de uma loja de motos, faz o controle das motos vendidas por mês. Ele registrou em um gráfico de barras horizontais a quantidade de motos vendidas nos 4 primeiros meses de 2019.

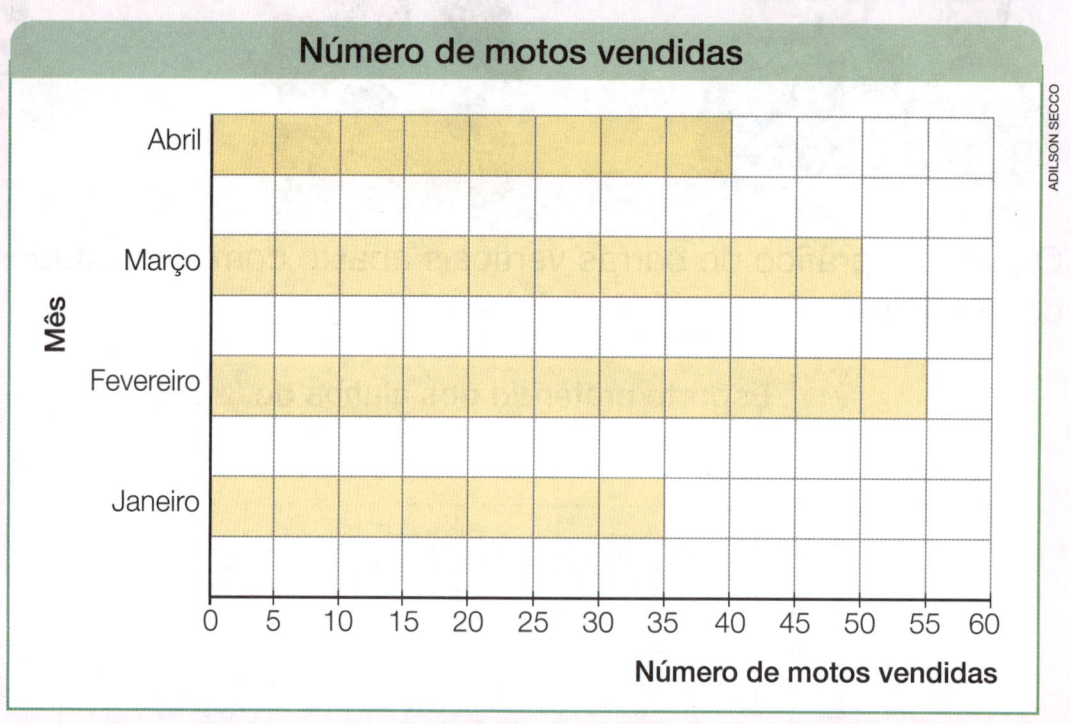

Número de motos vendidas

- Abril: 40
- Março: 50
- Fevereiro: 55
- Janeiro: 35

Dados obtidos por João nos 4 primeiros meses de 2019.

a) Classifique as afirmações em verdadeiras (**V**) ou falsas (**F**).

☐ Foram vendidas, ao todo, 90 motos nos meses de janeiro e fevereiro.

☐ O mês de março foi aquele em que mais motos foram vendidas.

☐ No mês de março foram vendidas 15 motos a mais que no mês de janeiro.

☐ A loja em que João trabalha vendeu mais de 200 motos nos 4 primeiros meses de 2019.

b) Podemos dizer que em março foram vendidas mais motos que em abril, porque o mês de março tem 31 dias enquanto abril tem 30 dias? Por quê? Converse com os colegas sobre isso.

120 cento e vinte

Praticando mais

1 No tanque do carro de Lia cabem 60 litros de combustível. Ela parou em um posto e completou o tanque do carro, abastecendo-o com 23 litros. Quantos litros já havia no tanque?

Já havia _____ litros de combustível no tanque.

2 O gráfico a seguir apresenta o resultado de uma eleição para presidente do grêmio estudantil de uma escola.

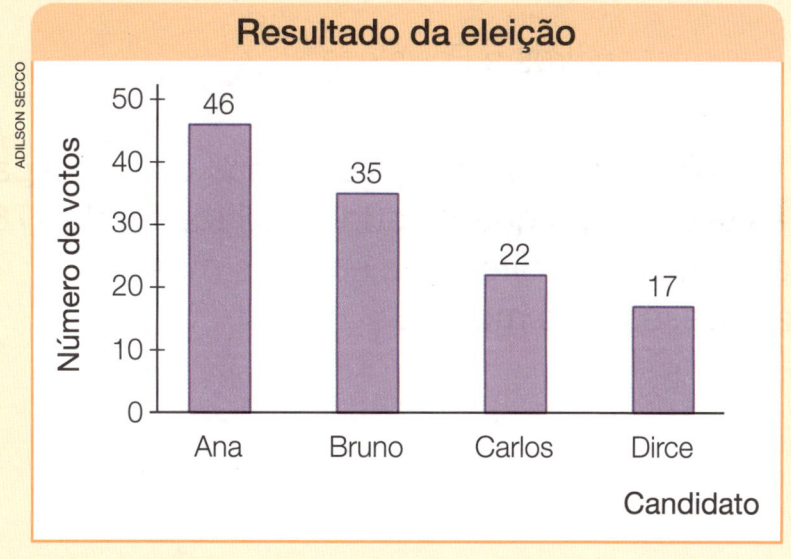

Resultado da eleição

- Ana: 46
- Bruno: 35
- Carlos: 22
- Dirce: 17

Número de votos / Candidato

Dados obtidos pelo grêmio estudantil, em março de 2018.

a) Qual foi o total de votos obtidos pelos candidatos Ana e Bruno?

_____

b) Qual foi a diferença de votos entre os candidatos Bruno e Dirce?

_____

c) Quantos alunos votaram nessa eleição? _____

cento e vinte e um **121**

3 Um avião fez um voo de São Paulo a Fortaleza com escala em Recife. Em São Paulo, embarcaram 136 passageiros. Na escala em Recife, subiram mais 22, e desembarcaram 31 passageiros. Quantos passageiros chegaram a Fortaleza?

Aeroporto Internacional do Recife/Guararapes – Gilberto Freyre, PE.

Chegaram _____ passageiros a Fortaleza.

4 Em um mês, uma escola recolheu 268 quilogramas de papel para reciclagem. No mês seguinte, a quantidade recolhida foi de 176 quilogramas de papel. Qual é a diferença entre as massas de papel recolhidas nesses dois meses?

A diferença entre as massas é _____ quilogramas.

5 No mês passado, uma montadora de automóveis produziu 248 carros na cor branca e 227 carros na cor preta. Quantos carros na cor branca foram produzidos a mais que na cor preta?

Foram produzidos _____ carros a mais.

Desafios

1 Uma loja anunciou a seguinte promoção: para cada 100 reais gastos, ganhe um desconto de 10 reais na próxima compra. Considerando essa informação, responda às questões.

a) Se em um dia uma pessoa gastou 600 reais nessa loja, qual será o valor total do desconto na próxima compra? _____

b) Quanto essa pessoa pagará em uma próxima compra se o preço total for 80 reais? _____

2 Se Mateus tivesse 20 reais a mais do que tem, poderia comprar um jogo de 45 reais e ainda sobrariam 15 reais. Quantos reais Mateus tem?

Mateus tem _____ reais.

UNIDADE 6

Figuras geométricas planas

Trocando ideias

1. Com quais figuras geométricas se parecem as partes do desenho do robô do quadro C?

2. Em quais dos quadros foram usadas linhas curvas?

1 Linhas

🎓 Aprendendo

1. Observe a ilustração a seguir.

Nessa ilustração foram usadas **linhas retas** para desenhar, por exemplo, o trilho e os vagões do trem e **linhas curvas** para desenhar, por exemplo, as rodas, as copas das árvores, as nuvens e o Sol.

Para traçar linhas retas, podemos usar lápis e régua. Veja.

> Para traçar uma linha reta, deslize a ponta do lápis pela borda da régua.

- Trace nos espaços abaixo linhas retas e linhas curvas.

Linhas retas	Linhas curvas

126 cento e vinte e seis

Praticando

1 Observe as ilustrações abaixo.

☐   ☐   ☐

- Marque com um **X** as figuras formadas apenas por linhas curvas.

2 Utilizando lápis e régua, trace linhas retas para representar um caminho que leve Ana de sua casa para a casa de Rita.

Casa de Rita

Casa de Ana

cento e vinte e sete **127**

2 Segmento de reta

🎓 Aprendendo

1 Isabela uniu os pontos A e B com uma régua.

Isabela traçou um **segmento de reta**.

A •————————————• B

Indicamos: segmento de reta $\overline{AB}$.

Observe.

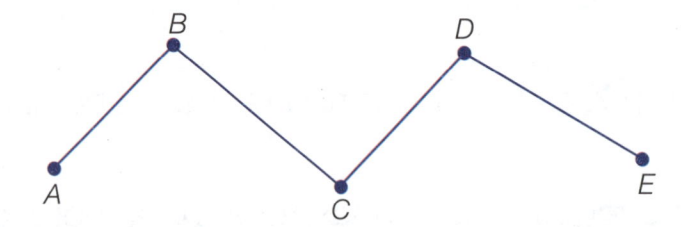

As linhas $\overline{AB}$, $\overline{BC}$, $\overline{CD}$ e $\overline{DE}$ são segmentos de reta.

✏️ Praticando

1 Use a régua para traçar os segmentos de reta $\overline{AB}$, $\overline{CD}$ e $\overline{EF}$.

segmento de reta $\overline{AB}$ segmento de reta $\overline{CD}$ segmento de reta $\overline{EF}$

2 Trace três segmentos de reta e use letras maiúsculas do nosso alfabeto para nomeá-los.

segmento de reta _____	segmento de reta _____	segmento de reta _____

128 cento e vinte e oito

3 Nomeie os seguintes segmentos de reta.

a)  A •————————• B

c)  R •————————• S

b)  M •————————• N

d) C •——————• D

4 Dê o nome dos segmentos de reta que aparecem nas figuras. Veja o exemplo.

Exemplo:

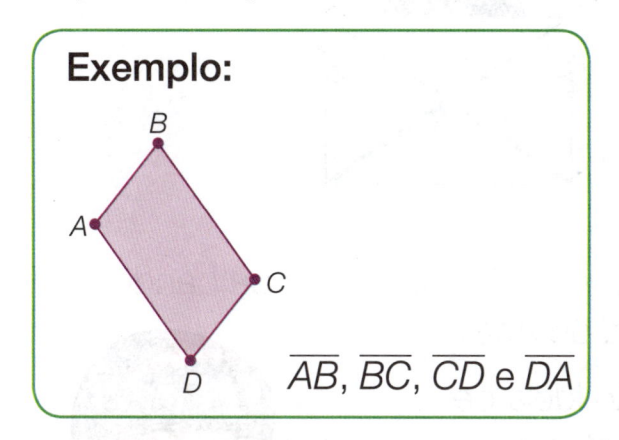

$\overline{AB}, \overline{BC}, \overline{CD}$ e $\overline{DA}$

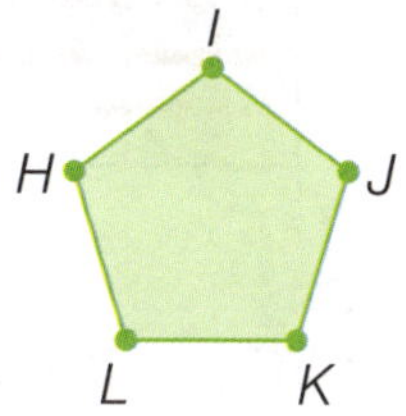

a)

b)

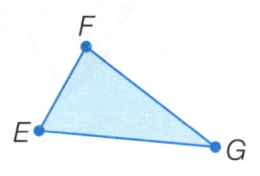

c)

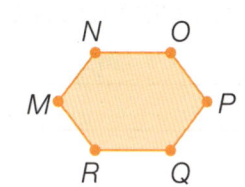

5 Observe as figuras e determine o número de segmentos de reta que forma cada uma delas.

a) 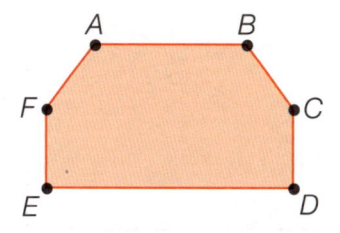 _____ segmentos

b) 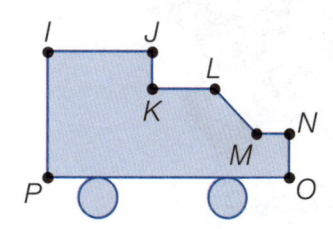 _____ segmentos

cento e vinte e nove **129**

3 Retas paralelas e retas concorrentes

Aprendendo

1 Observe as bandeiras que Iaci e Ana inventaram.

Iaci

Ana

- Que diferença você pode observar entre as linhas laranja da bandeira de Iaci e as linhas verdes da bandeira de Ana?

As linhas laranja da bandeira de Iaci dão ideia de **retas paralelas**, enquanto as linhas verdes da bandeira de Ana dão ideia de **retas concorrentes**.

As retas r e s são paralelas.

Retas paralelas são aquelas que não se cruzam; portanto, não têm pontos comuns.

As retas t e u são concorrentes.

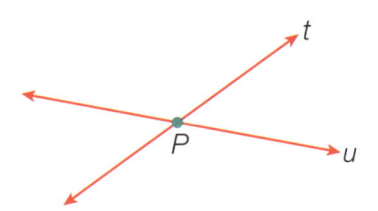

Retas concorrentes são aquelas que se cruzam em um único ponto.

130 cento e trinta

Praticando

1 Classifique as retas em paralelas ou concorrentes.

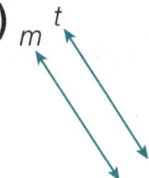

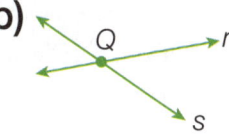

a) m, t

b) Q, r, s

2 Observe o mapa e faça o que se pede.

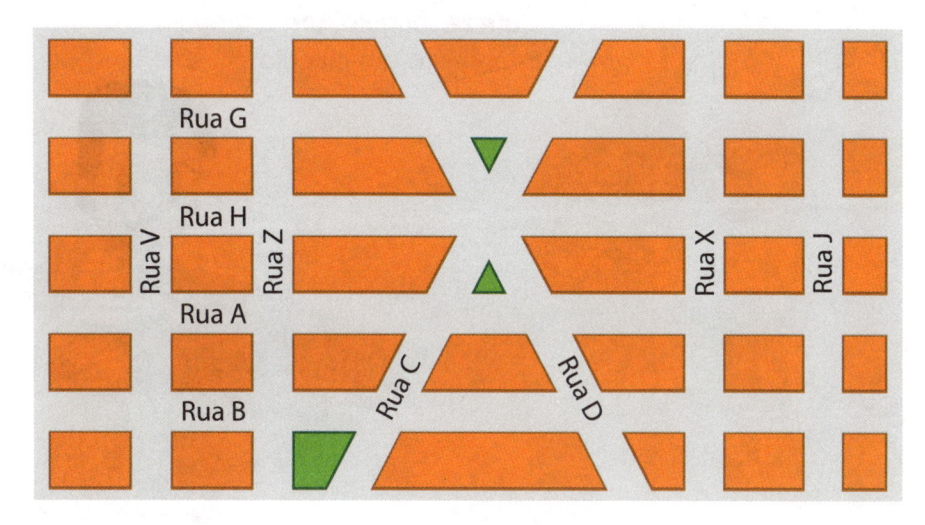

a) Dê um exemplo de duas ruas que dão a ideia de retas paralelas.

_____

b) Dê um exemplo de duas ruas que dão a ideia de retas concorrentes.

_____

3 Desenhe na folha da página **A8** uma reta r, como a representada ao lado.
Na mesma folha, trace algumas retas paralelas à reta r. Em seguida, faça o que se pede.

a) É possível traçar mais de uma reta paralela à reta r nessa folha de papel? _____

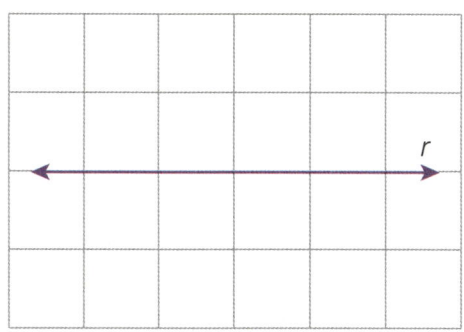

b) Trace uma reta concorrente à reta r. Essa reta também cruza as retas paralelas que você traçou? _____

cento e trinta e um **131**

4 Polígonos

Aprendendo

1. Observe o tapete de borracha abaixo. Nele podemos observar desenhos que lembram algumas figuras geométricas.

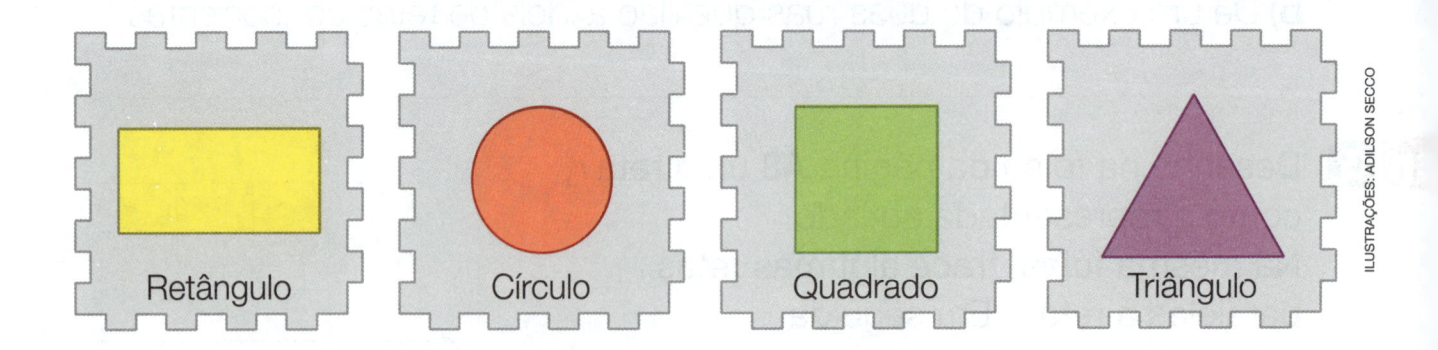

"No tapete, estão representados um quadrado, um retângulo, um triângulo e um círculo."

Retângulo Círculo Quadrado Triângulo

O quadrado, o retângulo e o triângulo são exemplos de **polígonos**.

O contorno dos polígonos é uma linha fechada simples formado apenas por segmentos de reta que não se cruzam.

O círculo não é um polígono porque não é contornado por segmentos de reta.

132 cento e trinta e dois

Lados e vértices

1. Isabela recortou um pedaço de papel no formato de triângulo. Depois, ela o colocou em um mural.

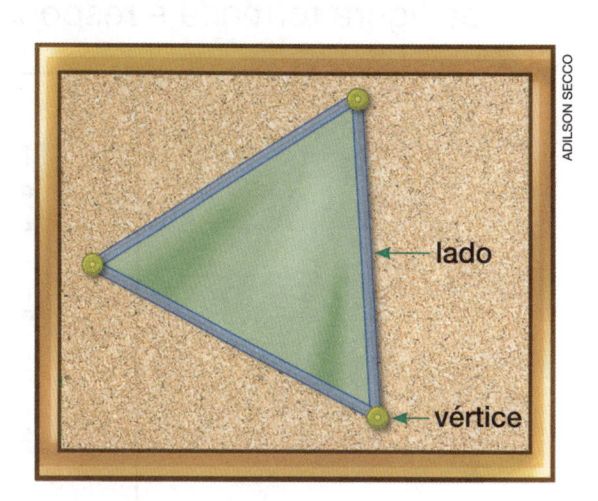

Veja que eu coloquei um percevejo em cada "bico" do pedaço de papel. Depois, contornei o papel usando uma fita azul.

← lado
← vértice

Os percevejos representam os vértices do triângulo, e os pedaços de fita, os lados.

Isabela usou 3 pedaços de fita para contornar o pedaço de papel. Usou também 3 percevejos para fixar as fitas de papel.

Se fosse um pedaço de papel no formato retangular, Isabela utilizaria 4 fitas de papel e 4 percevejos.

Observe nos quadros abaixo o número de lados e o número de vértices de cada polígono.

Triângulo	Quadrado	Retângulo
3 lados	4 lados	4 lados
3 vértices	4 vértices	4 vértices

- Quando um polígono tem 3 lados, recebe o nome de **triângulo**.
- Quando um polígono tem 4 lados, recebe o nome de **quadrilátero**.

cento e trinta e três **133**

Praticando

1 Usando uma régua, complete o traçado ligando os pontos seguindo a ordem numérica crescente. Depois, pinte toda a parte interna da figura formada e responda às questões.

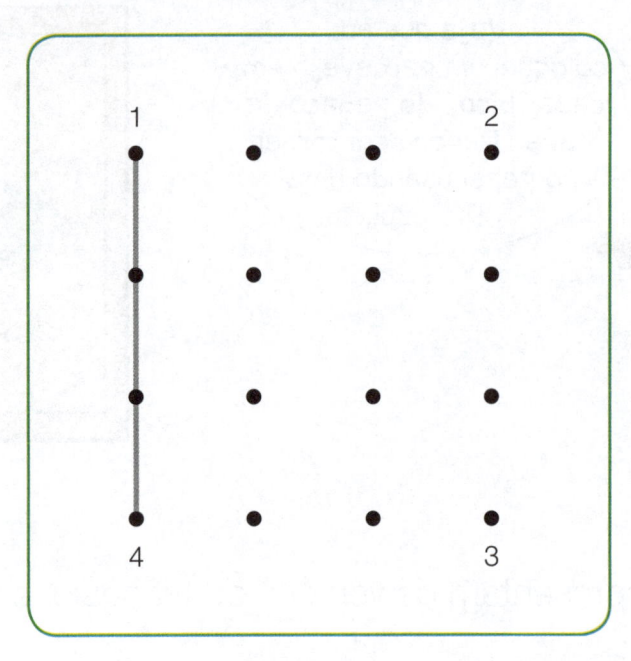

a) A figura resultante lembra qual figura geométrica? _____

b) O que você pode dizer sobre as medidas dos lados dessa figura?

_____

2 Observe os polígonos desenhados abaixo e escreva nos quadros o número de lados e o número de vértices de cada um deles.

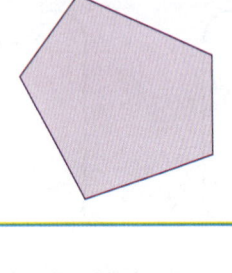

_____ lados

_____ vértices

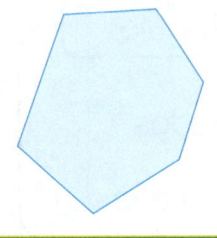

_____ lados

_____ vértices

- O que esses resultados sugerem em relação ao número de lados e de vértices de um polígono? Converse com os colegas sobre isso.

134 cento e trinta e quatro

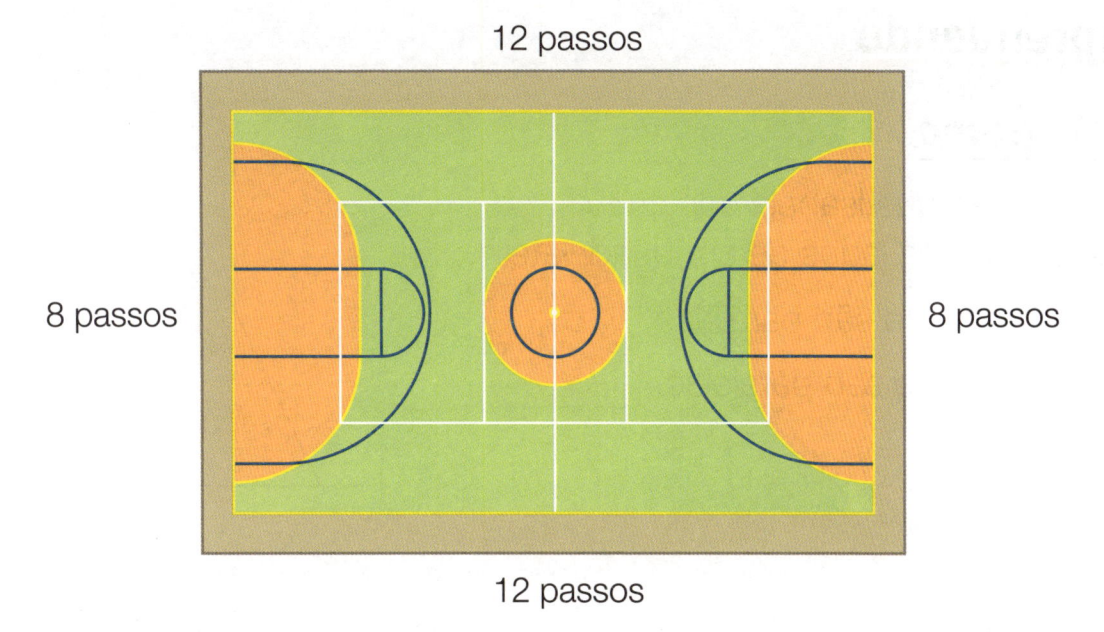

3 João mediu o contorno da quadra da escola. Ele usou o seu passo como unidade de medida e registrou os valores obtidos.

12 passos

8 passos   8 passos

12 passos

a) O formato dessa quadra lembra qual polígono?

_____

b) De acordo com as medidas registradas por João, qual é a medida do comprimento, em passo, do contorno da quadra? _____

4 Observe as figuras geométricas planas representadas e assinale **V** para as afirmações verdadeiras e **F** para as falsas.

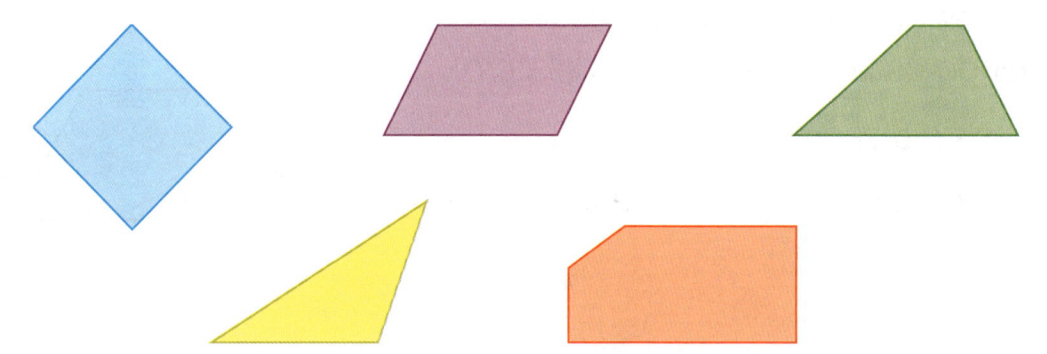

☐ Todas as figuras planas acima representam polígonos.

☐ Todas as figuras planas acima representam quadriláteros.

☐ Nenhum dos polígonos acima representa um triângulo.

cento e trinta e cinco **135**

5 Paralelogramo e trapézio

Aprendendo

Paralelogramo

- Veja as retas que Isabela construiu prolongando os lados de um quadrilátero.
  - As retas *m* e *n* são paralelas.
  - As retas *p* e *q* são paralelas.

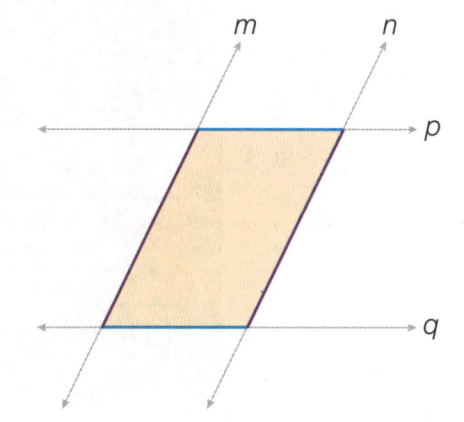

Como as retas *m* e *n* são paralelas e as retas *p* e *q* também, os lados destacados em roxo são paralelos, assim como os lados destacados em azul.

> Um quadrilátero que tem dois pares de lados paralelos é chamado de **paralelogramo**.

Trapézio

- Veja as retas que Lucas construiu prolongando os lados de um quadrilátero.
  - As retas *t* e *u* são paralelas.
  - As retas *r* e *s* são concorrentes.

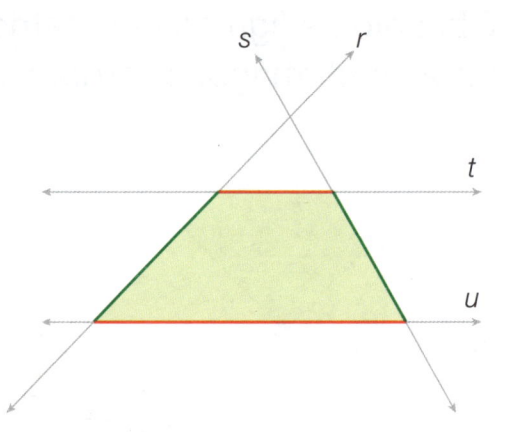

Como as retas *t* e *u* são paralelas, dizemos que os lados destacados em vermelho também são paralelos. Como as retas *r* e *s* são concorrentes, dizemos que os lados destacados em verde não são paralelos.

> Um quadrilátero que tem apenas um par de lados paralelos é chamado de **trapézio**.

Praticando

1 Com o auxílio de uma régua, construa retas prolongando os lados dos quadriláteros abaixo. Depois, responda.

a)

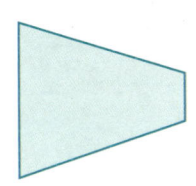

b)

c)

d)

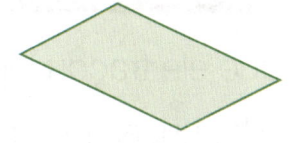

- Quais dos quadriláteros acima são paralelogramos? Por quê?
- Qual dos quadriláteros acima é um trapézio? Por quê?
- Qual dos quadriláteros não é um paralelogramo nem um trapézio? Por quê?

2 Desenhe um trapézio e um paralelogramo na malha quadriculada abaixo.

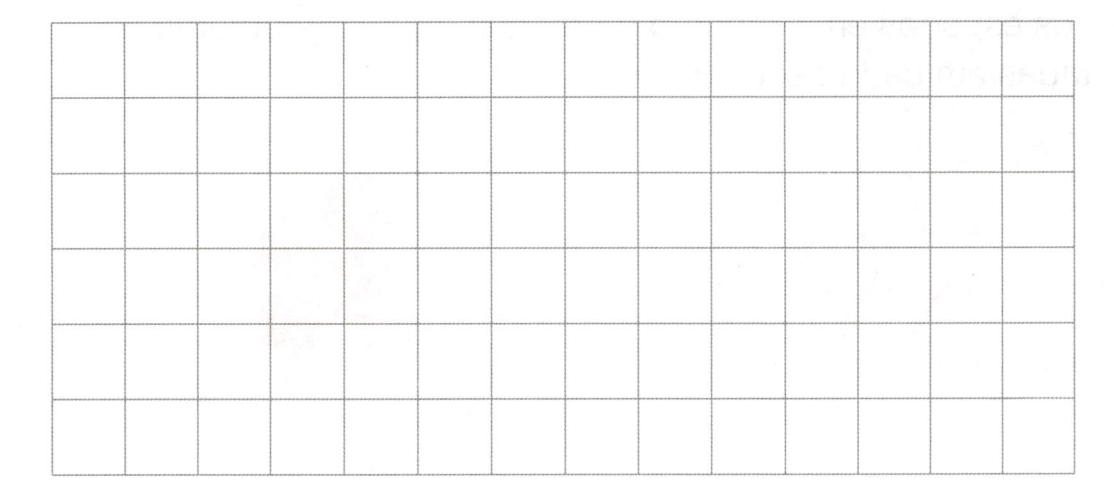

6 Circunferência e círculo

Aprendendo

1. Lucas está desenhando figuras. Ele traçou o contorno de uma moeda no papel. Observe.

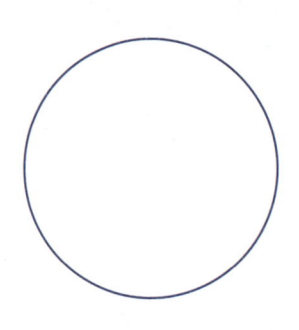

A figura que ele traçou lembra uma **circunferência**.

Em seguida, Lucas pintou a parte de dentro da figura e obteve outra que lembra um **círculo**.

O círculo é formado pela circunferência e por seu interior.

Praticando

1. Escreva nos espaços em branco o nome das figuras geométricas representadas em cada desenho a seguir.

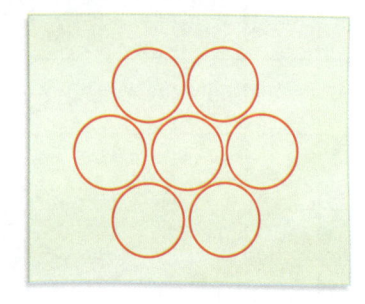

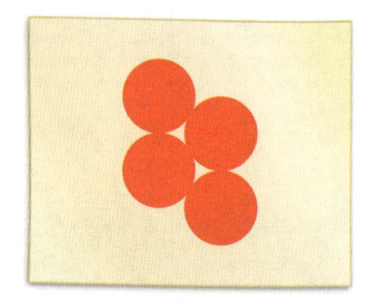

_____   _____

138 cento e trinta e oito

2 Ligue cada figura geométrica ao seu nome.

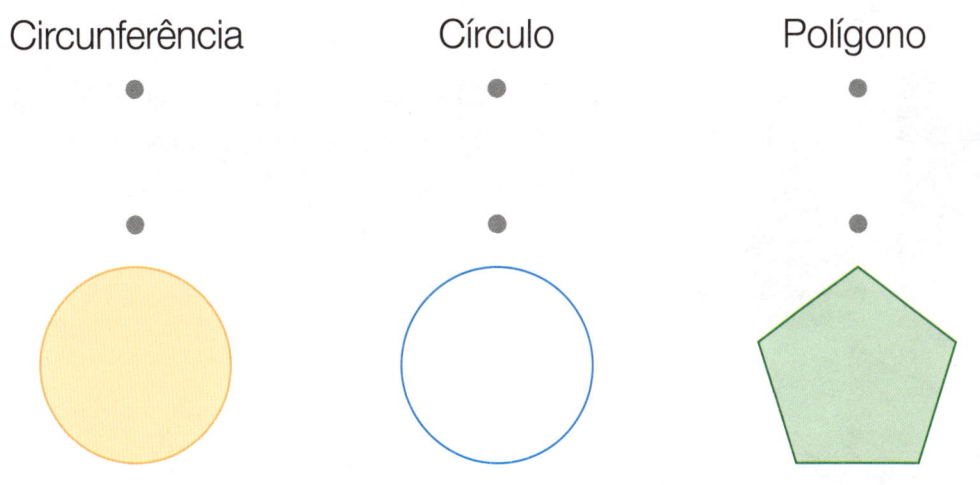

Circunferência   Círculo   Polígono

3 Pegue moedas de 1 real e de 5, 10, 25 e 50 centavos e faça o contorno de cada uma delas no espaço abaixo. Depois, responda às questões.

a) Qual é a moeda que tem a maior circunferência?
_____

b) Qual é a moeda que tem a menor circunferência?
_____

4 Observe o quebra-cabeça com formato de círculo e numere as peças soltas.

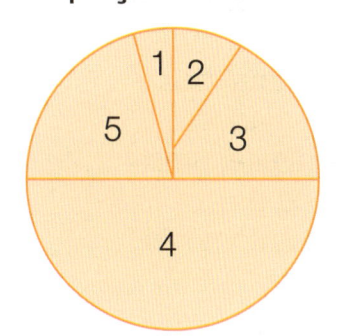

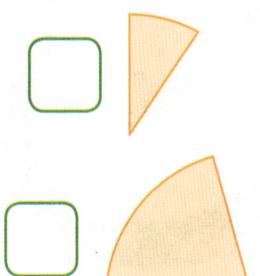

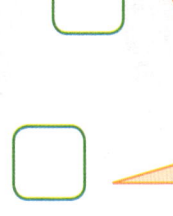

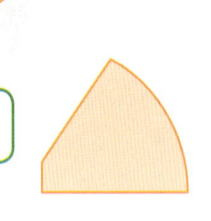

cento e trinta e nove **139**

5 Alguns objetos foram apoiados sobre folhas de papel e terão suas bases contornadas.

a) O contorno da base de qual desses objetos lembrará uma circunferência?

_____

_____

b) Se quisermos representar um círculo a partir de uma circunferência traçada, o que devemos fazer?

_____

6 O círculo é um polígono? Por quê?

Curiosidade

Roda, uma das mais importantes invenções da história

É difícil encontrar algo ao nosso redor que não tenha elementos que nos lembrem a forma circular. Brinquedos, relógios, utensílios domésticos, máquinas, equipamentos diversos presentes em nosso dia a dia, quase todos contêm peças de forma circular. A roda, por exemplo, entre outros motivos, é considerada um dos principais inventos da história por revolucionar os meios de transporte.

À esquerda, representação de uma roda de madeira; à direita, uma roda atual de automóvel.

140 cento e quarenta

7 Ampliando e reduzindo figuras

Aprendendo

1. Vamos aprender como ampliar e reduzir algumas figuras usando malhas quadriculadas. Observe as ilustrações a seguir.

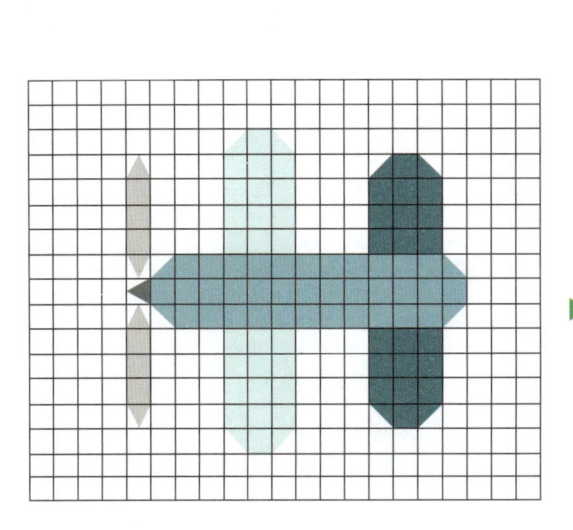

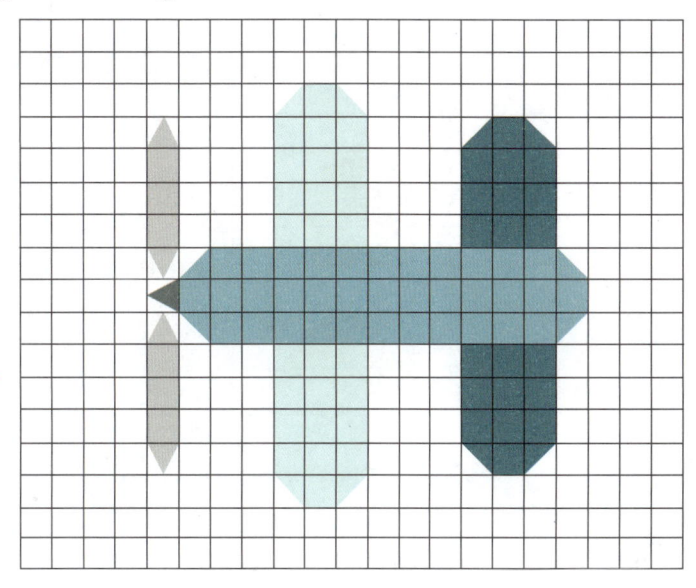

Figura original ▶ Figura ampliada

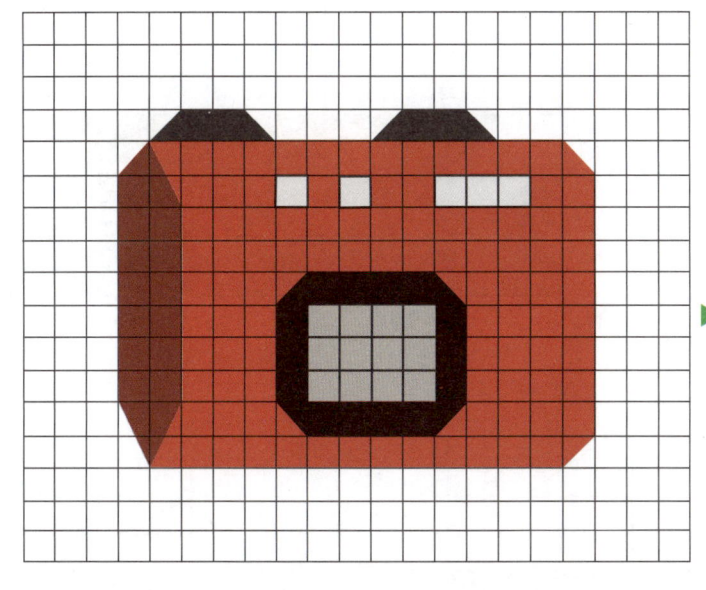

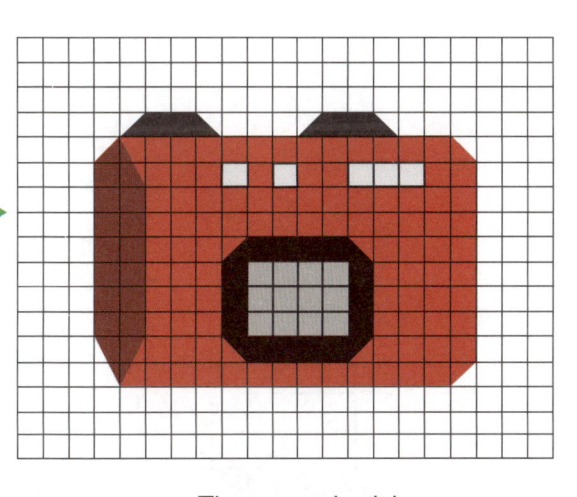

Figura original ▶ Figura reduzida

Veja que, na ampliação, o tamanho dos quadradinhos da malha aumentou e, na redução, o tamanho dos quadradinhos diminuiu. Ao ampliar ou reduzir uma figura, mantemos suas formas.

cento e quarenta e um 141

Praticando

1 Na malha quadriculada ao lado, faça a ampliação das figuras geométricas abaixo.

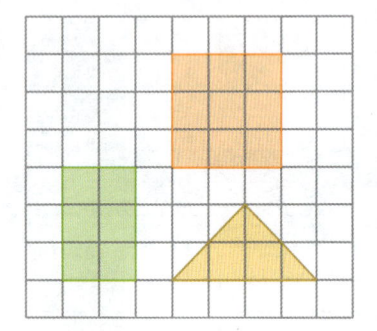

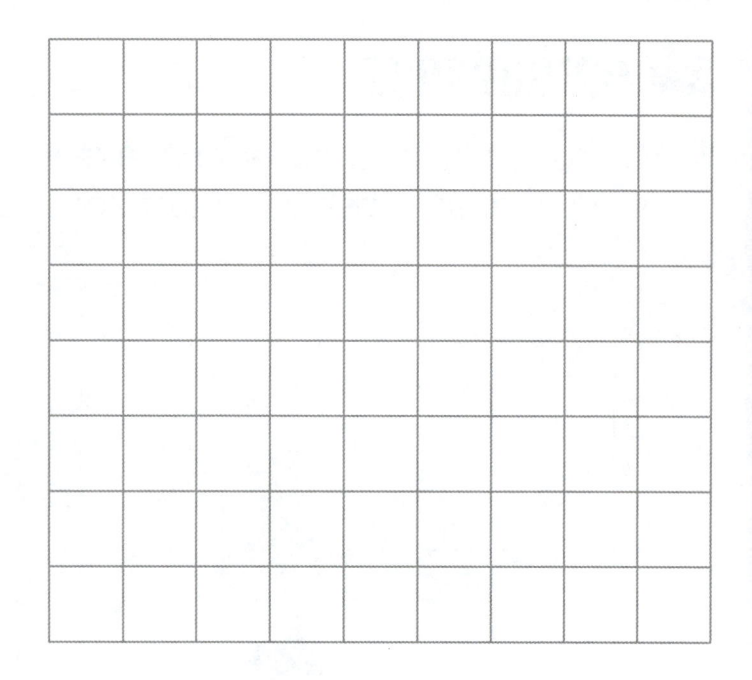

2 Observe o desenho ao lado e marque com um **X** a figura correspondente à sua redução.

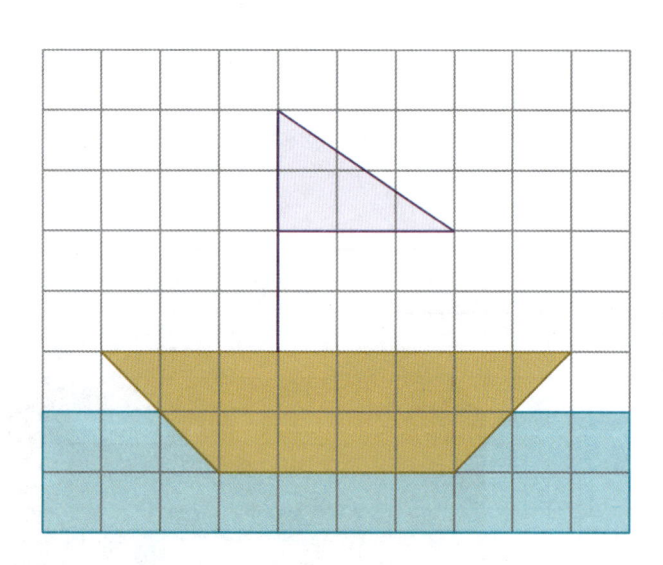

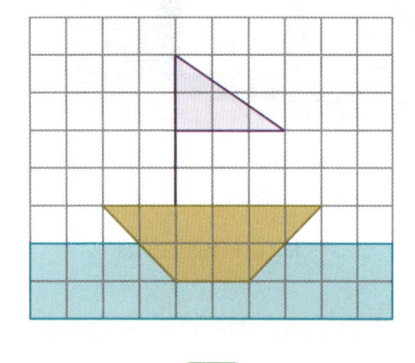

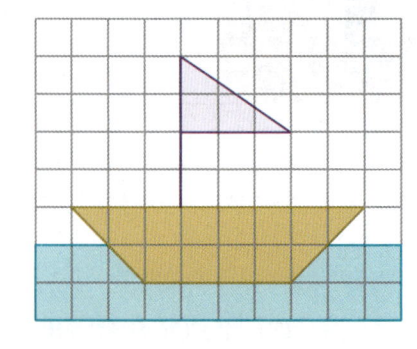

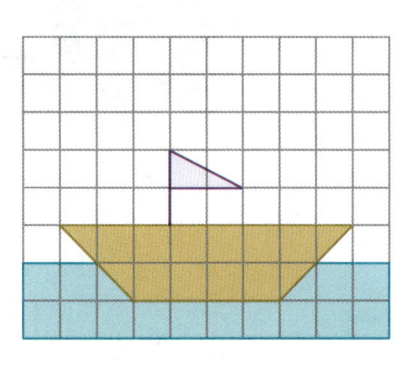

Lendo e descobrindo

Tarsila do Amaral

Tarsila do Amaral nasceu na cidade de Capivari, interior de São Paulo, em 1º de setembro de 1886. Foi uma das mais importantes pintoras brasileiras do movimento modernista, formando, com Anita Malfatti, Menotti del Picchia, Mário de Andrade e Oswald de Andrade, o chamado Grupo dos Cinco. Faleceu em 17 de janeiro de 1973, aos 86 anos, deixando pouco mais de 2 centenas de quadros, alguns desenhos e esculturas.

O quadro ao lado, pintado por Tarsila em 1924, representa a Estrada de Ferro Central do Brasil.

Tarsila do Amaral. *Estrada de Ferro Central do Brasil*, 1924.

Responda.

1. Que elementos é possível identificar nesse quadro? Converse sobre isso com os colegas.

2. Ao falecer, em 1973, Tarsila do Amaral deixou aproximadamente quantas unidades de quadros?

3. Que figuras geométricas planas você pode identificar no quadro?

Praticando mais

1) Uma professora pediu a seus alunos que colassem alguns modelos de figuras geométricas planas em um cartaz. Depois, ela o expôs no mural da escola. Veja.

a) Complete o gráfico abaixo, pintando o número de quadrinhos correspondente à quantidade de cada modelo de figura do cartaz.

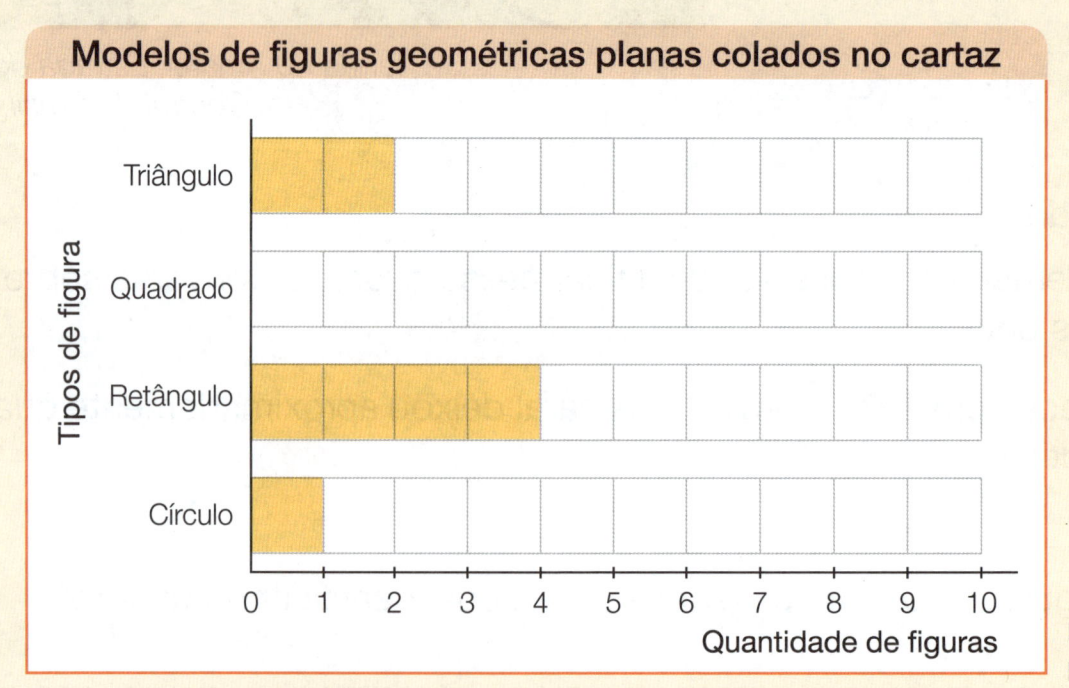

Modelos de figuras geométricas planas colados no cartaz

Dados obtidos pela professora.

b) Quantos modelos lembram um paralelogramo? _____

2 Observe os polígonos abaixo e informe: o nome, o número de lados e o número de vértices.

	□	△	▱	⏢
Nome				
Número de lados				
Número de vértices				

3 Desenhe, no espaço abaixo, um quadrilátero que não é trapézio nem paralelogramo.

Desafio

Mário escreveu a primeira letra da palavra **Escola**. Olhando pela lupa, ele verá essa letra bem maior. Desenhe e pinte a letra ampliada.

cento e quarenta e cinco **145**

UNIDADE 7

Medidas de comprimento e de tempo

146 cento e quarenta e seis

Trocando ideias

1. Qual é a data de seu nascimento?
2. Observe o relógio da cena e, sabendo que já passava das 12 horas, diga que horas eram.
3. Que unidade de medida será usada para medir a altura do bebê?
4. Qual é sua altura, em centímetro? Essa medida corresponde a mais ou a menos de um metro?

cento e quarenta e sete 147

1 Medidas de comprimento

🎓 Aprendendo

O metro e o centímetro

▪ Observe as cenas abaixo em que Bruno, Isabela e Lucas medem comprimentos.

Bruno mediu o **comprimento** de uma parede de seu quarto.

Essa parede do quarto de Bruno tem 3 **metros**.

Isabela mediu o **comprimento** de uma peça de tecido.

Essa peça de tecido tem 8 **metros**.

Lucas mediu o **comprimento** do fio de um rolo.

Esse rolo tem 10 **metros** de fio.

O **metro** (m) é a unidade padrão para medir comprimentos.

Dividindo o metro em 100 partes iguais, obtemos uma unidade chamada de **centímetro** (cm).

> Um metro corresponde a cem centímetros.
> 1 m = 100 cm

A metade do metro chama-se **meio metro**.

> Meio metro corresponde a cinquenta centímetros.

Curiosidade

Medindo comprimentos

Antes de existirem os instrumentos de medida que temos hoje, as pessoas recorriam a outros métodos para medir comprimentos. Era comum usarem algumas partes do corpo para isso.

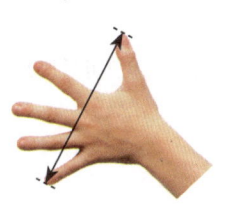

Palmo 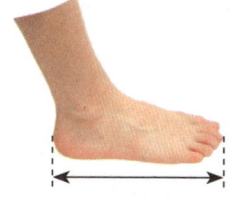   Pé 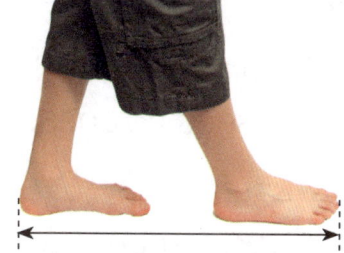   Passo

Ainda usamos o palmo, o pé e até o passo como referência quando queremos ter ideia de algum comprimento.

Praticando

1 O quadro abaixo mostra instrumentos mais adequados para medir os comprimentos indicados.

Metro articulado	Trena	Fita métrica	Régua
O comprimento de uma janela.	O comprimento de uma cozinha.	O comprimento de uma mesa.	O comprimento de um livro.

a) Qual instrumento você escolheria para medir o comprimento de um caderno: um metro articulado ou uma régua?

b) Se fosse necessário medir o comprimento e a largura de uma sala de aula, você escolheria uma régua ou uma trena?

c) Dê dois exemplos de comprimentos que podemos medir usando cada um desses instrumentos.

cento e quarenta e nove **149**

2 Com uma fita métrica, obtenha a medida aproximada do comprimento de cada parte do seu corpo indicada a seguir.

a) Pé: _____ centímetros

b) Palmo: _____ centímetros

c) Passo: _____ centímetros

- Compare as medidas que você obteve com as medidas encontradas por seus colegas. Essas medidas são iguais? Por quê?

3 A régua também é um instrumento utilizado para medir comprimentos.

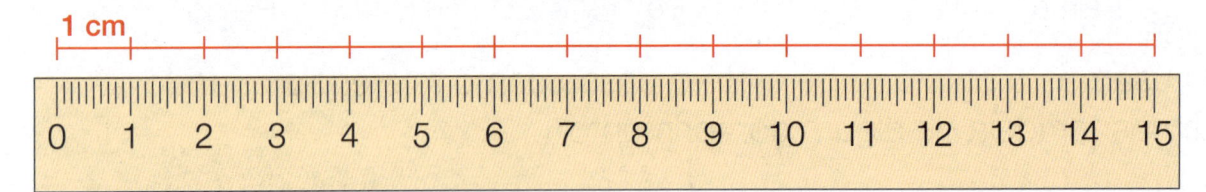

Na régua acima, cada espaço entre dois traços numerados e seguidos corresponde a 1 centímetro.

- Agora, meça com uma régua o comprimento do retângulo abaixo.

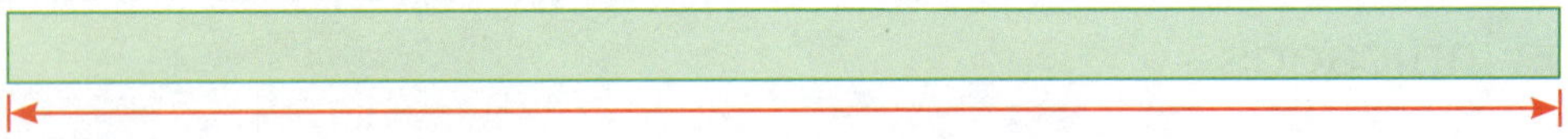

Esse retângulo tem _____ centímetros de comprimento.

4 Marque com um **X** os profissionais que precisam usar a unidade de medida metro em seu trabalho.

☐ Pedreiro 　　☐ Telefonista 　　☐ Costureira

5 Marque com um **X** o que compramos por metro.

6 Em cada caso, ligue os pontos com uma régua e meça o comprimento da linha obtida.

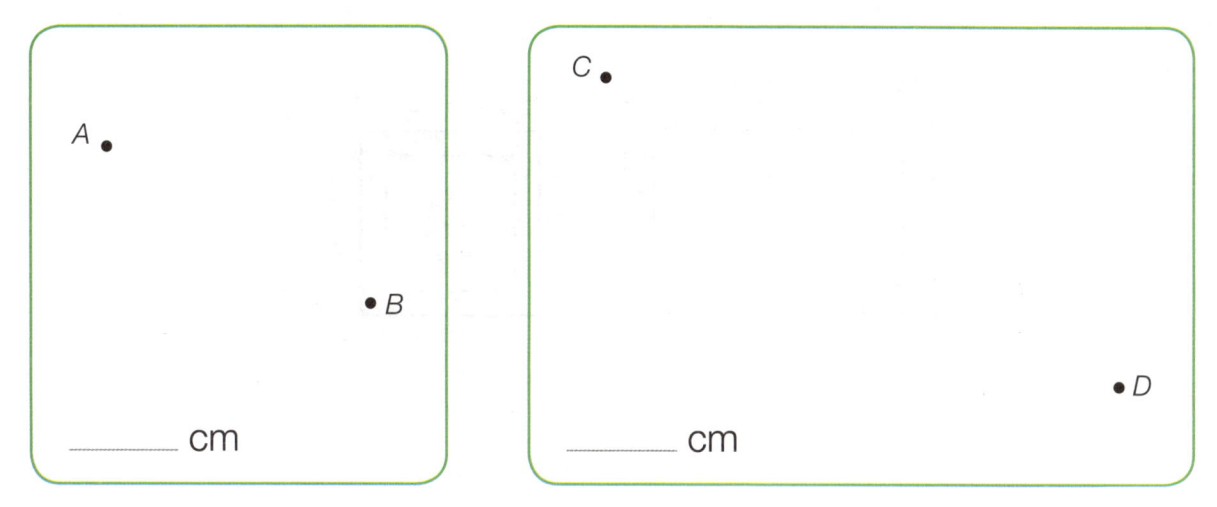

A •

• B

_____ cm

C •

• D

_____ cm

7 Mário tem um metro e meio de altura. Quantos centímetros de altura ele tem?

Mário tem _____ centímetros de altura.

cento e cinquenta e um 151

8 Luísa saiu de sua casa e passou na casa de Bruna para irem juntas à casa de Mônica, como mostra o caminho no esquema abaixo.

Se cada ——— corresponde a 100 metros e cada | corresponde a 50 metros, quantos metros Luísa caminhou?

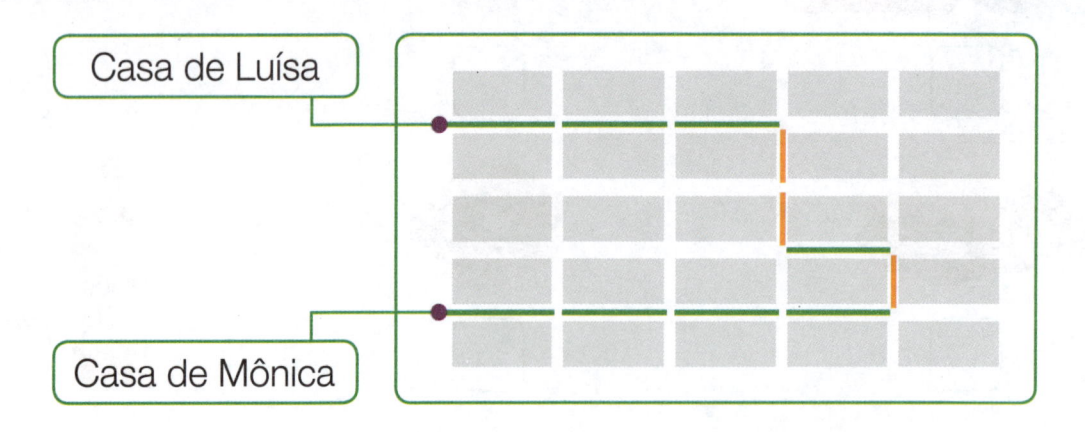

Casa de Luísa

Casa de Mônica

Luísa caminhou _____ metros.

9 Bruno fez a pé os percursos indicados em **A** e em **B**.

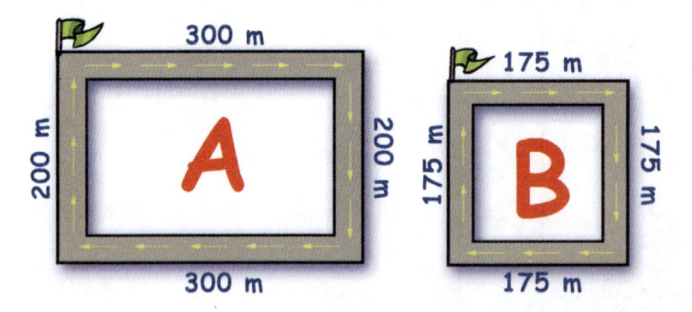

A: 300 m, 200 m, 300 m, 200 m
B: 175 m, 175 m, 175 m, 175 m

- Responda.

   a) Quantos metros ele percorreu em cada percurso?
   _____

   b) Qual deles é o mais longo? _____

10 Luís tem uma régua de 45 cm e Ricardo tem uma régua de 12 cm. Quantos centímetros a régua de Luís é maior que a régua de Ricardo?

A régua de Luís tem _____ centímetros a mais que a régua de Ricardo.

152 cento e cinquenta e dois

11 Carla fez duas paradas para descansar até chegar à escola. Primeiro, ela pedalou 220 metros, depois mais 450 metros e, finalmente, mais 180 metros. Quantos metros Carla pedalou até a escola?

Carla pedalou _____ metros até a escola.

12 Observe a imagem a seguir e, depois, determine quantos metros Luís andará para percorrer cada trajeto indicado.

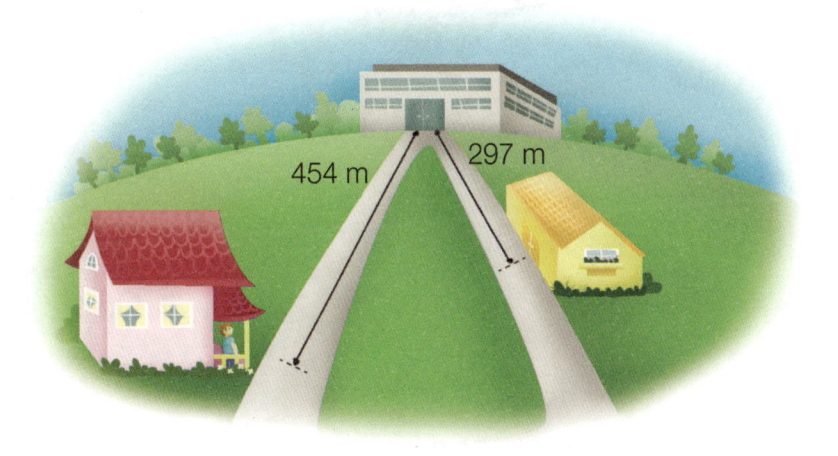

a) Da casa cor-de-rosa ao prédio e retornando à casa cor-de-rosa pelo mesmo caminho. _____

b) Da casa cor-de-rosa à amarela passando pelo prédio. _____

c) Da casa amarela à cor-de-rosa passando pelo prédio. _____

13 Veja como Isabela anotou a altura dela em centímetro.

*Tenho 1 m e 40 cm de altura.
Como 1 m = 100 cm,
tenho 140 cm de altura.*

- Agora, escreva as medidas a seguir em centímetro.

a) 1 m e 32 cm = _____

b) 2 m e 25 cm = _____

c) 1 m e 54 cm = _____

d) 1 m e 99 cm = _____

e) 2 m e 87 cm = _____

f) 3 m e 41 cm = _____

Agindo e construindo

Maquete

1. Destaque as figuras da página **A9**.
2. Monte a casinha, dobrando e colando nas partes indicadas.
3. Posicione a casinha no local indicado.
4. Monte os demais elementos e posicione-os como preferir.
5. Com o auxílio de uma régua, meça a maquete e responda.
   - Quantos centímetros tem a frente da casinha? _____
   - Quantos centímetros tem a lateral da casinha? _____

Aprendendo

O centímetro e o milímetro

1. Observe as cenas a seguir.

Mário mediu o **comprimento** de um clipe.
Esse clipe tem **2 centímetros** ou **20 milímetros** de comprimento.

Ana mediu o **comprimento** de uma haste flexível.
O comprimento dessa haste flexível é de **4 centímetros** ou **40 milímetros**.

Iaci observou as medidas indicadas em uma embalagem de papel-alumínio.
A largura desse rolo de papel-alumínio é de **30 centímetros** ou **300 milímetros**.

O **centímetro (cm)** é uma unidade de medida padronizada para medir comprimentos.

Dividindo o centímetro em 10 partes iguais, obtemos uma unidade de medida chamada **milímetro (mm)**.

> Um centímetro equivale a dez milímetros.
> 1 cm = 10 mm
> Meio centímetro equivale a cinco milímetros.

Praticando

1 Observe a embalagem de papel higiênico representada ao lado.

a) Quanto mede o comprimento de cada rolo de papel higiênico da embalagem?

_____

b) Quanto mede, em centímetro, a largura de cada rolo de papel higiênico da embalagem? _____

PAPEL HIGIÊNICO
CONTÉM 4 ROLOS DE FOLHA SIMPLES DE 100 mm × 60 m CADA

2 Use uma régua e meça o comprimento de cada figura.

a) _____ milímetros

b) _____ milímetros

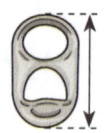

c) _____ milímetros

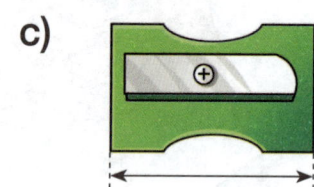

3 Estime a medida do comprimento, em milímetro, de cada figura com base no comprimento do apontador. Depois, com o auxílio de uma régua, meça os comprimentos dessas figuras e compare as medidas obtidas com as suas estimativas.

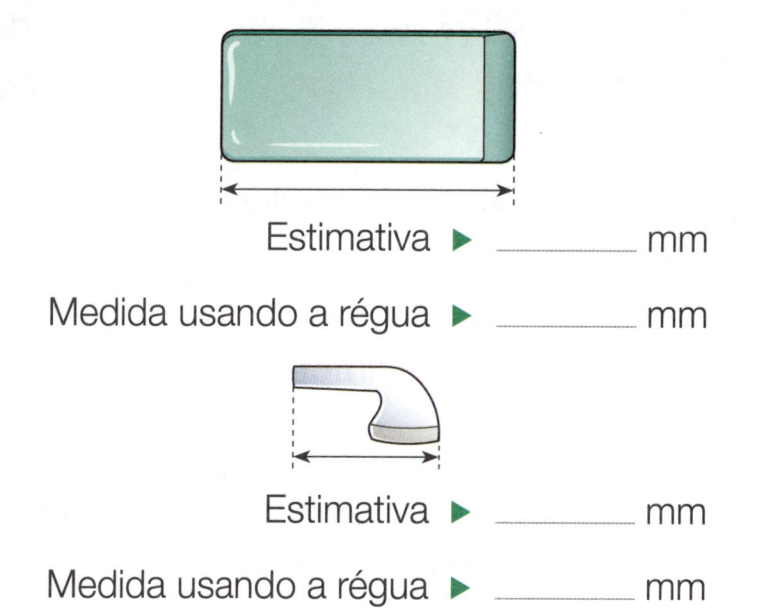

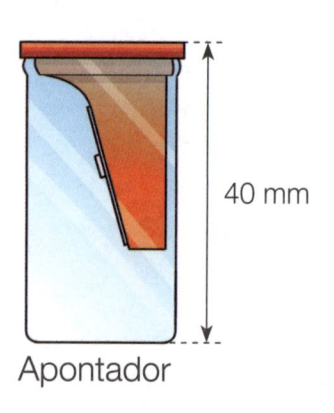

Apontador — 40 mm

Estimativa ▶ _____ mm

Medida usando a régua ▶ _____ mm

Estimativa ▶ _____ mm

Medida usando a régua ▶ _____ mm

156 cento e cinquenta e seis

2 O perímetro

Aprendendo

1. Observe como Iaci mediu o contorno da figura abaixo utilizando um barbante e uma régua.

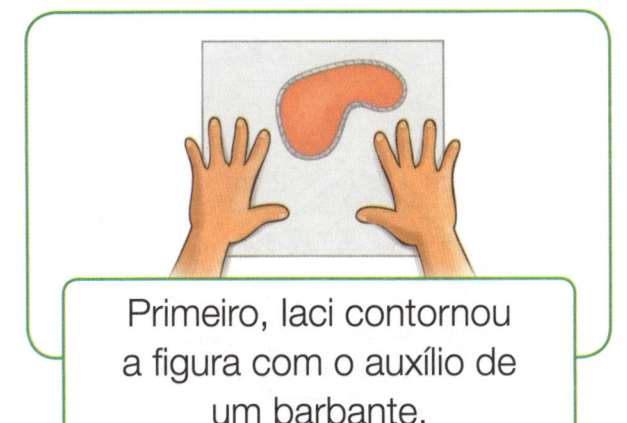

Primeiro, Iaci contornou a figura com o auxílio de um barbante.

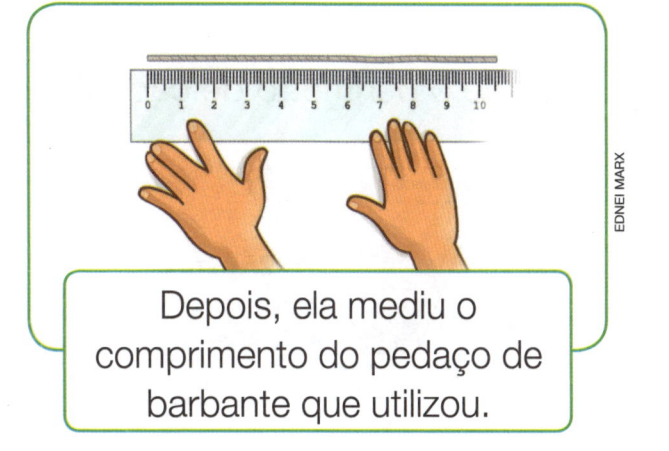

Depois, ela mediu o comprimento do pedaço de barbante que utilizou.

A medida do contorno de uma figura chama-se **perímetro**.

2. Lucas desenhou um retângulo de 60 milímetros de comprimento e 35 milímetros de largura. Ele quer saber qual é a medida do contorno desse retângulo.

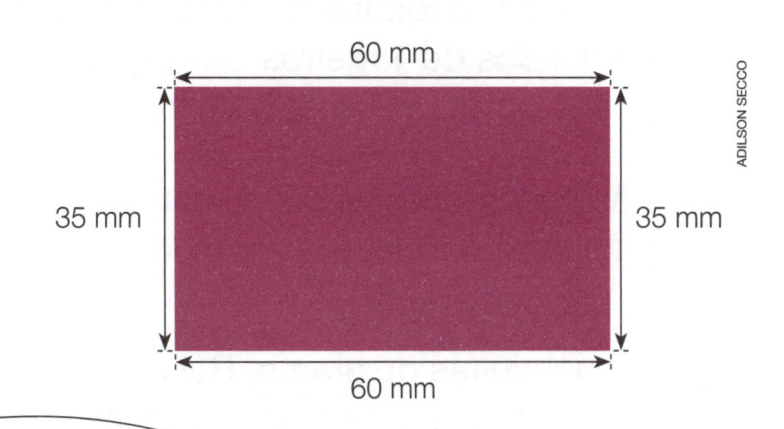

60 mm
35 mm
35 mm
60 mm

Para determinar a medida do contorno desse retângulo, basta adicionar as medidas de todos os seus lados.

O perímetro de um polígono é a soma das medidas dos lados desse polígono.

O perímetro do retângulo é 190 milímetros.

cento e cinquenta e sete 157

Praticando

1 Com o auxílio de um barbante, determine o perímetro aproximado, em milímetro, da figura ao lado. _____

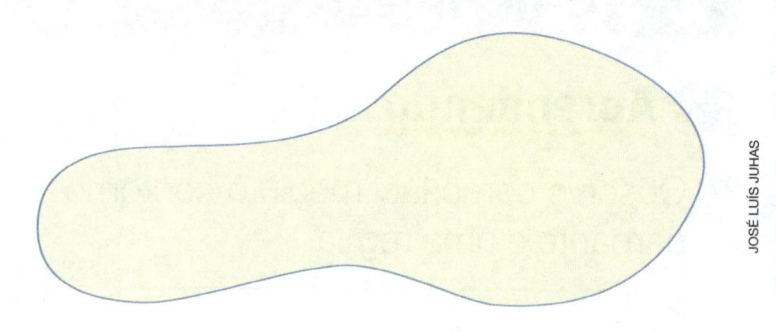

2 Calcule o perímetro de cada figura.

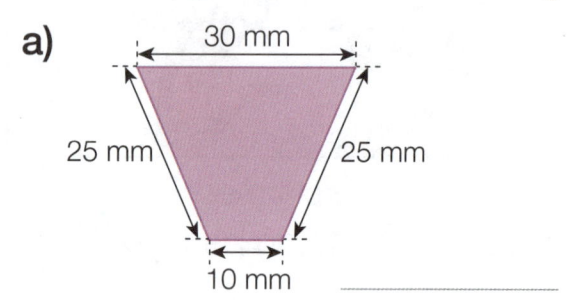

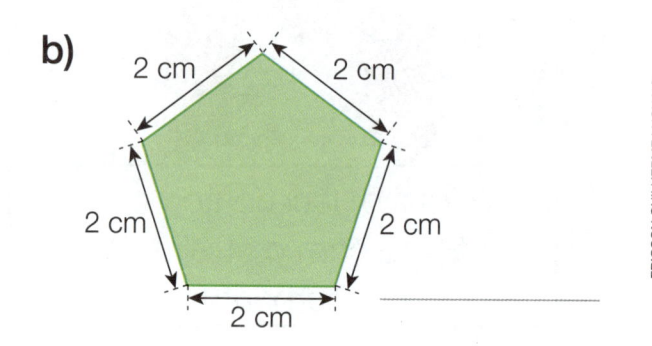

a) 30 mm, 25 mm, 25 mm, 10 mm

b) 2 cm, 2 cm, 2 cm, 2 cm, 2 cm

3 Quantos metros de madeira são necessários para fazer o rodapé de um cômodo quadrado com lados de 4 metros de comprimento e uma porta de 1 metro de largura?

São necessários _____ metros de madeira para fazer o rodapé do cômodo.

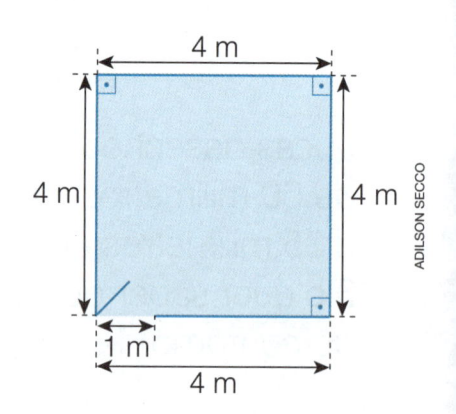

4 Com 4 voltas de arame, Rui cercou um terreno que tem 50 metros de comprimento e 40 metros de largura. Quantos metros de arame ele utilizou?

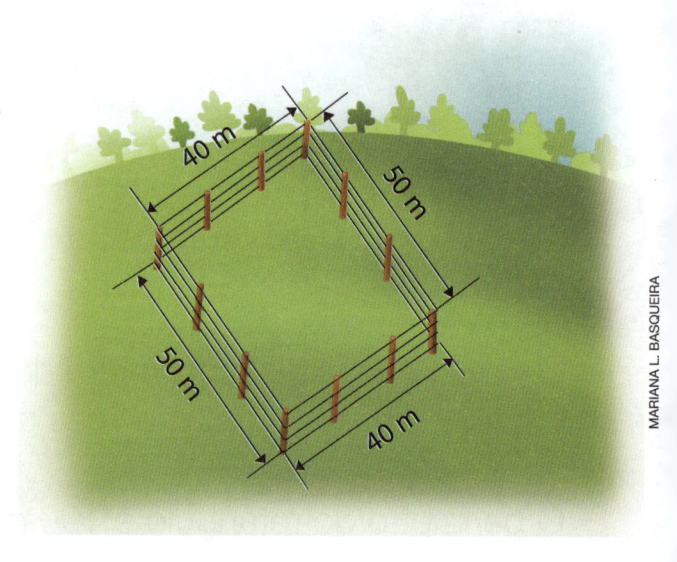

Rui utilizou _____ metros de arame.

3 Medidas de tempo

Aprendendo

Horas e minutos

1 O relógio nos permite saber as horas e os minutos.

> **Sugestão de leitura**
> *Que horas são?*, de Guto Lins. Leia mais informações sobre esse livro na página 318.

"O ponteiro pequeno marca as horas."

"O ponteiro grande marca os minutos."

São 10 horas e 20 minutos.

Mário acordou às 7 horas.

Ele escovou os dentes às 7 horas e 15 minutos.

E fez sua primeira refeição às 7 horas e 20 minutos.

Depois, às 7 horas e 30 minutos, Mário foi para a escola.

A primeira aula de Mário começa às 8 horas.

cento e cinquenta e nove 159

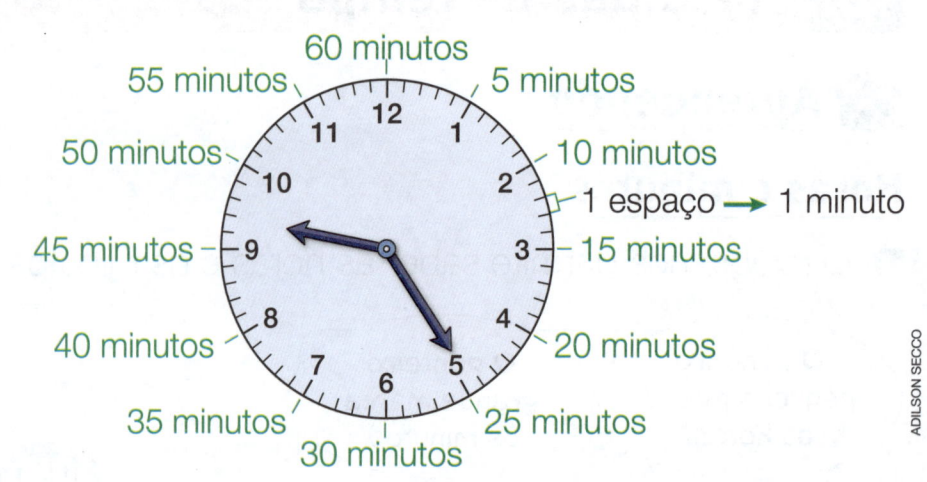

1 A **hora** (h) e o **minuto** (min) são unidades de medida de tempo.

Observe no mostrador do relógio ao lado como contamos os minutos. Verifique que cada espaço entre dois tracinhos corresponde a um minuto.

- Sabendo que se trata do período da manhã, o relógio está marcando 9 horas e 25 minutos.
- Uma hora tem 60 minutos.
- Meia hora tem 30 minutos.
- Metade da metade da hora tem 15 minutos.

Observe as horas que os relógios estão marcando.

2 horas e 15 minutos

4 horas e 30 minutos ou 4 horas e meia

5 horas e 40 minutos

10 horas e 10 minutos

8 horas e 45 minutos

11 horas e 50 minutos

Lendo e descobrindo

Instrumentos para medir o tempo

Ampulheta

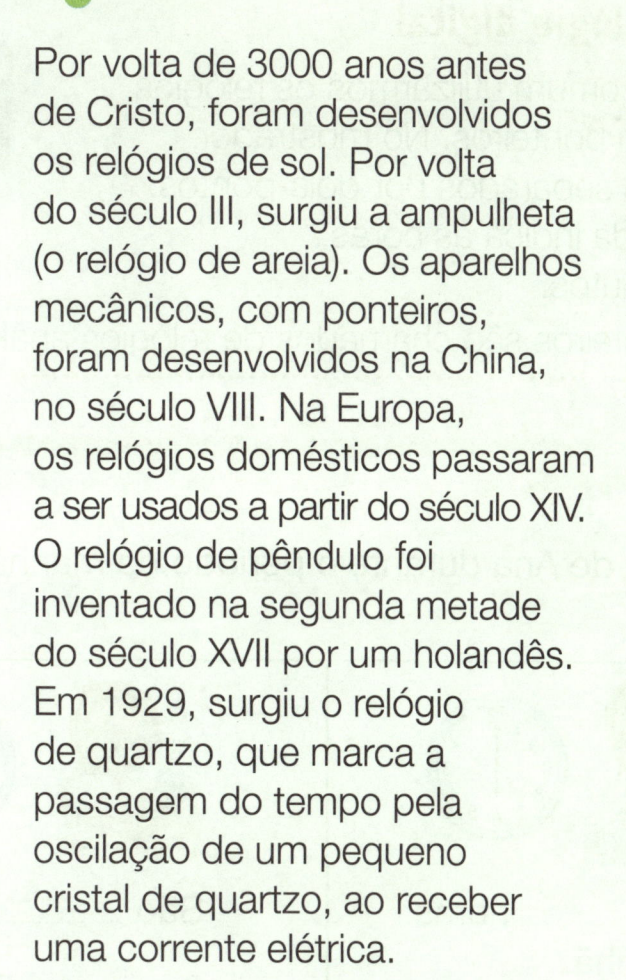

Por volta de 3000 anos antes de Cristo, foram desenvolvidos os relógios de sol. Por volta do século III, surgiu a ampulheta (o relógio de areia). Os aparelhos mecânicos, com ponteiros, foram desenvolvidos na China, no século VIII. Na Europa, os relógios domésticos passaram a ser usados a partir do século XIV. O relógio de pêndulo foi inventado na segunda metade do século XVII por um holandês. Em 1929, surgiu o relógio de quartzo, que marca a passagem do tempo pela oscilação de um pequeno cristal de quartzo, ao receber uma corrente elétrica.

Dados obtidos no *site* do Observatório Nacional, disponível em: <http://pcdsh01.on.br>. Acesso em: 25 maio 2019.

Relógio de sol

Cronômetro

Relógio de bolso

Relógio de pulso

Relógio de parede

Cuco (relógio de pêndulo)

cento e sessenta e um **161**

Curiosidade

O relógio digital

Atualmente, é mais comum utilizarmos os relógios digitais. Eles não têm ponteiros. No mostrador, vemos dois números separados por dois-pontos: o número da esquerda indica as horas, e o da direita, os minutos.

Os relógios com ponteiros são chamados de relógios analógicos.

Praticando

1 Veja as atividades de Ana durante o período da manhã e escreva que horas são.

São _____ horas da manhã.

São _____ horas e _____ minutos.

São _____ horas e _____ minutos.

São _____ horas e _____ minutos.

São _____ horas e _____ minutos.

São _____ horas e _____ minutos.

2 Que horas cada relógio está marcando?

a) _____

b) _____

c) _____

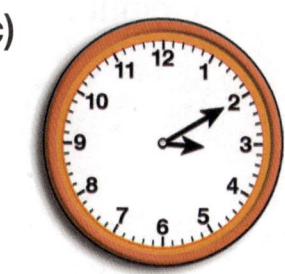

3 Desenhe os ponteiros nos relógios, indicando o horário pedido.

Minha aula começa às:

Minha aula termina às:

4 Cada um dos relógios abaixo indica a hora de chegada de diferentes aviões e o número do voo correspondente. Complete a tabela com o horário de cada voo no período da manhã.

voo 126

voo 604

voo 405

voo 308

Horário de chegada de alguns voos	
Voo	Horário de chegada
126	9 h 15 min
604	___ h ___ min
405	___ h ___ min
308	___ h ___ min

cento e sessenta e três **163**

5 Lúcia gastou meia hora para fazer um bolo. Quantos minutos ela gastou?

Lúcia gastou _____ minutos.

6 Luís começou a velejar às 7 h 45 min. Parou de velejar às 11 horas. Por quanto tempo ele velejou?

Luís velejou por _____.

7 Observe o horário das aulas que Jonas tem semanalmente e responda às questões.

Horário	2ª feira	3ª feira	4ª feira	5ª feira	6ª feira
De 7 h 30 min a 8 h 20 min	Língua Portuguesa	Ed. Física	Língua Portuguesa	Ed. Física	Língua Portuguesa
De 8 h 20 min a 9 h 10 min	Matemática	Ciências	Matemática	Ciências	Matemática
Recreio (de 9 h 10 min a 9 h 40 min)					
De 9 h 40 min a 10 h 30 min	Geografia/ História	Matemática	Ciências	Matemática	Geografia/ História
De 10 h 30 min a 11 h 20 min	Arte	Língua Portuguesa	Geografia/ História	Língua Portuguesa	Arte

a) Qual é a duração de cada aula? _____

b) Qual é a duração do recreio? _____

c) Por dia, quanto tempo Jonas permanece na escola? _____

d) Qual é o tempo total das aulas de Matemática em uma semana?

_____

Aprendendo

As horas após o meio-dia

1. Após as 12 horas ou meio-dia, as horas são dadas assim:

13 horas	14 horas	15 horas	16 horas
17 horas	18 horas	19 horas	20 horas
21 horas	22 horas	23 horas	24 horas ou meia-noite

Durante um dia, o ponteiro das horas dá duas voltas completas no relógio. Um dia tem 24 horas.

Praticando

1 Responda.

a) A que horas corresponde meio-dia? _____

b) E meia-noite? _____

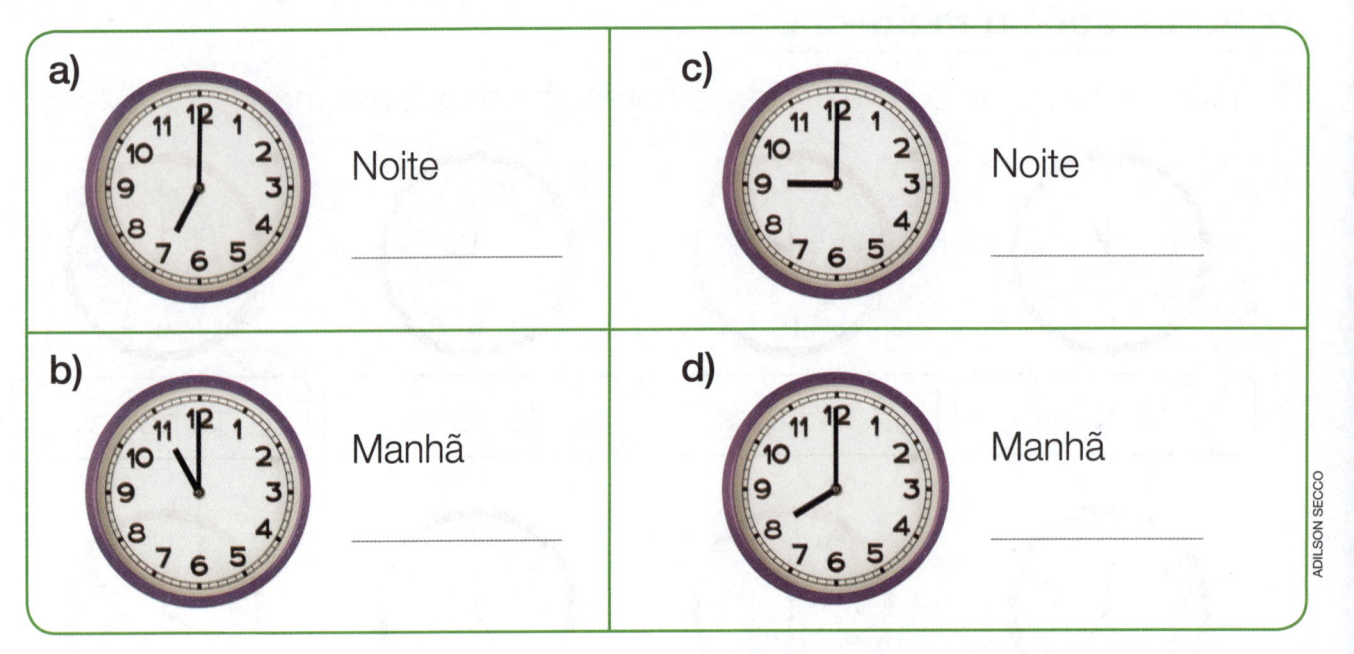

2 Escreva como se lê cada um dos horários dos relógios abaixo, observando o período do dia.

a) Noite _____

b) Manhã _____

c) Noite _____

d) Manhã _____

3 O *Big Ben*, localizado em Londres, na Inglaterra, é o relógio mais famoso do mundo.
Observe a foto e determine o horário que o relógio está marcando.

_____

Relógio *Big Ben*, Londres, 2015.

4 Observe o relógio digital ao lado e escreva por extenso a hora que ele está marcando.

_____
_____

5 Um avião que deveria chegar a Cuiabá às 23 horas e 15 minutos teve um atraso de 35 minutos. A que horas ele chegou?

_____

166 cento e sessenta e seis

Aprendendo

Minutos e segundos

1 Observe a situação a seguir.

Vamos lá, Bruno! Você tem 1 minuto.

Você terminou a tarefa faltando 1 segundo para o seu tempo acabar.

Bruno tinha 1 minuto para passar os obstáculos e jogar a bola na cesta de basquete. Isso é o mesmo que dizer que ele tinha 60 segundos.
O **segundo** (**s**) é uma unidade de medida de tempo.

> Um minuto equivale (ou corresponde) a sessenta segundos.
> 1 min = 60 s
> Meio minuto equivale a trinta segundos.

Praticando

1 Nos relógios analógicos, a cada um minuto, o ponteiro vermelho, dos segundos, dá uma volta completa.

a) Se o ponteiro dos segundos der 2 voltas, quanto tempo terá passado?

b) Quantas voltas o ponteiro dos segundos tem que dar para registrar um intervalo de 240 segundos?

cento e sessenta e sete 167

2 Lucas está assistindo a um vídeo de 1 minuto no computador. Após 45 segundos, ele pausou o vídeo.

a) Qual é a duração, em segundo, do vídeo a que Lucas está assistindo?

_____

b) Quantos segundos ainda faltam para Lucas terminar de assistir ao vídeo?

_____

3 Observe o relógio ao lado e responda.

a) Qual é o horário que esse relógio está marcando?

_____

b) Quantas voltas o ponteiro dos segundos precisa dar para que o relógio marque 11 horas?

_____

4 Marque **V** para as afirmações verdadeiras e **F** para as falsas.

☐ Uma hora equivale a sessenta segundos.

☐ 120 segundos equivalem a 3 minutos.

☐ Uma volta e meia d o ponteiro dos segundos equivale a um intervalo de 90 segundos.

☐ 60 voltas do ponteiro dos segundos equivalem a um intervalo de 1 hora.

5 Invente um problema envolvendo a unidade de medida segundo. Depois, troque de problema com um colega e resolva o que ele inventou.

_____

_____

Aprendendo

Dia, semana, mês e ano

1 O tempo que o planeta Terra leva para dar uma volta em torno de seu próprio eixo é de cerca de 24 horas. Chamamos esse período de 1 dia.

A Terra dá uma volta completa ao redor do Sol em aproximadamente 365 dias e 6 horas. Chamamos o período que contém 365 dias de 1 ano. Juntando essas 6 horas ao longo de 4 anos, formam-se 24 horas, que darão origem ao dia 29 de fevereiro. Quando isso ocorre, temos o **ano bissexto**, com 366 dias.

Representação artística sem escala, com cores-fantasia, para fins didáticos, que mostra um dos movimentos da Terra.

Os dias da semana são: domingo, _____, terça-feira, _____, quinta-feira, _____ e sábado.

Um dia tem _____ horas.
Uma semana tem _____ dias.
Uma quinzena tem 15 dias.

Com exceção do mês de fevereiro, que pode ter 28 ou 29 dias, os outros meses têm 30 ou 31 dias.

cento e sessenta e nove **169**

O ano tem 12 meses. Veja.

Mês	Duração
Janeiro	31 dias
Fevereiro	28 ou 29 dias
Março	31 dias
Abril	30 dias
Maio	31 dias
Junho	30 dias

Mês	Duração
Julho	31 dias
Agosto	31 dias
Setembro	30 dias
Outubro	31 dias
Novembro	30 dias
Dezembro	31 dias

Um calendário apresenta os dias da semana, os dias do mês e os meses do ano.

O bimestre tem 2 meses.

O trimestre tem 3 meses.

O semestre tem 6 meses.

Os 6 primeiros meses do ano formam o 1º semestre.

Os 6 últimos meses do ano formam o 2º semestre.

Praticando

1 Complete.

a) Um dia tem _____ horas, e uma semana tem _____ dias.

b) Uma quinzena tem _____ dias, e o ano bissexto tem _____ dias.

c) No ano bissexto, o mês de fevereiro tem _____ dias.

d) Um bimestre tem _____ meses, e um trimestre tem _____ meses.

2 Pinte um quadrinho para o mês de aniversário de cada aluno de sua sala.

Janeiro										
Fevereiro										
Março										
Abril										
Maio										
Junho										
Julho										
Agosto										
Setembro										
Outubro										
Novembro										
Dezembro										

Marina em Rio Branco

Nesta atividade, você terá de ajudar a Marina a resolver problemas que envolvem datas e horas.

- Agora, responda.

a) Em que mês há mais aniversariantes? _____

b) Em que mês há menos aniversariantes? _____

c) Quantos alunos nasceram no mesmo mês que você? _____

cento e setenta e um **171**

3 Complete.

	Mês	Duração
1	janeiro	31 dias
2		28 ou 29 dias
3		31 dias
4		30 dias
5	maio	31 dias
6		30 dias

	Mês	Duração
7	julho	31 dias
8		31 dias
9		30 dias
10		31 dias
11		30 dias
12	dezembro	31 dias

4 Responda.

a) Qual é o primeiro dia da semana? _____

b) Qual é o sexto dia da semana? _____

5 De acordo com o calendário ao lado, responda às questões a seguir.

a) Enrico fez aniversário em 17 de novembro. Em que dia da semana foi o aniversário dele?

_____

b) Quais foram os dias correspondentes às quartas-feiras desse mês?

_____

c) O dia 15 de novembro foi em que dia da semana? _____

d) Que dia foi a 3ª quinta-feira do mês? _____

e) Observe que o dia 2 de novembro está registrado com a mesma cor usada para representar os domingos. Você sabe por quê? Converse sobre isso com os colegas.

172 cento e setenta e dois

6 Escreva o nome do mês em que ocorrem estas comemorações.

7 Marque **V** para as afirmações verdadeiras e **F** para as falsas.

☐ O ano bissexto possui 366 dias.

☐ Dos 12 meses do ano, 5 deles possuem 30 dias.

☐ Dos 12 meses do ano, 7 deles possuem 31 dias.

☐ No ano bissexto, fevereiro possui 28 dias.

8 Se o dia 8 de julho cair em um domingo, em que dias cairão os outros domingos desse mês? _____

cento e setenta e três **173**

> **Dica**
> Nas questões 9, 10 e 11, considere todos os meses com 30 dias.

9 Luana demorou 90 dias para fazer uma escultura. Em quantos meses ela fez essa escultura?

Luana fez essa escultura em _____ meses.

10 Roberto faz aniversário daqui a 5 meses. Daqui a quantos dias será o aniversário dele?

O aniversário de Roberto será daqui a _____ dias.

11 Karina demorou dois meses para pintar um quadro. Quantos dias ela passou pintando esse quadro?

Karina passou _____ dias pintando o quadro.

12 No dia 15 de março, Laura recebeu uma encomenda de 500 blusas para entregar no dia 25 de maio. Quantos dias Laura teve para confeccionar essas blusas?

Laura teve _____ dias para confeccionar as blusas.

13 Leandro partiu em uma excursão de 8 meses em setembro de 2019. Em que mês e ano Leandro retornou?

Leandro retornou em _____.

14 Ricardo nasceu em 2013. Que idade ele terá em 2025?

Em 2025 Ricardo terá _____.

15 Luís viajou nos meses de janeiro, fevereiro e março de um ano bissexto. Durante quantos dias Luís viajou?

Luís viajou durante _____ dias.

cento e setenta e cinco 175

Investigando a chance

Identificar todos os resultados possíveis em um experimento

1 Ana e Mário vão brincar de amarelinha. Para decidir quem começa, eles lançam uma "moeda honesta". Veja.

Cara ou coroa?
Eu quero coroa.

a) Para Ana começar a brincadeira, deve sair cara ou coroa no lançamento da moeda?

_____

b) Por que Ana e Mário vão lançar uma "moeda honesta" para decidir quem começa a brincadeira?

2 Iaci, Bruno e Lucas estão brincando com um "dado honesto", cujas faces estão numeradas de 1 a 6. Veja.

Vou lançar o dado.
Acho que vai sair um número menor que 3.
Vai sair um número maior que 2.

Iaci   Bruno   Lucas

• Reúna-se com um colega e respondam às questões.

a) Quais são os possíveis resultados que Iaci pode obter ao lançar o dado?

_____

b) Para Bruno acertar seu palpite, que números podem "sair" no lançamento do dado? _____

c) E, para Lucas acertar, quais números podem "sair" no lançamento do dado? _____

d) A chance de Lucas acertar é maior ou menor que a de Bruno? Justifiquem.

176 cento e setenta e seis

Lendo e descobrindo

Os momentos do dia e os Kuikuro

Os Kuikuro, que habitam o Parque Nacional do Xingu, contam o tempo de acordo com o movimento diário do sol (*giti*) entre o nascente, quando o "sol sai" (*giti ahegitagu*), e o poente, quando o "sol entra" (*giti endagu*) e então se faz noite (*koko*). A expressão *giti hutoho* ("imagem/representação/desenho do sol") é utilizada pelos Kuikuro mais velhos para denominar os relógios de pulso introduzidos pelos brancos, inclusive os digitais.

Veja algumas expressões relativas aos momentos do dia com a correspondência aproximada às nossas marcações do tempo pelas horas.

Momento	Hora aproximada	Observações
mitote giti atai	5:00-6:00	banho na lagoa e início do trabalho das roças
getilopo giti atai	10:00	volta das roças
ikato telú giti atai	17:00	sol baixo, o momento de buscar lenha (*ika*)
kohotsi giti atai	17:30-18:00	o sol está se pondo

Informações obtidas em: Mariana Kawall Leal Ferreira (Org.). *Ideias matemáticas de povos culturalmente distintos*. São Paulo: Global, 2002. p. 107-108.

Responda.

1. Qual é a expressão que os Kuikuro mais velhos utilizam para denominar os relógios de pulso? _____

2. Desenhe os ponteiros no relógio ao lado, de modo que indiquem o momento de buscar lenha.

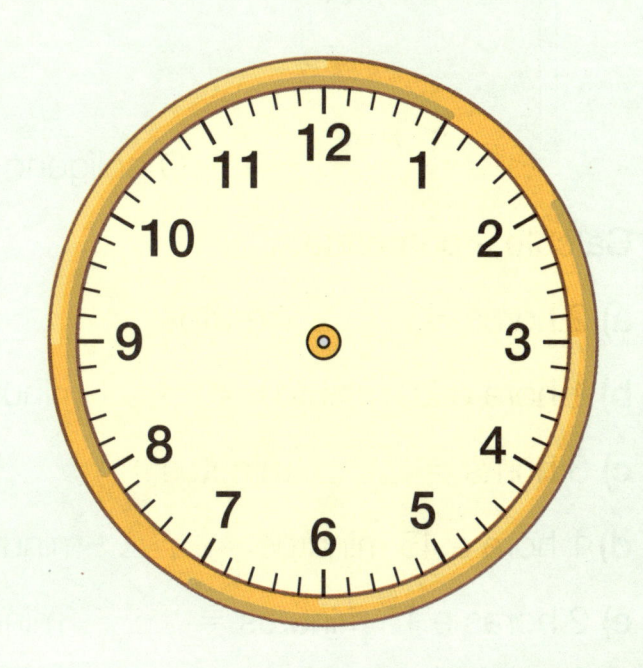

cento e setenta e sete **177**

Praticando mais

1 Utilizando uma fita métrica, determine:

a) o comprimento de sua mesa. _____

b) o comprimento do quadro. _____

2 Estime qual é a altura de um colega e, em seguida, verifique a altura dele usando uma fita métrica.

- Estimativa da altura do colega: _____
- Altura real do colega: _____

3 Com o auxílio de um barbante, determine o perímetro aproximado, em milímetro, do círculo ao lado. _____

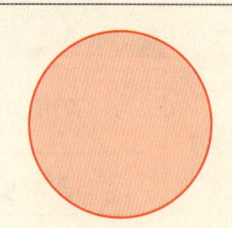

4 Calcule o perímetro do polígono, em centímetro. Depois, complete.

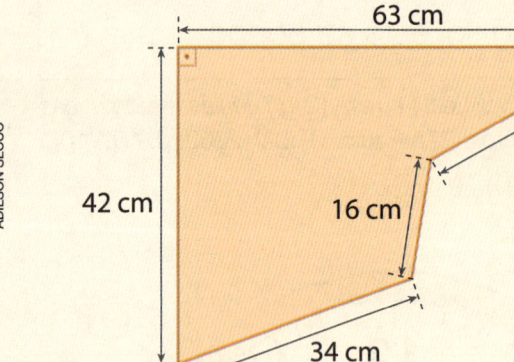

63 cm
32 cm
42 cm
16 cm
34 cm

O polígono tem _____ de perímetro.

5 Calcule e complete.

a) 2 horas = _____ minutos

b) 1 hora e 20 minutos = _____ minutos

c) 3 horas = _____ minutos

d) 1 hora e 45 minutos = _____ minutos

e) 2 horas e 15 minutos = _____ minutos

6 Usando algarismos, escreva as datas indicadas (dia/mês).

a) Vinte e dois de abril: _____ / _____

b) Trinta e um de agosto: _____ / _____

c) Quinze de novembro: _____ / _____

d) Vinte e cinco de dezembro: _____ / _____

7 Um atleta fez uma corrida de 1 hora e 40 minutos. Leia o que ele diz e responda às perguntas.

Parei para comer uma barrinha nutritiva quando estava na metade do tempo de prova.

E parei para me hidratar quando estava na metade da metade do tempo de prova.

a) Com quanto tempo de prova ele parou para se alimentar?

_____

b) Com quanto tempo de prova ele parou para beber água?

_____

8 Observe a figura que representa o terreno da casa de Paulo e, depois, responda às questões.

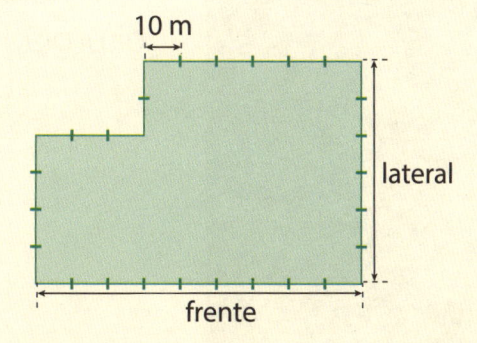

a) Quantos metros de frente tem o terreno da casa de Paulo? _____

b) Quantos metros tem a lateral direita? _____

c) Qual é o perímetro desse terreno? _____

9 Mauro iniciou um voo de asa-delta às 7 h 58 min e chegou ao solo às 8 h 37 min. Qual foi a duração de seu voo?

Voo de asa-delta, Rio de Janeiro, 2016.

Desafio

No filme *Procurando Dory*, há várias personagens, entre elas, Dory, um peixe cirurgião-patela, e Bailey, uma baleia-branca.

Os peixes cirurgião-patela têm, em média, 12 centímetros, e as baleias-brancas têm, em média, 4 metros.
Em quantos centímetros as baleias-brancas são maiores, em média, que os peixes cirurgião-patela?

Cena do filme *Procurando Dory*, dirigido por Andrew Stanton, 2016.

180 cento e oitenta

UNIDADE 8

Multiplicação

Trocando ideias

1. Quantos vasinhos há em cada prateleira?
2. Quantos vasinhos há nas quatro prateleiras?
3. Se em cada uma das prateleiras fossem colocados seis vasinhos, quantos vasinhos, ao todo, estariam dispostos nas quatro prateleiras?

1 As ideias da multiplicação

Aprendendo

Juntar quantidades iguais

1. Ana organizou sua coleção de ursinhos, colocando, em cada uma das quatro prateleiras, oito ursinhos. Quantos ursinhos Ana tem?

> **Sugestão de leitura**
>
> *Onde estão as multiplicações?*, de Luzia Faraco Ramos Faifi.
>
> Leia mais informações sobre esse livro na página 319.

Para calcular o total de ursinhos, podemos fazer uma adição de parcelas iguais. Observe.

$$8 + 8 + 8 + 8 = 32$$

Toda **adição de parcelas iguais** pode ser escrita na forma de **multiplicação**.

Adição ▶ $8 + 8 + 8 + 8 = 32$

Multiplicação ▶ $4 \times 8 = 32$

fator — fator — produto

Portanto, Ana tem 32 ursinhos em sua coleção.

Disposição retangular

1. Lucas preencheu uma página de seu álbum de figurinhas.

   Elas foram dispostas em 4 linhas com 6 figurinhas em cada uma.

   Quantas figurinhas há nessa página do álbum?

   colunas

   linhas

   Observe na ilustração que as figurinhas estão organizadas em quatro linhas e seis colunas.

   Para saber o total de figurinhas que estão nessa página do álbum, podemos fazer das maneiras mostradas abaixo.

4 linhas de 6 figurinhas		6 colunas de 4 figurinhas
6 + 6 + 6 + 6 = 24		4 + 4 + 4 + 4 + 4 + 4 = 24
4 grupos de 6	ou	6 grupos de 4
4 vezes 6 é igual a 24.		6 vezes 4 é igual a 24.
4 × 6 = 24		6 × 4 = 24

   Portanto, há 24 figurinhas nessa página do álbum.

cento e oitenta e três 183

Combinação de possibilidades

1 Para ir de casa à escola, Bruno passa pela Praça da Fonte.

Observe a ilustração abaixo e descubra de quantas maneiras diferentes Bruno pode ir de casa para a escola.

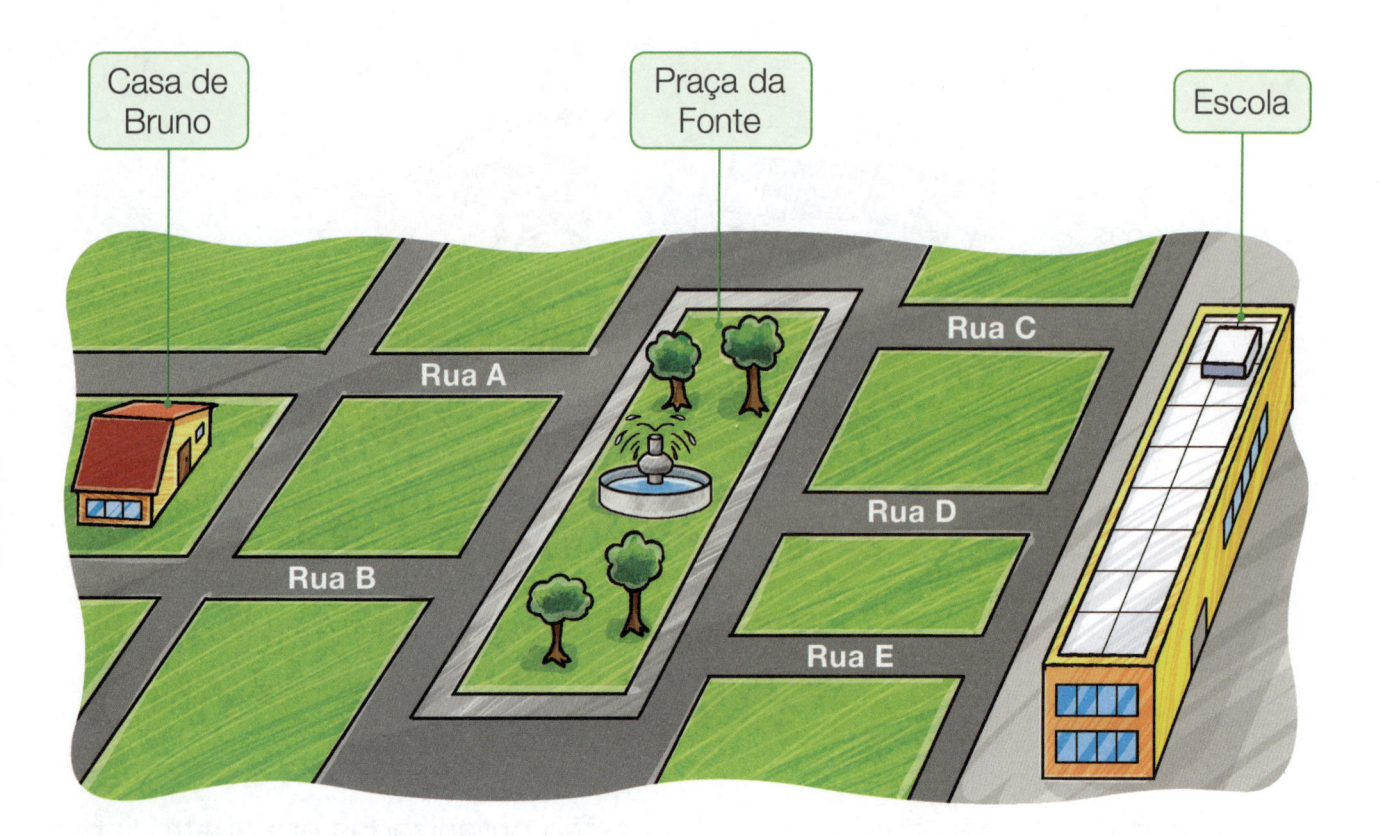

Veja a representação dos caminhos possíveis para Bruno chegar à escola, partindo de casa.

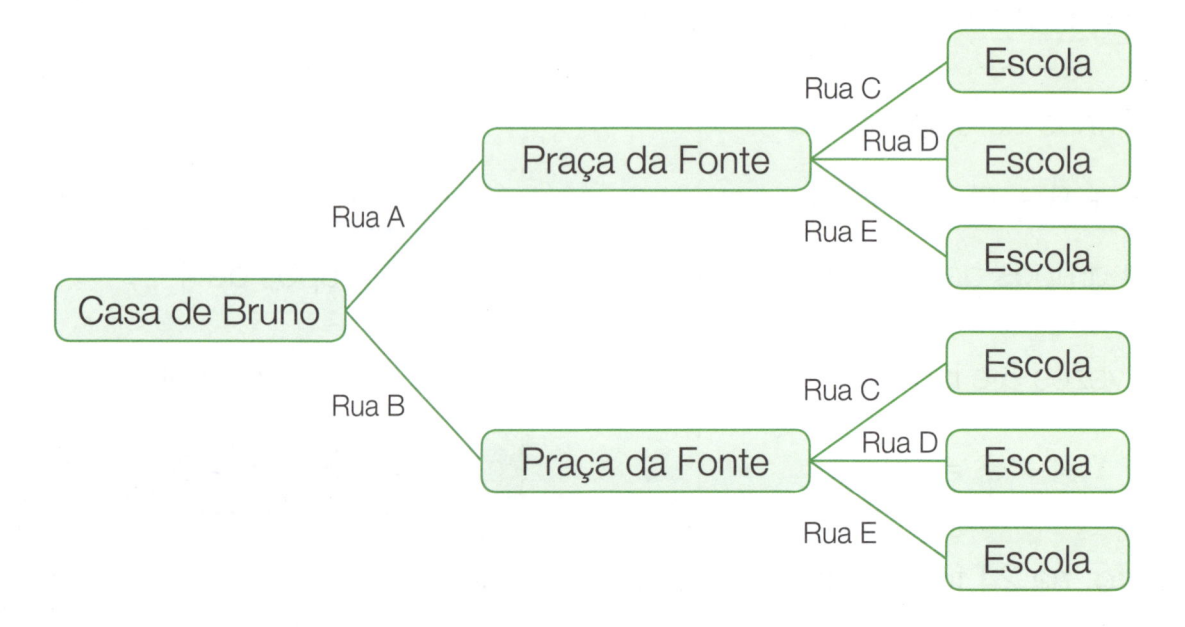

Podemos determinar o total de possibilidades da seguinte forma.

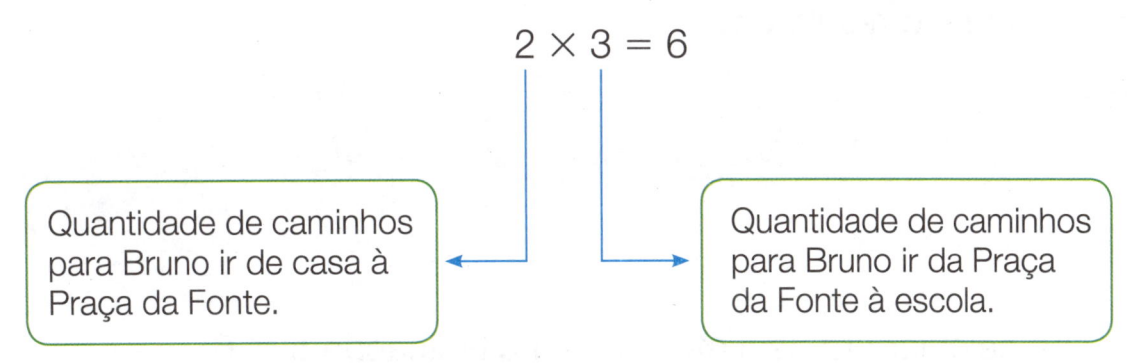

$$2 \times 3 = 6$$

Quantidade de caminhos para Bruno ir de casa à Praça da Fonte.

Quantidade de caminhos para Bruno ir da Praça da Fonte à escola.

Portanto, há um total de 6 maneiras diferentes para Bruno ir de casa à escola.

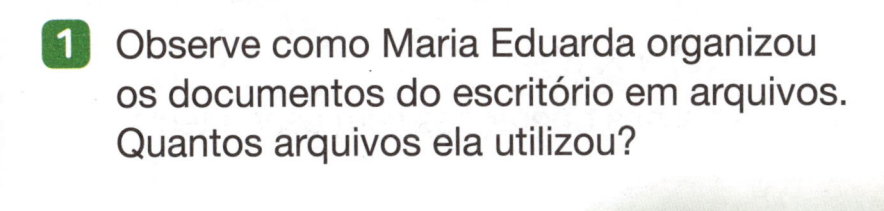

Praticando

1 Observe como Maria Eduarda organizou os documentos do escritório em arquivos. Quantos arquivos ela utilizou?

Maria Eduarda utilizou _____ arquivos.

2 Sabendo que um estojo é vendido com 3 canetas azuis, 2 vermelhas e 1 verde, responda.

a) Quantas canetas azuis são vendidas em 3 estojos iguais a esse?

b) Quantas canetas vermelhas são vendidas em 4 estojos iguais a esse?

3 Represente cada multiplicação por meio de uma adição de parcelas iguais e determine o resultado.

a) 4 × 9 = _____ = _____

b) 5 × 1 = _____ = _____

c) 7 × 2 = _____ = _____

4 Usando uma calculadora, Iaci efetuou a multiplicação 5 × 6. Veja as teclas que ela apertou.

5   ×   6   =   30

Agora, efetue e escreva o resultado de cada multiplicação abaixo, utilizando uma calculadora.

a) 3 × 8 = _____   c) 8 × 8 = _____

b) 6 × 9 = _____   d) 9 × 8 = _____

- Como você calcularia o resultado dessas operações sem usar a tecla × ? Explique.

_____

_____

5 Isabela contou o total de quadrinhos azuis. Veja.

3 × 4 = 12

- Agora, é sua vez. Identifique o total de quadrinhos coloridos por meio de uma multiplicação.

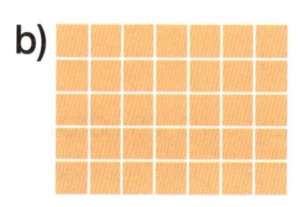

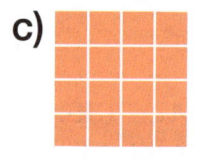

a)   b)   c)

186 cento e oitenta e seis

6 Observe, em cada caso, as cédulas e calcule o total em reais.

a)

São _____ cédulas de _____ reais.

_____ + _____ = _____ × _____ = _____

Total em dinheiro: _____ reais.

b)

São _____ cédulas de _____ reais.

_____ + _____ + _____ + _____ = _____ × _____ = _____

Total em dinheiro: _____ reais.

7 Observe os preços de algumas frutas.

Bananas (em dúzia)	1	2	3	4	5	6
Preço (em real)	3	6	9	12	15	18

Laranjas (em kg)	1	3	6
Preço (em real)	2	6	12

- Agora, faça o que se pede.

a) Qual é o preço de 7 dúzias de banana? E de 10 dúzias?

_____

b) Qual é o preço de 4 quilogramas de laranja? E de 9 quilogramas?

_____

c) Converse com seus colegas e o professor e explique como você pensou para responder a essas questões.

cento e oitenta e sete

2 Tabuadas do 2 e do 3

Aprendendo

1 Observe as tabuadas do 2 e do 3.

1 × 2 = 2	1 × 3 = 3
2 × 2 = 4	2 × 3 = 6
3 × 2 = 6	3 × 3 = 9
4 × 2 = 8	4 × 3 = 12
5 × 2 = 10	5 × 3 = 15
6 × 2 = 12	6 × 3 = 18
7 × 2 = 14	7 × 3 = 21
8 × 2 = 16	8 × 3 = 24
9 × 2 = 18	9 × 3 = 27
10 × 2 = 20	10 × 3 = 30

Observação

O produto de **zero** por qualquer número é igual a **zero**. Veja.

0 × 2 = 0   0 × 3 = 0

Praticando

1 Complete.

a) _____ × 2 = 14

b) 10 × _____ = 20

c) 9 × 1 = _____

d) 8 × 1 = _____

e) 5 × _____ = 15

f) _____ × 3 = 18

g) 9 × 2 = _____

h) 6 × 2 = _____

i) 10 × _____ = 30

j) 4 × _____ = 12

k) 7 × 3 = _____

l) 9 × 3 = _____

2 Complete as sequências.

a) 0, 2, 4, 6, 8, ☐, ☐, ☐, ☐, ☐

b) 0, 3, 6, 9, 12, ☐, ☐, ☐, ☐, ☐

188 cento e oitenta e oito

3 Tabuadas do 4, do 5 e do 6

Aprendendo

1 Observe as tabuadas do 4, do 5 e do 6.

1 × 4 = 4	1 × 5 = 5	1 × 6 = 6
2 × 4 = 8	2 × 5 = 10	2 × 6 = 12
3 × 4 = 12	3 × 5 = 15	3 × 6 = 18
4 × 4 = 16	4 × 5 = 20	4 × 6 = 24
5 × 4 = 20	5 × 5 = 25	5 × 6 = 30
6 × 4 = 24	6 × 5 = 30	6 × 6 = 36
7 × 4 = 28	7 × 5 = 35	7 × 6 = 42
8 × 4 = 32	8 × 5 = 40	8 × 6 = 48
9 × 4 = 36	9 × 5 = 45	9 × 6 = 54
10 × 4 = 40	10 × 5 = 50	10 × 6 = 60

Praticando

1 Descubra o número que falta em cada multiplicação e complete.

a) 4 × _____ = 20

b) _____ × 5 = 10

c) 6 × _____ = 24

d) _____ × 6 = 12

e) 2 × _____ = 8

f) 9 × _____ = 54

g) _____ × 5 = 35

h) 8 × _____ = 32

i) 3 × _____ = 15

j) _____ × 6 = 18

k) 10 × _____ = 40

l) _____ × 6 = 36

m) 10 × _____ = 50

n) 10 × _____ = 60

o) 3 × _____ = 12

2 Complete.

a) Um automóvel possui 4 rodas. Dois automóveis possuem _____ rodas.

b) Uma tartaruga tem 4 patas. Três tartarugas têm _____ patas.

c) Um cubo tem 6 faces. Cinco cubos têm _____ faces.

cento e oitenta e nove

3 Complete os quadros.

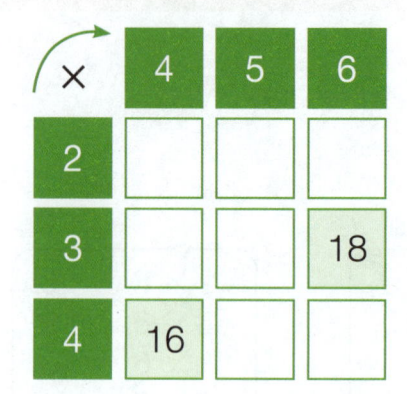

×	4	5	6
2			
3			18
4	16		

×	4	5	6
7			
8			
9		45	

4 Resolva as multiplicações.

a) 4 × 9 = _____

b) 4 × 8 = _____

c) 5 × 5 = _____

d) 5 × 6 = _____

e) 6 × 6 = _____

f) 6 × 10 = _____

5 Efetue as multiplicações e, depois, pinte os quadrinhos para indicar as operações.

a)

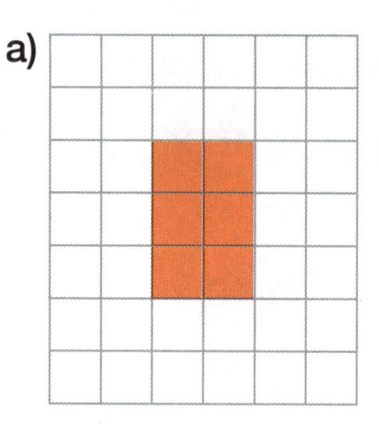

3 × 2 = _____

b)

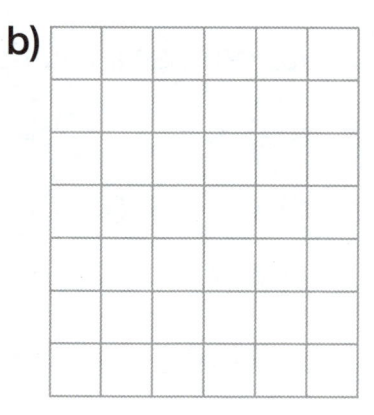

5 × 6 = _____

c)

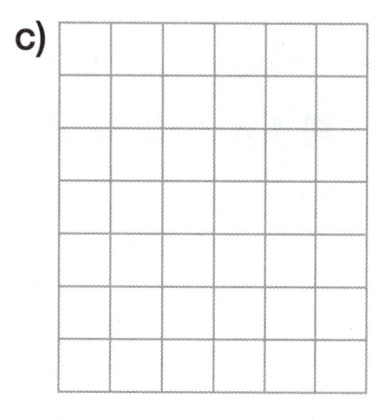

7 × 5 = _____

6 Complete com os valores que estão faltando.

Se uma bala custa 5 centavos, então:

a) 4 balas custam _____ centavos ▶ __4__ × __5__ = _____

b) 5 balas custam _____ centavos ▶ _____ × _____ = _____

190 cento e noventa

4 Tabuadas do 7, do 8 e do 9

Aprendendo

1. Observe as tabuadas do 7, do 8 e do 9.

1 × 7 = 7	1 × 8 = 8	1 × 9 = 9
2 × 7 = 14	2 × 8 = 16	2 × 9 = 18
3 × 7 = 21	3 × 8 = 24	3 × 9 = 27
4 × 7 = 28	4 × 8 = 32	4 × 9 = 36
5 × 7 = 35	5 × 8 = 40	5 × 9 = 45
6 × 7 = 42	6 × 8 = 48	6 × 9 = 54
7 × 7 = 49	7 × 8 = 56	7 × 9 = 63
8 × 7 = 56	8 × 8 = 64	8 × 9 = 72
9 × 7 = 63	9 × 8 = 72	9 × 9 = 81
10 × 7 = 70	10 × 8 = 80	10 × 9 = 90

Praticando

1 Complete.

a) 3 × ____ = 21

b) ____ × 8 = 64

c) 10 × ____ = 70

d) ____ × 9 = 81

e) 6 × ____ = 54

f) ____ × 8 = 40

g) 9 × ____ = 63

h) ____ × 7 = 49

i) 10 × ____ = 90

j) ____ × 8 = 56

k) 10 × ____ = 80

l) ____ × 8 = 24

2 Complete os quadros.

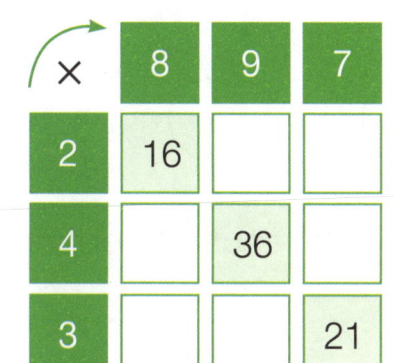

×	8	9	7
2	16		
4		36	
3			21

×	7	9	8
5			40
6		54	
9	63		

cento e noventa e um 191

3 Observe as fichas abaixo e complete as frases com os números correspondentes.

56   28   14   35

Calculadora quebrada
Neste jogo, em cada desafio, você terá de obter o número em destaque com o auxílio de uma calculadora com defeito.

a) Quatro semanas é equivalente a _____ dias.

b) Em um galão há 7 litros de água; assim, em 2 galões teremos _____ litros de água.

c) Se uma caixa de maçãs tem 7 quilogramas, em 8 caixas haverá _____ quilogramas de maçãs.

d) Cada aresta de um cubo mede 7 centímetros. Se empilharmos 5 desses cubos, a pilha ficará com _____ centímetros de altura.

4 Descubra a regra e complete a sequência.

0   8   16   24   ◯   ◯   ◯   ◯   ◯   ◯

5 Adicione os algarismos da dezena e da unidade em cada número: 18 27 36 45 54 63 72 81 90

a) 1 + 8 = _____   d) 4 + 5 = _____   g) 7 + 2 = _____
b) 2 + 7 = _____   e) 5 + 4 = _____   h) 8 + 1 = _____
c) 3 + 6 = _____   f) 6 + 3 = _____   i) 9 + 0 = _____

O que você observou? _____

6 Descubra a regra e continue a sequência.

0   9   18   ◯   ◯   ◯   ◯   ◯   ◯   ◯

7 Pedro pensou em um número e o multiplicou por 7. O resultado obtido foi 70. Em que número Pedro pensou?

_____

8 Complete.

a) 4 × _____ = 28
b) 8 × _____ = 72
c) 6 × _____ = 54
d) _____ × 8 = 40
e) 5 × _____ = 45
f) _____ × 8 = 32
g) 9 × _____ = 63
h) 10 × _____ = 70
i) _____ × 8 = 64

9 Calcule.

a) 5 × 6

b) 4 × 6

c) 7 × 8

d) 9 × 8

e) 9 × 6

f) 8 × 6

g) 4 × 9

h) 3 × 7

10 Complete o quadro ao lado.

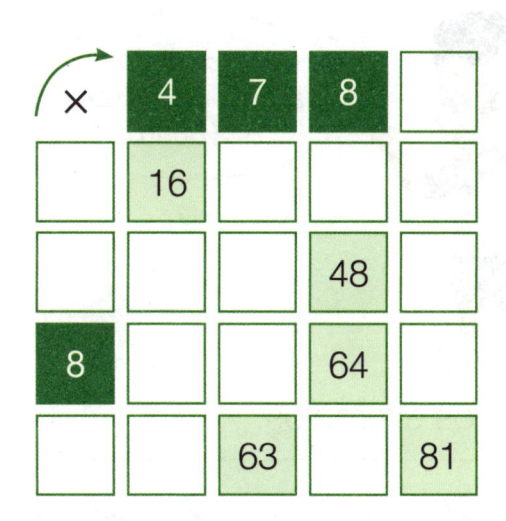

×	4	7	8	
	16			
			48	
8			64	
		63		81

11 Observe o exemplo e, depois, determine o produto em cada caso. Use uma calculadora.

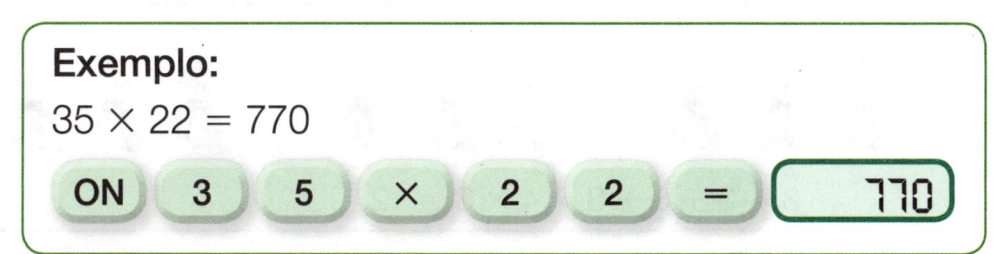

Exemplo:
35 × 22 = 770

ON 3 5 × 2 2 = 770

a) 54 × 32 = _____
b) 63 × 45 = _____
c) 80 × 90 = _____

5 Ordem e associação de fatores

🎓 Aprendendo

1 Observe a disposição dos carrinhos nos dois quadros.

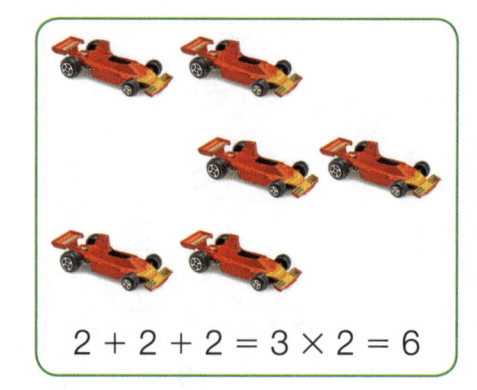

3 + 3 = 2 × 3 = 6

2 + 2 + 2 = 3 × 2 = 6

> Na multiplicação, quando trocamos a ordem dos fatores, o produto não se altera.

A ordem dos fatores não altera o produto.

2 × 3 = 3 × 2 = 6

Nesse caso, os fatores são 2 e 3, e o produto é 6.

Observe outros exemplos.

4 + 4 + 4 = 3 × 4 = 12

3 + 3 + 3 + 3 = 4 × 3 = 12

Note que: 3 × 4 = 4 × 3

194 cento e noventa e quatro

Em uma multiplicação com **3 fatores**, podemos agrupá-los de maneiras diferentes, e o resultado não se altera.

Observe.

(3 × 2) × 5   3 × (2 × 5)
  6   × 5 = 30   3 × 10 = 30

Praticando

1 Resolva as multiplicações, trocando a ordem dos fatores, conforme o exemplo.

Exemplo:
3 × 8 = 24 ou 8 × 3 = 24

a) 5 × 7 = _____ ou _____ × _____ = _____

b) 6 × 9 = _____ ou _____ × _____ = _____

2 Bruno distribuiu as 12 tampinhas que possui de duas maneiras diferentes. Veja ao lado.

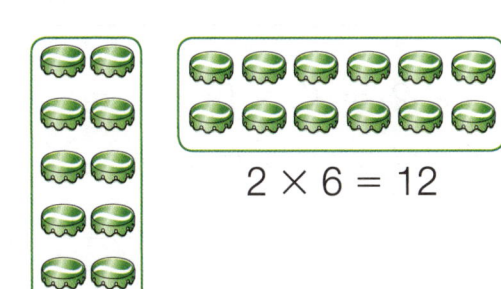

2 × 6 = 12

6 × 2 = 12

- Desenhe duas outras maneiras de distribuí-las de modo que o produto do número de linhas pelo número de colunas seja 12.

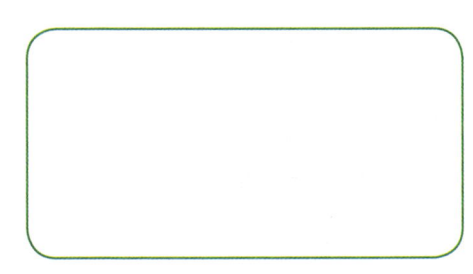

3 × 4 = _____   4 × 3 = _____

cento e noventa e cinco **195**

3 Complete.

a) 6 × 4 = 4 × ___
b) 3 × 6 = ___ × 3
c) 26 × 0 = ___ × 26
d) 8 × 1 = 1 × ___
e) 3 × 7 = ___ × 3
f) 8 × 9 = ___ × 8
g) 9 × 5 = 5 × ___
h) 0 × 5 = ___ × 0
i) 7 × 4 = 4 × ___

4 Calcule e complete.

a) 4 × (2 × 3) =

___ × ___ = ___

b) 3 × (2 × 4) =

___ × ___ = ___

5 Observe o exemplo e efetue as multiplicações abaixo.

Exemplo:
2 × 3 × 4 = (2 × 3) × 4 = 6 × 4 = 24
2 × 3 × 4 = 2 × (3 × 4) = 2 × 12 = 24

a) 3 × 5 × 2 = (3 × 5) × 2 = ___ × ___ = ___

3 × 5 × 2 = 3 × (5 × 2) = ___ × ___ = ___

b) 8 × 2 × 1 = (8 × 2) × 1 = ___ × ___ = ___

8 × 2 × 1 = 8 × (2 × 1) = ___ × ___ = ___

- O que você verificou? _____

6 Complete.

a) 5 × ___ × 2 = 20
b) ___ × 3 × 4 = 36
c) 5 × 1 × ___ = 35
d) 9 × ___ × 6 = 54
e) ___ × 3 × 5 = 30
f) 3 × ___ × 5 = 45

6 Problemas de multiplicação

Aprendendo

◆ Em um saco cabem 9 bolas. Quantas bolas poderão ser colocadas em 7 sacos iguais a esse?

7 × 9 = 63   ou

$$\begin{array}{r} 9 \\ \times\ 7 \\ \hline 6\ 3 \end{array}$$

Poderão ser colocadas 63 bolas.

Praticando

1 Uma embalagem tem 3 bolas de tênis. Quantas bolas terão 6 embalagens iguais a essa?

Terão _____ bolas.

2 Bruno tem 4 caixas de carrinhos. Cada caixa tem 6 carrinhos. Quantos carrinhos ele tem?

Bruno tem _____ carrinhos.

3 Invente um problema que envolva multiplicação. Depois, troque seu problema com o de um colega e resolva o que ele criou.

_____

_____

_____

cento e noventa e sete **197**

7 Multiplicação sem reagrupamento

Aprendendo

1. Mário repartiu igualmente suas bolinhas de gude em duas caixas, colocando 123 bolinhas em cada uma. Observe.

123   123

Total de bolinhas de gude:
$$\begin{cases} 123 + 123 = 246 \\ \text{ou} \\ 2 \times 123 = 246 \end{cases}$$

Para efetuar essa operação, multiplicamos unidades por unidades, unidades por dezenas e unidades por centenas.

```
 C  D  U
 1  2  3
×       2
---------
 2  4  6
```

Observe outros exemplos.

```
 C  D  U           C  D  U           C  D  U
    1  4              3  3              2  2
×      2           ×     3           ×     4
---------          ---------         ---------
    2  8              9  9              8  8
```

198 cento e noventa e oito

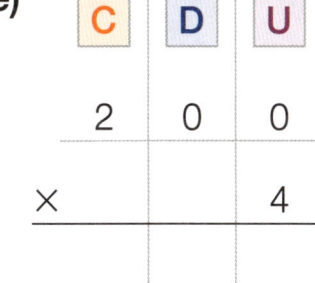

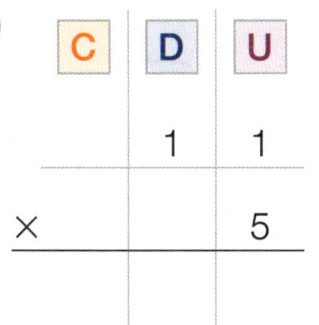

Antes de iniciar as atividades, observe as multiplicações abaixo.

C	D	U
	3	1
×		6
1	8	6

C	D	U
2	4	3
×		2
4	8	6

C	D	U
1	2	1
×		4
4	8	4

C	D	U
3	0	4
×		2
6	0	8

C	D	U
2	3	0
×		3
6	9	0

C	D	U
4	0	0
×		2
8	0	0

Praticando

1 Efetue as seguintes multiplicações.

a)
C	D	U
	3	4
×		2

c)
C	D	U
3	3	0
×		3

e)
C	D	U
2	0	0
×		4

b)
C	D	U
	1	1
×		5

d)
C	D	U
1	0	2
×		3

f)
C	D	U
3	4	2
×		2

cento e noventa e nove

2 Determine o resultado das multiplicações a seguir.

a) 43
   × 2
   ___

b) 32
   × 3
   ___

c) 210
   × 4
   ___

d) 133
   × 3
   ___

e) 301
   × 3
   ___

f) 101
   × 4
   ___

g) 200
   × 3
   ___

h) 342
   × 2
   ___

i) 203
   × 3
   ___

3 Arme e efetue estas multiplicações.

a) 3 × 130 = _____

b) 3 × 232 = _____

c) 2 × 204 = _____

C	D	U
×		

C	D	U
×		

C	D	U
×		

4 Complete.

a) 3 ☐ ☐
   ×   3
   _____
   ☐ 0 6

b) ☐ 1 2
   ×   ☐
   _____
   9 ☐ 6

c) ☐ 3 ☐
   ×   3
   _____
   3 ☐ 3

8 Multiplicação com reagrupamento

Aprendendo

1 Vamos analisar mais algumas situações que envolvem multiplicações.

Tia Lúcia comprou 3 embalagens com 18 fraldas em cada uma.

- Quantas fraldas ela comprou ao todo?

Para resolver esse problema, podemos fazer 18 + 18 + 18, que corresponde a 3 × 18.

Veja como Bruno calculou 3 × 18, usando o **material dourado**.

Para obter o número 18, usei 1 barrinha e 8 cubinhos do material dourado.

18

Depois, representei 3 vezes essa quantidade.

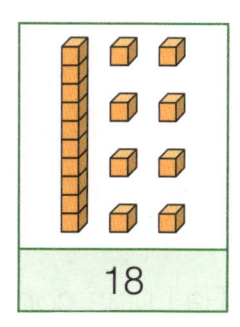

18   18   18

duzentos e um **201**

"Então, juntei essas quantidades."

"Troquei 20 unidades por 2 dezenas."

18 + 18 + 18 = 3 × 18

"E obtive 5 dezenas e 4 unidades. Portanto, 3 × 18 = 54."

3 × 18 = 54

Isabela calculou a quantidade de fraldas usando o **algoritmo usual**. Veja como ela fez.

D	U
2	
1	8
×	3
	4

"3 vezes 8 unidades são 24 unidades. 24 unidades é o mesmo que 2 dezenas e 4 unidades."

D	U
2	
1	8
×	3
5	4

"3 vezes 1 dezena são 3 dezenas. 3 dezenas mais 2 dezenas é igual a 5 dezenas."

Portanto, Tia Lúcia comprou 54 fraldas.

202 duzentos e dois

1. Luciana fez docinhos e organizou-os em 2 bandejas, colocando 136 docinhos em cada uma.

- Quantos docinhos ela fez ao todo?

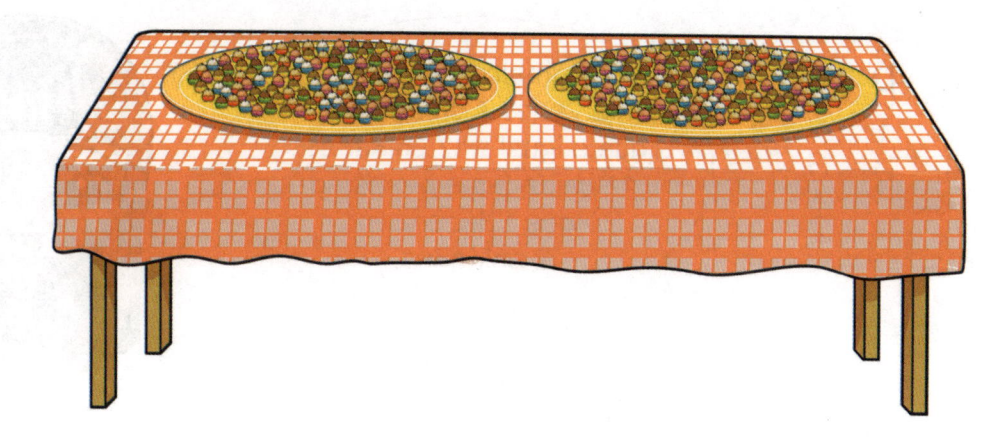

Para resolver esse problema, podemos fazer 136 + 136, que corresponde a 2 × 136.

Mário calculou 2 × 136 **por decomposição**. Veja como ele fez.

Primeiro, decompus o 136:
136 = 100 + 30 + 6

Multipliquei 2 por 6, 2 por 30 e, depois, 2 por 100. Por último, fiz a adição:
12 + 60 + 200 = 272

$$\begin{array}{r} 100 + 30 + 6 \\ \times \qquad\qquad 2 \\ \hline 12 \quad \blacktriangleleft 2 \times 6 \\ +\qquad 60 \quad \blacktriangleleft 2 \times 30 \\ 200 \quad \blacktriangleleft 2 \times 100 \\ \hline 272 \end{array}$$

duzentos e três

Iaci calculou 2 × 136 usando o algoritmo usual. Acompanhe o procedimento dela.

C	D	U
	1	
1	3	6
×		2
		2

Primeiro, calculei 2 vezes 6 unidades, que é igual a 12 unidades. 12 unidades é o mesmo que 1 dezena e 2 unidades.

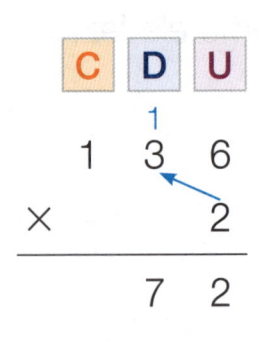

C	D	U
	1	
1	3	6
×		2
	7	2

Depois, calculei 2 vezes 3 dezenas, que é igual a 6 dezenas. 6 dezenas mais 1 dezena é igual a 7 dezenas.

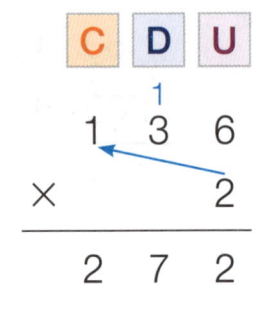

C	D	U
	1	
1	3	6
×		2
2	7	2

Por último, calculei 2 vezes 1 centena, que é igual a 2 centenas.

Portanto, Luciana fez, ao todo, 272 docinhos.

Observe as multiplicações a seguir.

- Acrescentando 1 dezena na ordem das dezenas.

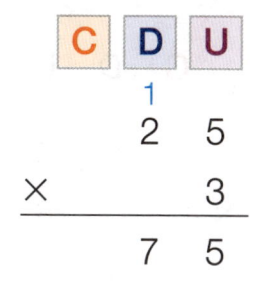

C	D	U
	1	
	2	5
×		3
	7	5

C	D	U
	1	
	4	3
×		4
1	7	2

C	D	U
	1	
	7	2
×		5
3	6	0

- Acrescentando 2 dezenas ou mais na ordem das dezenas.

C	D	U
	2	
	3	5
×		5
1	7	5

C	D	U
	2	
	5	4
×		7
3	7	8

C	D	U
	4	
	7	5
×		8
6	0	0

- Acréscimo na ordem das centenas.

C	D	U
1		
1	3	2
×		4
5	2	8

C	D	U
3		
1	6	1
×		6
9	6	6

C	D	U
2		
1	8	3
×		3
5	4	9

- Acréscimo na ordem das dezenas e na ordem das centenas.

C	D	U
2	1	
2	7	5
×		3
8	2	5

C	D	U
3	2	
1	8	5
×		4
7	4	0

C	D	U
1	1	
4	5	6
×		2
9	1	2

duzentos e cinco 205

Preste muita atenção às multiplicações que apresentam zero na ordem das dezenas ou das unidades.

Observe.

C	D	U
	4	
1	8	0
×		5
9	0	0

C	D	U
	2	
2	0	8
×		3
6	2	4

C	D	U
	7	
1	0	9
×		8
8	7	2

Praticando

1 Efetue as multiplicações.

a)
C	D	U
	2	4
×		4

b)
C	D	U
	4	6
×		3

c)
C	D	U
	8	2
×		5

d)
C	D	U
	1	6
×		6

e)
C	D	U
	3	4
×		7

f)
C	D	U
	2	5
×		9

g)
C	D	U
2	5	3
×		3

h)
C	D	U
1	4	1
×		6

i)
C	D	U
1	9	2
×		4

duzentos e seis

2 Arme e efetue as multiplicações.

a) 3 × 260

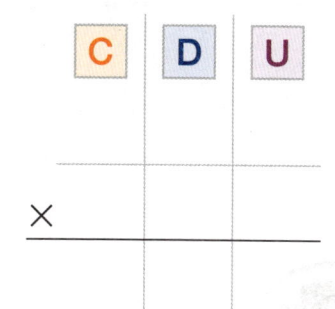

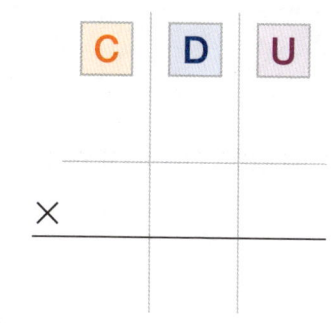

d) 4 × 242

g) 2 × 489

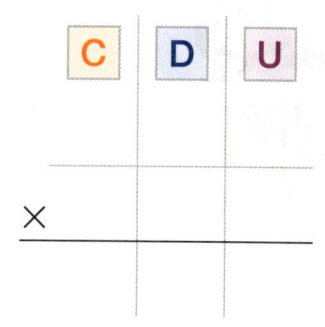

b) 4 × 246

e) 5 × 178

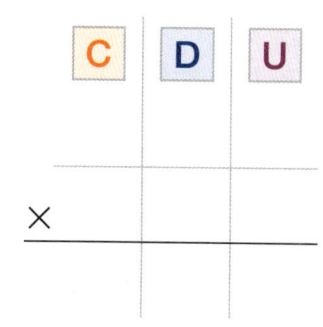

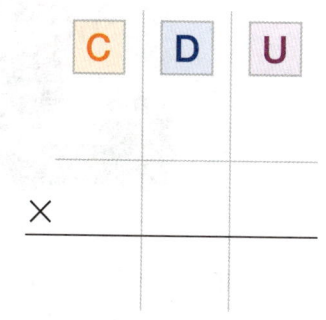

h) 3 × 296

c) 9 × 103

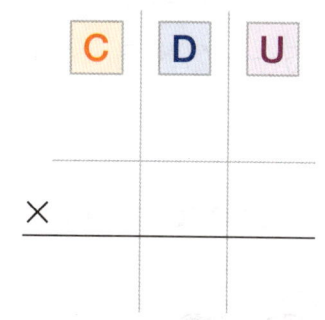

f) 4 × 170

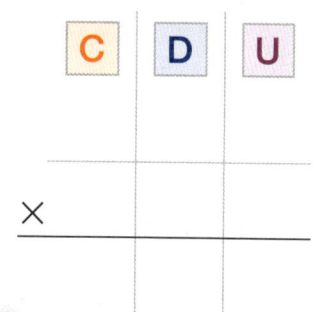

i) 9 × 106

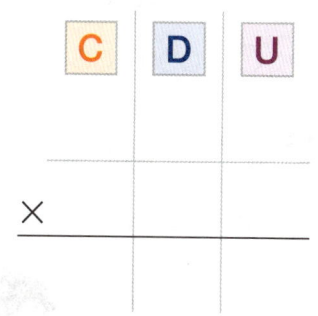

3 Efetue as multiplicações.

a) 　3 4
　× 　7

b) 　1 4 6
　×　　 5

c) 　4 2
　×　 9

d) 　2 0 9
　×　　 3

e) 　1 5 6
　×　　 6

f) 　1 6 0
　×　　 3

duzentos e sete **207**

9 O dobro e o triplo

Aprendendo

1 Ana tem 1 boneca.

Isabela tem o **dobro** do número de bonecas de Ana. Isabela tem 2 bonecas.

Ana

Isabela

Para determinar o **dobro** de um número, devemos multiplicar esse número por **2**.

O dobro de 1 → 2 × 1 = 2

O dobro de 3 → 2 × 3 = 6

O dobro de 2 → 2 × 2 = 4

O dobro de 5 → 2 × 5 = 10

2 Mário tem 2 carrinhos.

Bruno tem o **triplo** do número de carrinhos de Mário. Bruno tem 6 carrinhos.

Mário

Bruno

Para determinar o **triplo** de um número, devemos multiplicar esse número por **3**.

O triplo de 1 → 3 × 1 = 3

O triplo de 3 → 3 × 3 = 9

O triplo de 2 → 3 × 2 = 6

O triplo de 5 → 3 × 5 = 15

Praticando

1 Observe e complete.

a)

$2 \times$ _____ $=$ _____

O dobro de 8 é _____.

b)

$3 \times$ _____ $=$ _____

O triplo de 5 é _____.

2 Complete.

a) O dobro de 4 é _____.

b) O dobro de 7 é _____.

c) O dobro de 10 é _____.

d) O dobro de 15 é _____.

e) O triplo de 6 é _____.

f) O triplo de 8 é _____.

g) O triplo de 10 é _____.

h) O triplo de 15 é _____.

3 Registre o dobro e o triplo das quantias abaixo.

a) ▶ O dobro = 10 centavos ▶ O triplo = _____

b) ▶ O dobro = _____ ▶ O triplo = _____

c) ▶ O dobro = _____ ▶ O triplo = _____

duzentos e nove **209**

4 Bruno tem 120 reais. Mário tem o dobro dessa quantia. Quantos reais tem Mário?

Mário tem _____ reais.

5 Uma perua transporta 12 passageiros. Um ônibus leva o triplo dessa quantidade de passageiros. Quantos passageiros o ônibus leva?

O ônibus leva _____ passageiros.

6 Ana foi ao *shopping* comprar um lanche para ela e para seus pais. O atendente informou que o valor de um combo (lanche + suco) era de 24 reais. Ela pediu o triplo dessa quantidade de combos. Qual o valor total pago por Ana pelos combos?

Ana pagou _____ reais pelos combos.

7 Lucas tem 15 selos. Isabela tem o dobro de selos de Lucas, e Iaci, o triplo de selos de Isabela. Quantos selos têm os três juntos?

Os três juntos têm _____ selos.

10 Multiplicação por 10 e por 100

🎓 Aprendendo

1. Observe as figuras.

2 × 10 = 20

3 × 10 = 30

4 × 10 = 40

Note que:

> Para multiplicar um número natural por 10, basta acrescentar um zero à sua direita.

> Para multiplicar um número natural por 100, basta acrescentar dois zeros à sua direita.

Veja os exemplos.

5 × 100 = 500   7 × 100 = 700
6 × 100 = 600   8 × 100 = 800

duzentos e onze 211

Praticando

1 Calcule.

a) 7 × 10 = _____

b) 9 × 10 = _____

c) 13 × 10 = _____

d) 67 × 10 = _____

e) 40 × 10 = _____

f) 72 × 10 = _____

g) 80 × 10 = _____

h) 95 × 10 = _____

i) 99 × 10 = _____

2 Calcule.

a) 2 × 100 = _____

b) 3 × 100 = _____

c) 4 × 100 = _____

d) 1 × 100 = _____

e) 8 × 100 = _____

f) 9 × 100 = _____

3 Calcule mentalmente e registre o resultado.

a) 2 × 10 = _____

b) 3 × 10 = _____

c) 5 × 10 = _____

d) 4 × 10 = _____

e) 6 × 10 = _____

f) 8 × 10 = _____

g) 12 × 10 = _____

h) 23 × 10 = _____

i) 54 × 10 = _____

4 Um padeiro encheu 7 cestos de pães. Em cada cesto, colocou 100 pães. Quantos pães o padeiro fez para encher os cestos?

O padeiro fez _____ pães.

11 Multiplicação por 20, por 30, por 40, ...

Aprendendo

1 Observe as multiplicações.

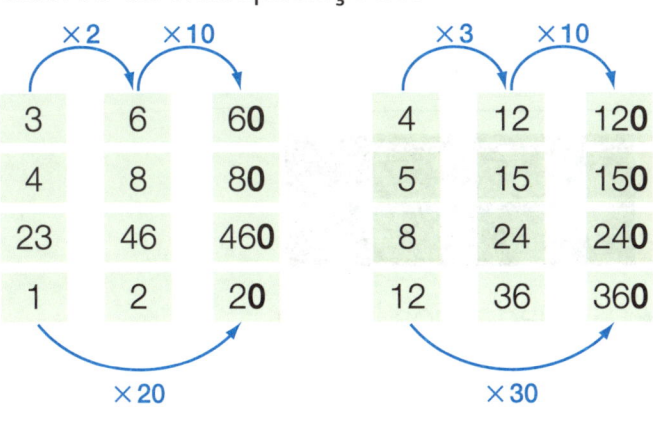

×2	×10
3	6	60
4	8	80
23	46	460
1	2	20

×20

×3	×10
4	12	120
5	15	150
8	24	240
12	36	360

×30

Para multiplicar por 20, 30, 40, ..., basta multiplicar por 2, 3, 4, ..., e acrescentar um zero à sua direita.

Praticando

1 Em uma bandeja cabem 50 doces. Quantos doces cabem em 8 bandejas iguais a essa?

Cabem _____ doces.

2 Calcule mentalmente e registre o resultado.

a) 3 × 20 = _____   d) 4 × 20 = _____   g) 9 × 20 = _____

b) 3 × 30 = _____   e) 5 × 30 = _____   h) 7 × 30 = _____

c) 3 × 40 = _____   f) 6 × 40 = _____   i) 8 × 40 = _____

3 Calcule mentalmente e registre o resultado.

×	10	20	30	40	50	60	70	80	90
8				320					

duzentos e treze **213**

12 Multiplicação de um número por uma adição

Aprendendo

Observe a figura abaixo.

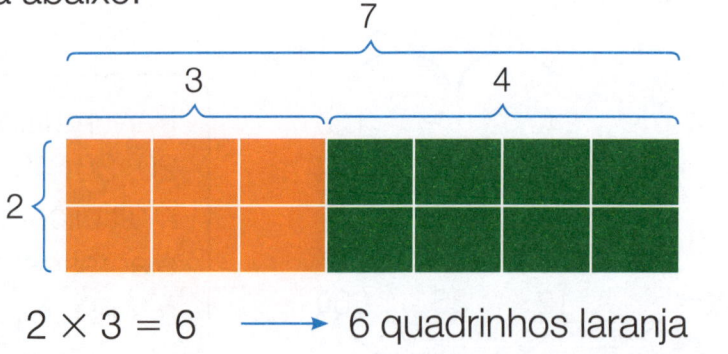

2 × 3 = 6 → 6 quadrinhos laranja
2 × 4 = 8 → 8 quadrinhos verdes
2 × 7 = 14 → 14 quadrinhos coloridos

Temos ao todo:

2 × 3 + 2 × 4 = 6 + 8 = 14 → 14 quadrinhos coloridos

Ou, apenas:

2 × (3 + 4) = 2 × 7 = 14

Veja este outro exemplo.

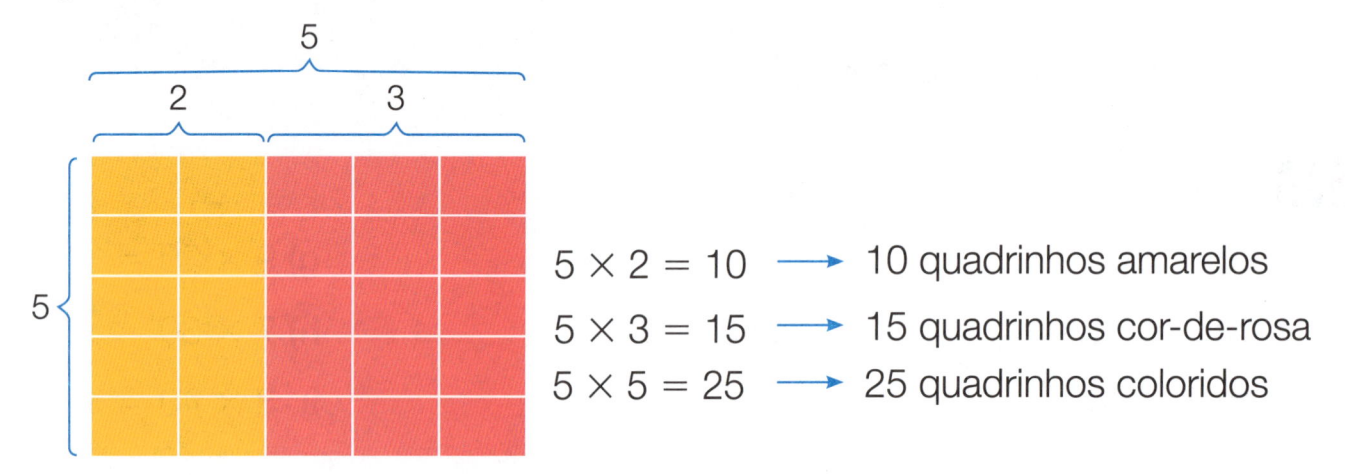

5 × 2 = 10 → 10 quadrinhos amarelos
5 × 3 = 15 → 15 quadrinhos cor-de-rosa
5 × 5 = 25 → 25 quadrinhos coloridos

Ao todo são:

5 × 2 + 5 × 3 = 10 + 15 = 25 → 25 quadrinhos coloridos

Ou, apenas:

5 × (2 + 3) = 5 × 5 = 25

214 duzentos e catorze

Praticando

1 Observe e complete.

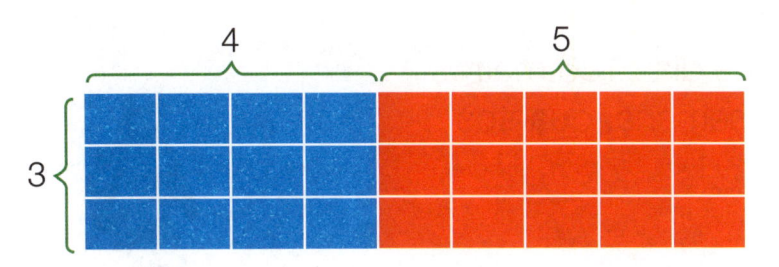

a) Quadrinhos azuis ▶ _____ × _____ = _____

b) Quadrinhos vermelhos ▶ _____ × _____ = _____

c) Total de quadrinhos coloridos ▶

_____ × _____ + _____ × _____ = _____ + _____ = _____

2 Observe o exemplo e faça os cálculos, completando os espaços.

Exemplo:
$6 \times (3 + 5) = 6 \times 8 = 48$

a) $5 \times (3 + 4) =$ _____ × _____ = _____

b) $7 \times (2 + 4) =$ _____ × _____ = _____

c) $9 \times (3 + 2) =$ _____ × _____ = _____

d) $8 \times (5 + 4) =$ _____ × _____ = _____

e) $3 \times (1 + 3) =$ _____ × _____ = _____

f) $2 \times (4 + 2) =$ _____ × _____ = _____

g) $7 \times (2 + 5) =$ _____ × _____ = _____

h) $6 \times (3 + 3) =$ _____ × _____ = _____

3 Continue os cálculos como no exemplo.

Exemplo:
$4 \times 10 + 4 \times 5 = 40 + 20 = 60$

a) $7 \times 10 + 7 \times 3 =$ _____ + _____ = _____

b) $9 \times 8 + 9 \times 4 =$ _____ + _____ = _____

c) $8 \times 5 + 8 \times 5 =$ _____ + _____ = _____

d) $6 \times 3 + 6 \times 8 =$ _____ + _____ = _____

duzentos e quinze

13 Outros problemas de multiplicação

🎓 Aprendendo

Um esquiador percorre todos os dias 136 metros de uma pista. Ao final de uma semana, quantos metros ele terá percorrido?

7 × 136 = 952

```
  2 4
  1 3 6
×     7
-------
  9 5 2
```

Ao final de uma semana, ele terá percorrido 952 metros.

✏️ Praticando

1 Um auditório é formado por 12 filas de 9 cadeiras cada uma. Quantas cadeiras tem esse auditório?

Esse auditório tem _____ cadeiras.

2 Um supermercado recebeu 245 caixas com 6 copos de iogurte em cada uma. Qual é o número total de copos de iogurte?

O número total de copos de iogurte é _____.

14 Problemas de adição, subtração e multiplicação

Aprendendo

1) Para uma festa junina, cada uma das 5 turmas de 3º ano do período da manhã confeccionou 124 convites, e cada uma das 2 turmas de 3º ano do período da tarde confeccionou 184 convites. Ao todo, quantos convites foram confeccionados pelos alunos de 3º ano?

$$5 \times 124 + 2 \times 184 =$$
$$= 620 + 368 =$$
$$= 988$$

```
  1 2            1
  1 2 4        1 8 4          6 2 0
×     5      ×     2        + 3 6 8
  6 2 0        3 6 8          9 8 8
```

Ao todo, foram confeccionados 988 convites.

Praticando

1) Em uma festa escolar, foram vendidas 30 camisetas, ao preço de 10 reais cada uma, e 48 bonés, ao preço de 5 reais cada um. Qual foi o total arrecadado?

O total arrecadado foi _____ reais.

2) Um trem é composto de 8 vagões, cada um deles com 76 lugares. Há 116 lugares desocupados. Determine o número total de lugares ocupados.

O número total de lugares ocupados é _____.

duzentos e dezessete **217**

Tratando a informação
Construir árvore de possibilidades

1 Para participar de um campeonato, um time teve de escolher o uniforme. Para a composição desse uniforme, havia, como opção, dois tipos de calção e dois de camiseta.

a) Complete com as possibilidades de composição do uniforme.

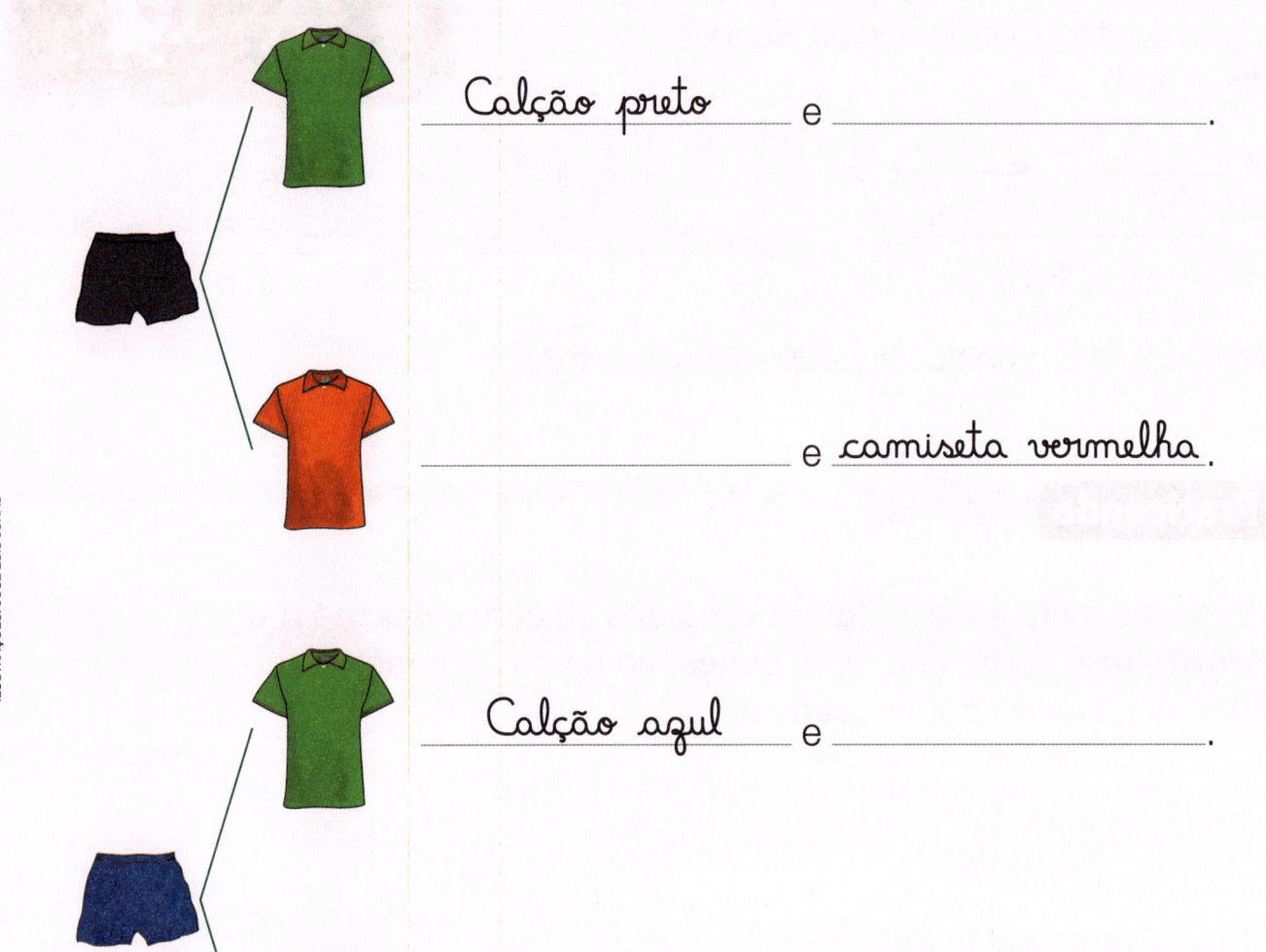

Calção preto e _____.

_____ e _camiseta vermelha_.

Calção azul e _____.

_____ e _____.

b) Quantas são as possibilidades de composição do uniforme?

_____

Combinando possibilidades
Nesta atividade, você terá de combinar objetos e analisar árvores de possibilidades.

2 Iaci vai confeccionar a capa do trabalho escolar que fez sobre animais em extinção. Ela pretende colocar a fotografia de um animal sobre um fundo colorido. Para isso, vai escolher entre três opções de fotografia (mico-leão-dourado, arara-azul ou tucano) e duas opções de cor para o fundo colorido (verde ou amarela).

Mico-leão-dourado.   Arara-azul.   Tucano.

a) Complete a árvore de possibilidades com as diferentes composições de capas que Iaci pode confeccionar.

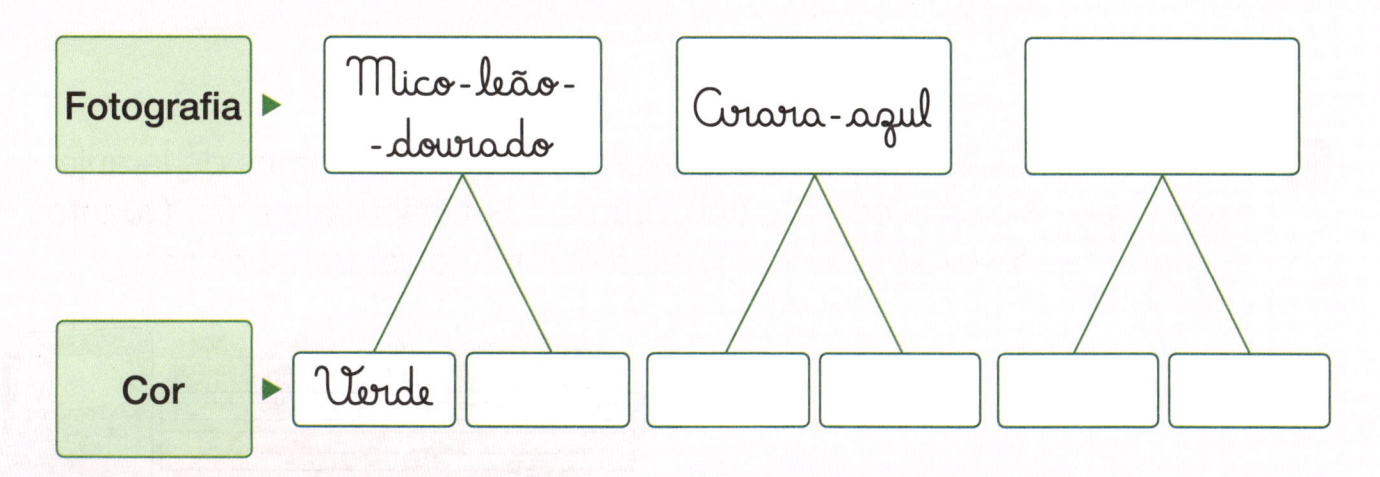

Fotografia ▶ Mico-leão-dourado   Arara-azul   ☐

Cor ▶ Verde ☐   ☐ ☐   ☐ ☐

b) Para essa situação, escreva uma multiplicação que tenha como resultado o número de capas diferentes que Iaci pode confeccionar.

Praticando mais

1. Para o lançamento de um automóvel, uma revendedora encomendou 100 dezenas de miniaturas desse carro. Quantas miniaturas foram encomendadas?

   Foram encomendadas _____ miniaturas.

2. Luís recebeu 500 figurinhas para distribuir entre 26 crianças. Deu 9 a cada criança. Quantas figurinhas sobraram?

   Sobraram _____ figurinhas.

3. Um caminhão vai transportar 2 caixas com 42 quilogramas de laranja cada uma e 3 caixas com 31 quilogramas de limão cada uma. Quantos quilogramas de laranja, ao todo, esse caminhão vai transportar?

   O caminhão vai transportar _____ quilogramas de laranja.

4. Observe o pictograma abaixo, que representa o número de camisetas vendidas em 3 lojas. Depois, responda.

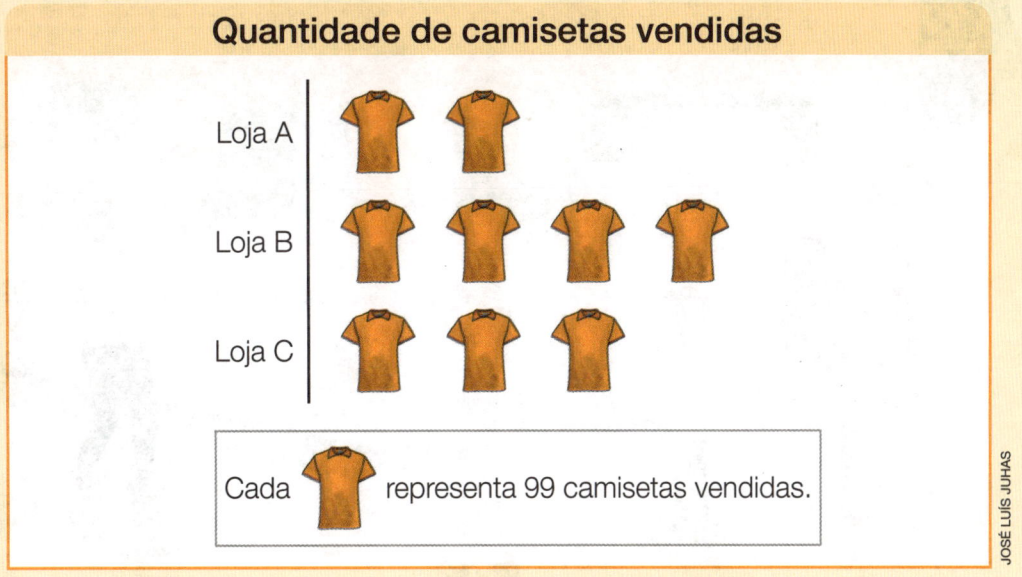

Quantidade de camisetas vendidas

Loja A: 🎽🎽
Loja B: 🎽🎽🎽🎽
Loja C: 🎽🎽🎽

Cada 🎽 representa 99 camisetas vendidas.

Dados obtidos pelo gerente das lojas, em 2019.

Quantas camisetas foram vendidas nas 3 lojas no total?

Foram vendidas _____ camisetas.

Desafio

Veja, no quadro a seguir, os produtos que Márcia comprou.

Produto	Preço por unidade
3 pacotes de café	5 reais
6 garrafas de água mineral	2 reais
7 latas de leite em pó	7 reais
9 pacotes de biscoito	3 reais

- Ela pagou o valor exato do total da compra, utilizando duas cédulas e uma moeda. Quais foram as cédulas e a moeda que Márcia utilizou?

duzentos e vinte e um 221

UNIDADE 9
Divisão

SALTE MENOS PARA GANHAR

INÍCIO

2 METROS

4 METROS

💬 Trocando ideias

1. Faça uma estimativa do comprimento do salto de cada criança.
2. Nesta pista cabem quantos saltos completos de um atleta cujos saltos têm 3 metros? E quantos saltos esse atleta precisa para percorrer totalmente a pista?
3. Qual criança ganhou a competição? Você achou essa competição justa?

duzentos e vinte e três 223

1 Os significados da divisão

Aprendendo

Repartir igualmente

1. Iaci deve repartir, igualmente, 12 nozes em 3 pratos. Quantas nozes ficarão em cada prato?

A divisão de 12 por 3 pode ser representada de algumas maneiras. Veja duas maneiras.

$$12 \div 3 = 4$$

```
 12 | 3
-12 | 4
  0
```

Portanto, ficarão 4 nozes em cada prato.

Observe os termos da divisão.

- **Dividendo** é o número que se divide.
- **Divisor** é o número pelo qual se divide.
- **Quociente** é o resultado da divisão.
- **Resto** é quanto sobra.

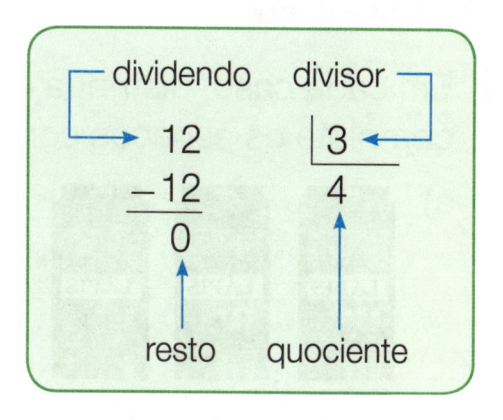

Quantas vezes uma quantidade cabe em outra

1. Isabela distribuiu 24 ovos em embalagens de 6 unidades cada uma. De quantas embalagens ela precisou?

A divisão de 24 por 6 pode ser representada assim:

$$24 \div 6 = 4$$

Portanto, Isabela precisou de 4 embalagens.

Esse exemplo nos passa a ideia de quantos grupos com a mesma quantidade de elementos podem ser obtidos de um total conhecido.

duzentos e vinte e cinco

Praticando

1 Em cada caso, distribua os lápis, igualmente, entre as 3 caixas. Depois, complete os espaços com a quantidade de lápis que ficará em cada caixa.

a) _____ lápis

b) _____ lápis

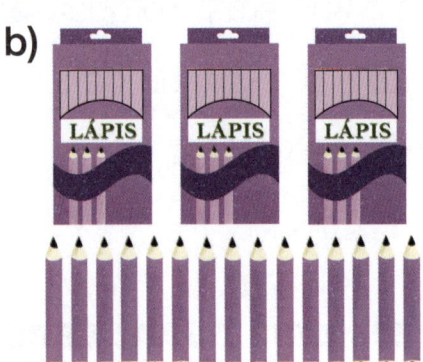

2 Complete.

a) 4 ÷ 2 = _____

b) 6 ÷ 2 = _____

c) _____ ÷ 2 = 4

d) 18 ÷ 2 = _____

e) _____ ÷ 2 = 10

f) 3 ÷ 3 = _____

g) _____ ÷ 3 = 5

h) 18 ÷ 3 = _____

i) 24 ÷ 3 = _____

3 Quantas vasilhas com 4 litros de água são necessárias para encher um galão de 24 litros?

São necessárias _____ vasilhas.

4 Observe a reta numérica para ver quantas vezes 3 cabe em 12.

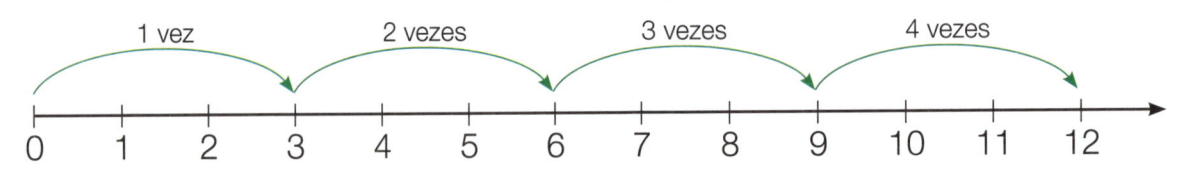

O 3 cabe 4 vezes em 12.

- Agora é com você! Quantas vezes 4 cabe em 20?

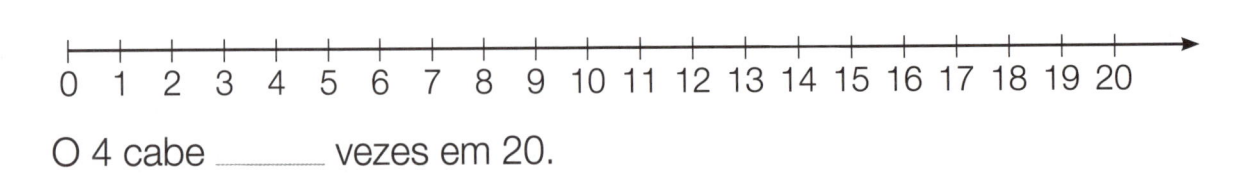

O 4 cabe _____ vezes em 20.

226 duzentos e vinte e seis

2 — Divisão exata e divisão não exata

🎓 Aprendendo

1 Ana distribuiu igualmente 15 rosas em 3 vasos. Observe.

```
  1 5 | 3
- 1 5   5
  ─────
    0  ←──── resto
```

Em cada vaso, foram colocadas 5 rosas. Não ficou rosa fora dos vasos.

Essa divisão é **exata**.

> Na divisão exata, o resto é zero.

Depois, Ana resolveu distribuir igualmente as 15 rosas em 4 vasos. Observe.

```
  1 5 | 4
- 1 2   3
  ─────
    3  ←──── resto
```

Em cada vaso foram colocadas 3 rosas. Sobraram 3 rosas.

Essa divisão é **não exata**.

> Na divisão não exata, o resto é diferente de zero.

Note que na divisão o resto é sempre **menor** que o divisor.

```
  6 | 2              2 6 | 3
- 6   3            - 2 4   8
  ───                ─────
  0  → 0 é menor que 2    2  → 2 é menor que 3
```

duzentos e vinte e sete 227

Observações

1. Um número é **par** quando o resto de sua divisão por 2 é **zero**.

   Exemplo: 18 | 2
                − 18   9   18 é par, pois o resto
                   0   é zero.

2. Um número é **ímpar** quando o resto de sua divisão por 2 é **1**.

   Exemplo: 13 | 2
                − 12   6   13 é ímpar, pois o resto é 1.
                   1

Sugestão de leitura

Bem-me-quer, mal-me-quer! Margarida par ou margarida ímpar?, de Atilio Bari.

Leia mais informações sobre esse livro na página 319.

Praticando

1 Efetue as divisões e cerque com uma linha as exatas, como no exemplo.

Exemplo: 28 | 4 −28 7 0 (circulado)	b) 21 | 3	d) 19 | 2
a) 17 | 2	c) 20 | 3	e) 27 | 3

2 Efetue as divisões e dê o quociente e o resto de cada uma delas.

a) 15 | 2	b) 28 | 3	c) 17 | 3
quociente: _____ resto: _____	quociente: _____ resto: _____	quociente: _____ resto: _____

3 Efetue as divisões e determine se cada dividendo é par ou ímpar.

a) 16 | 2

16 é _____.

b) 12 | 2

12 é _____.

c) 17 | 2

17 é _____.

4 Identifique os termos da divisão e responda.

```
  2 3 | 3
- 2 1   7
    2
```

- Essa divisão é exata ou não exata? Justifique sua resposta.

_____

5 Complete as divisões.

a) 12 ÷ 4 = _____

b) _____ ÷ 4 = 4

c) _____ ÷ 4 = 7

d) 10 ÷ 5 = _____

e) _____ ÷ 5 = 6

f) _____ ÷ 7 = 5

g) 81 ÷ 9 = _____

h) 24 ÷ 6 = _____

i) 36 ÷ 6 = _____

6 Efetue as divisões.

a) 20 | 4

b) 9 | 4

c) 18 | 5

d) 28 | 4

e) 30 | 5

f) 29 | 5

g) 45 | 5

h) 39 | 4

i) 47 | 5

duzentos e vinte e nove 229

7 Complete.

a) _____ ÷ 4 = 1   d) 42 ÷ 6 = _____   g) 40 ÷ 8 = _____

b) _____ ÷ 5 = 6   e) 48 ÷ 8 = _____   h) _____ ÷ 6 = 9

c) _____ ÷ 6 = 3   f) 40 ÷ 4 = _____   i) 50 ÷ _____ = 10

8 Efetue as divisões, observe os resultados e depois responda.

a) 2 0	4	c) 2 2	4	e) 2 4	4	g) 2 6	4
b) 2 1	4	d) 2 3	4	f) 2 5	4	h) 2 7	4

- Que restos foram encontrados nessas divisões por 4?

  _____

- Na divisão de um número por 5, quais são os restos possíveis? _____

9 Complete.

a) 7 ÷ 7 = _____   d) _____ ÷ 7 = 7   g) 70 ÷ 7 = _____

b) 48 ÷ 6 = _____   e) _____ ÷ 5 = 8   h) _____ ÷ 7 = 9

c) 32 ÷ 8 = _____   f) _____ ÷ 8 = 8   i) _____ ÷ 7 = 8

10 Lucas dividiu igualmente um número por 3. Que restos ele poderá encontrar nessa divisão? Por quê?

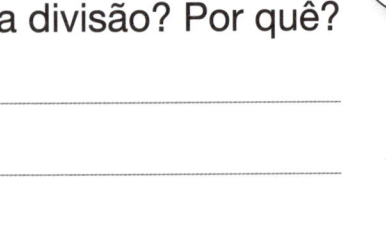

_____

_____

3 Algoritmo da divisão

🎓 Aprendendo

1 Uma fábrica de sabonetes distribuiu um lote de 84 unidades em 7 caixas.

- Quantas unidades foram colocadas em cada caixa?

    Para resolver esse problema, devemos fazer 84 ÷ 7.

    Bruno resolveu o problema fazendo a **divisão por estimativas**.

> Quantos 7 cabem em 84?
> Estimei que coubessem 10.
> 10 × 7 = 70
> Mas ainda faltam 14 para dividir por 7.

```
  8 4 | 7
- 7 0 |―――
―――――  1 0
  1 4 |
```

> Então, quantos 7 cabem em 14? Com certeza 2, pois:
> 2 × 7 = 14
> O quociente da divisão é a soma dos quocientes parciais:
> 10 + 2 = 12

```
  8 4 | 7
- 7 0 |―――
―――――  1 0
  1 4 | +  2
- 1 4 |―――
―――――  1 2
    0 |
```

Em cada caixa foram colocados 12 sabonetes.

duzentos e trinta e um **231**

Veja como Iaci efetuou a divisão 84 ÷ 7 utilizando o **algoritmo usual**.

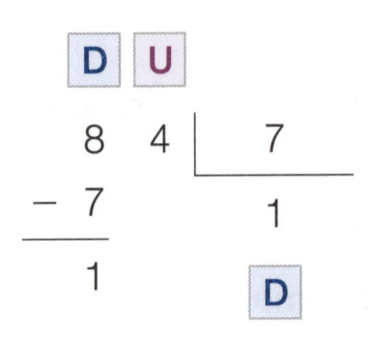

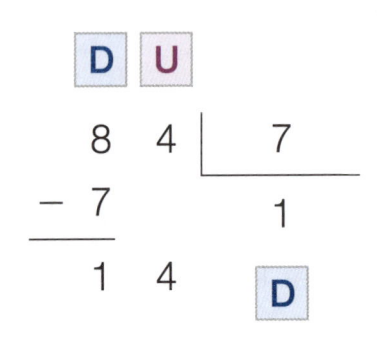

D	U
8	4	7
− 7		1
1		D

Dividi 8 dezenas por 7. Obtive 1 dezena, e restou 1 dezena.

D	U
8	4	7
− 7		1
1	4	D

1 dezena e 4 unidades formam 14 unidades.

D	U
8	4	7
− 7		1 2
1	4	D U
− 1	4
	0

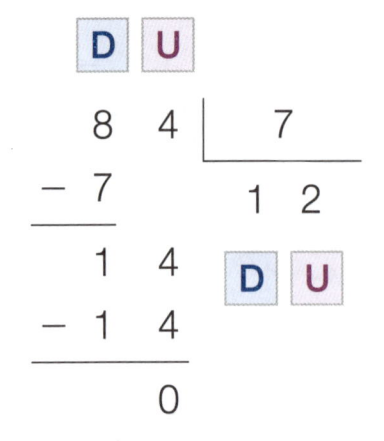

Dividi 14 unidades por 7. Obtive 2 unidades e resto zero.

O resultado da divisão de 84 por 7 é 12.

1 A avó de Mário vai distribuir 272 reais entre 2 pessoas.

- Quanto cada pessoa vai receber?

    Mário resolveu o problema fazendo a divisão com o algoritmo usual.

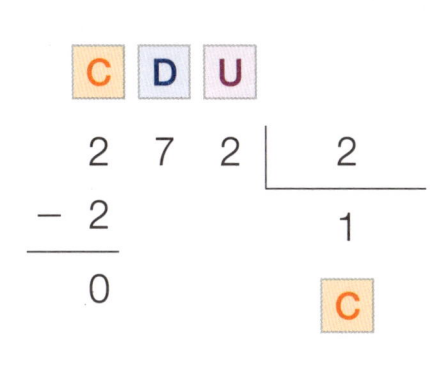

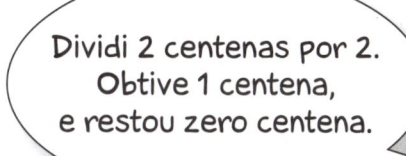

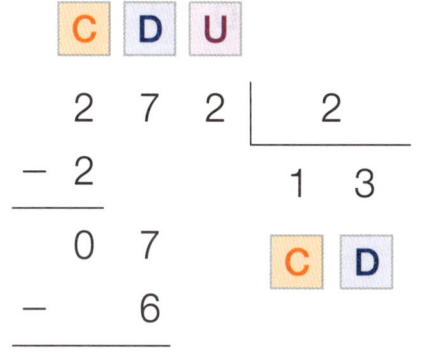

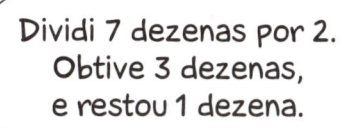

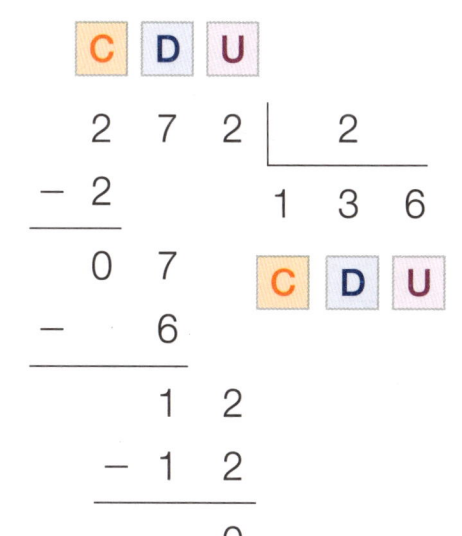

C	D	U

```
  2  7  2 | 2
 -2       | 1
  ─────     C
  0
```

"Dividi 2 centenas por 2. Obtive 1 centena, e restou zero centena."

C	D	U

```
  2  7  2 | 2
 -2       | 1 3
  ─────     C D
  0  7
    -6
  ─────
     1
```

"Dividi 7 dezenas por 2. Obtive 3 dezenas, e restou 1 dezena."

C	D	U

```
  2  7  2 | 2
 -2       | 1 3 6
  ─────     C D U
  0  7
    -6
  ─────
     1  2
    -1  2
  ─────
        0
```

"1 dezena e 2 unidades formam 12 unidades. Dividi 12 unidades por 2. Obtive 6 unidades e resto zero."

Cada pessoa vai receber 136 reais.

duzentos e trinta e três

1. A mãe de Ana comprou 184 morangos para fazer 8 tortas. Em cada torta, ela usará a mesma quantidade de morangos.

   • Quantos morangos a mãe de Ana usará em cada torta?

   Observe como Ana fez para descobrir a quantidade de morangos que ficará em cada torta.

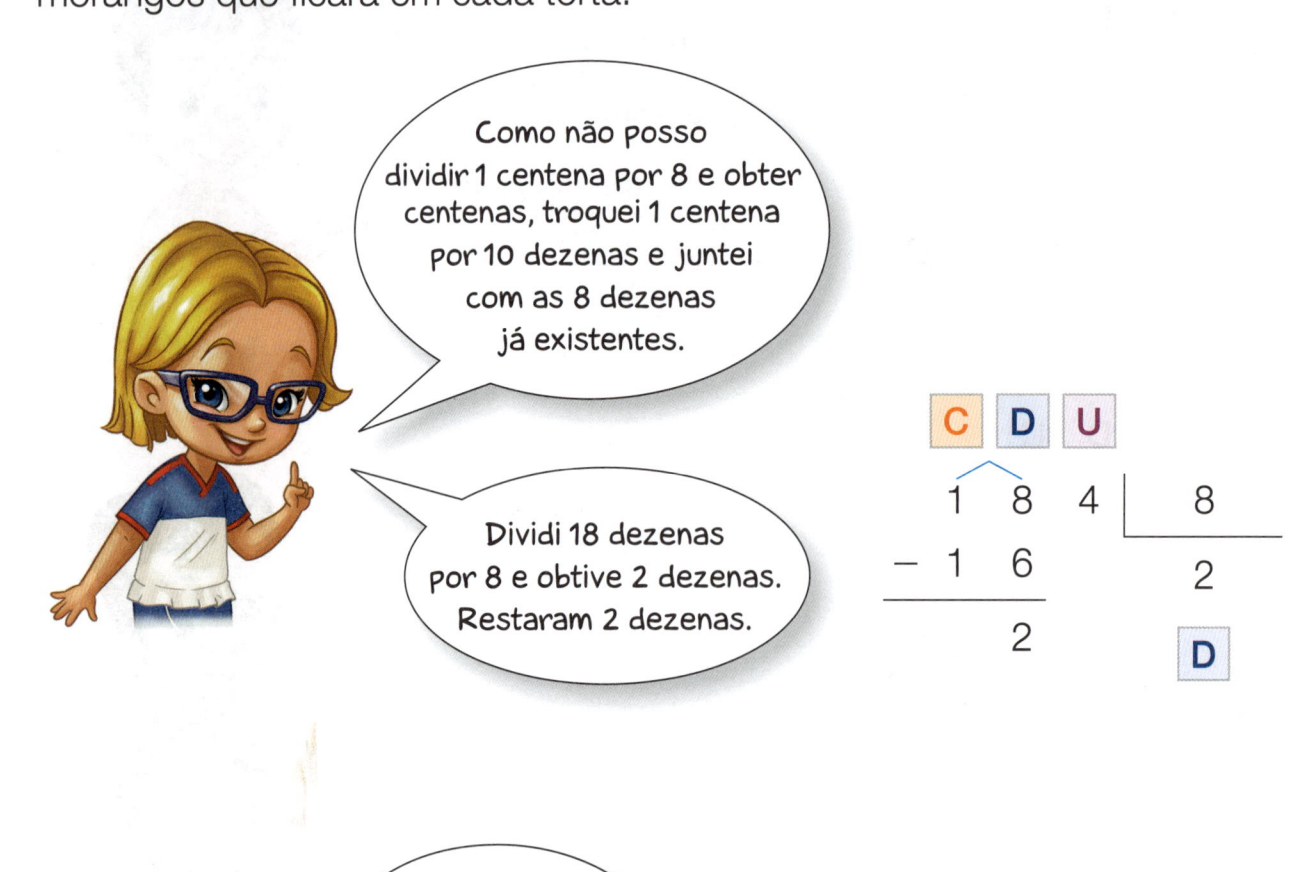

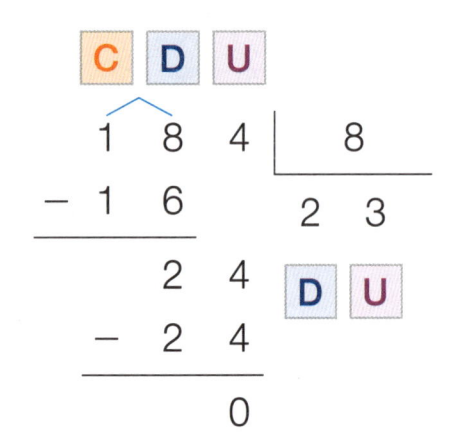

   Como não posso dividir 1 centena por 8 e obter centenas, troquei 1 centena por 10 dezenas e juntei com as 8 dezenas já existentes.

   Dividi 18 dezenas por 8 e obtive 2 dezenas. Restaram 2 dezenas.

   Troquei as 2 dezenas por 20 unidades e juntei com as 4 unidades já existentes.

   Então, dividi 24 unidades por 8 e obtive 3 unidades e resto zero.

   A mãe de Ana usará 23 morangos em cada torta.

Analise outros exemplos de divisão.

- $60 \div 6$

```
  6 0 | 6
- 6   | 1 0
  0 0
```

$6 \div 6 = 1$
$1 \times 6 = 6$
$6 - 6 = 0$

$0 \div 6 = 0$
$0 \times 6 = 0$
$0 - 0 = 0$

- $320 \div 4$

```
  3 2 0 | 4
- 3 2   | 8 0
    0 0
```

- $900 \div 3$

```
  9 0 0 | 3
- 9     | 3 0 0
  0 0 0
```

- $708 \div 5$

```
  7 0 8 | 5
- 5     | 1 4 1
  2 0
- 2 0
    0 8
-   5
    3
```

- $908 \div 3$

```
  9 0 8 | 3
- 9     | 3
  0
```

$9 \div 3 = 3$
$3 \times 3 = 9$
$9 - 9 = 0$

```
  9 0 8 | 3
- 9     | 3 0
  0 0
```

$0 \div 3 = 0$
$0 \times 3 = 0$
$0 - 0 = 0$

```
  9 0 8 | 3
- 9     | 3 0 2
  0 0 8
-     6
      2
```

$8 \div 3$ é aproximadamente igual a 2
$2 \times 3 = 6$
$8 - 6 = 2$

Praticando

1 Efetue as divisões.

a) 1 4 2	2	e) 1 5 8	5	i) 4 5 7	2

| b) 3 7 8 | 6 | f) 3 1 0 | 5 | j) 8 5 7 | 6 |

| c) 2 4 9 | 3 | g) 8 3 4 | 3 | k) 9 4 0 | 4 |

| d) 3 4 9 | 4 | h) 6 3 8 | 5 | l) 3 3 5 | 3 |

Resolvendo problemas

Isabela tem 12 bolinhas e quer dividi-las, igualmente, em grupos. Quantos grupos ela poderá formar de modo que não sobre nenhuma bolinha?

2 Efetue as divisões.

a) 6 0 0 |2__	d) 6 9 0 |3__	g) 4 0 8 |4__
b) 8 0 0 |5__	e) 3 6 0 |6__	h) 8 0 9 |3__
c) 4 0 6 |2__	f) 3 3 0 |6__	i) 8 0 5 |4__

3 Continue dividindo.

a) 9 0 9 |9__	c) 8 0 0 |8__	e) 3 5 0 |7__
b) 8 0 9 |8__	d) 9 9 0 |9__	f) 7 2 9 |9__

duzentos e trinta e sete **237**

4 Multiplicação e divisão: operações inversas

🎓 Aprendendo

1 Em uma corrida de Fórmula 1, os carros se posicionam em filas para a largada. Observe.

Na ilustração acima, temos:

- 6 filas de 2 carros, ou seja, 12 carros;

$$6 \times 2 = 12$$

- 12 carros distribuídos em filas de 2, ou seja, 6 filas.

$$12 \div 2 = 6$$

A multiplicação e a divisão são **operações inversas**.

Observe: $6 \times 2 = 12 \longrightarrow 12 \div 2 = 6$

Conferindo a multiplicação

1 Para verificar se uma multiplicação está correta, devemos tirar a prova.

Prova

```
      8  ← fator        2 4 | 3          2 4 | 8
    × 3  ← fator       -2 4   8    ou  -2 4   3
    ─────                ───               ───
    2 4  ← produto        0                 0
```

Dividindo o produto por um dos fatores, encontramos o outro fator.

238 duzentos e trinta e oito

Conferindo a divisão

◼ Para verificar se uma divisão está correta, devemos tirar a prova.

Divisão exata

dividendo → 3 6 | 4 ← divisor
          − 3 6   9 ← quociente
resto →   0

Prova

    4
×   9
―――
  3 6

> Multiplicando o quociente pelo divisor, encontramos o dividendo.

Divisão não exata

dividendo → 3 3 | 7 ← divisor
          − 2 8   4 ← quociente
resto →   5

Prova

         1
    7   2 8
×   4   + 5
―――   ―――
  2 8   3 3

> Multiplicando o quociente pelo divisor e adicionando o resto ao produto, encontramos o dividendo.

Praticando

1 Efetue as multiplicações e tire a prova.

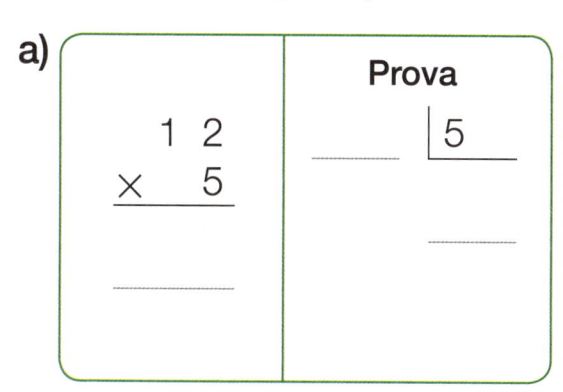

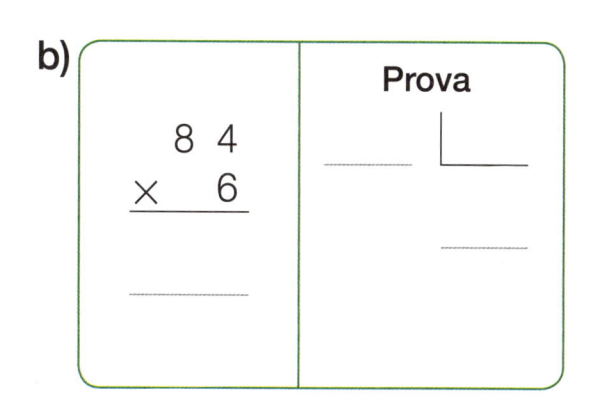

a)
```
    1 2
×     5
―――――
```
Prova
____ | 5
____

b)
```
    8 4
×     6
―――――
```
Prova
____ |__
____

duzentos e trinta e nove **239**

2 Obtenha os produtos e tire a prova.

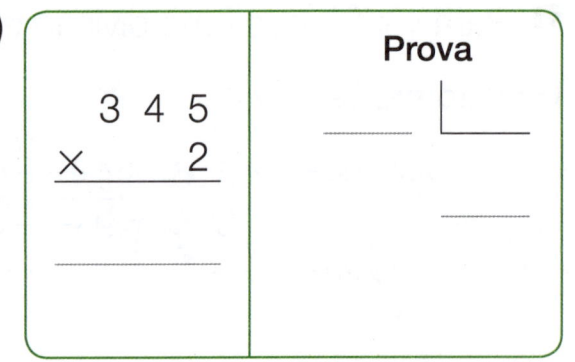

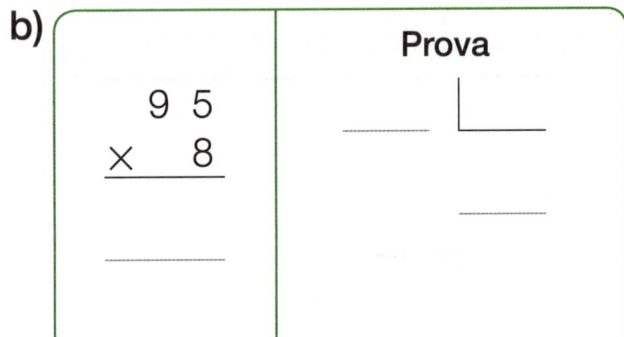

a)
```
   1 1 5
 ×     7
 ───────
```
Prova

b)
```
     9 5
 ×     8
 ───────
```
Prova

c)
```
   3 4 5
 ×     2
 ───────
```
Prova

d)
```
   2 1 0
 ×     4
 ───────
```
Prova

3 Efetue as divisões e tire a prova.

a)
7 2 | 8

Prova

9 × _____ = _____

b)
2 4 5 | 7

Prova

c)
1 4 4 | 3

Prova

d)
6 0 6 | 6

Prova

240 duzentos e quarenta

4 Efetue as divisões não exatas e tire a prova conforme exemplo.

Exemplo:

```
 7 7 | 3
- 6  | 2 5
 ─── 
 1 7
-1 5
 ───
   2
```

Prova

```
    1
   2 5
×    3
 ─────
   7 5
```

```
   7 5
+    2
 ─────
   7 7
```

a) 5 9 3 | 7   Prova

b) 5 3 5 | 6   Prova

c) 1 6 3 | 5   Prova

d) 9 9 0 | 8   Prova

e) 9 2 6 | 8   Prova

duzentos e quarenta e um **241**

5 Complete.

a) $63 \div 9 =$ _____

$63 \div 7 =$ _____

b) $40 \div 5 =$ _____

$40 \div 8 =$ _____

c) $42 \div 6 =$ _____

$42 \div 7 =$ _____

d) $48 \div 6 =$ _____

$48 \div 8 =$ _____

6 Siga o exemplo e complete os espaços.

Exemplo:
$45 \div 5 = 9$; logo: $9 \times 5 = 45$

a) $56 \div 7 =$ _____ ; logo: $8 \times$ _____ = _____

b) $32 \div 4 =$ _____ ; logo: $8 \times$ _____ = _____

c) $63 \div 9 =$ _____ ; logo: $7 \times$ _____ = _____

d) $64 \div 8 =$ _____ ; logo: $8 \times$ _____ = _____

7 Arme, efetue e tire a prova.

a) $450 \div 6$

b) $311 \div 7$

c) $187 \div 4$

d) $909 \div 9$

5 Problemas de divisão

Aprendendo

Paulo distribuirá 9 sorvetes entre Lucas, Ana e Iaci de modo que todos recebam a mesma quantidade.

- Quantos sorvetes ganhará cada criança?

$$9 \div 3 = 3$$

```
  9 | 3
 -9   3
  ―
  0
```

Divisão
Nesta atividade, você vai praticar a divisão em cada situação apresentada.

Cada criança ganhará 3 sorvetes.

Praticando

1 Mário ganhou uma caixa com 24 lápis e resolveu distribuí-los entre seus 3 primos em quantidades iguais. Quantos lápis cada um deverá receber?

Cada um deverá receber _____ lápis.

duzentos e quarenta e três 243

2 O 3º ano B tem 30 alunos. A professora resolveu formar 6 equipes, com igual quantidade de alunos, para um grande debate. Quantos alunos terá cada equipe?

Cada equipe terá _____ alunos.

3 Calcule mentalmente e responda.

- Um funcionário da fábrica de cerâmica embalou 500 azulejos em 5 caixas com o mesmo número de azulejos.

a) Cada caixa ficou com quantos azulejos?

_____

b) Que divisão representa o total de azulejos de cada caixa? Essa divisão é **exata** ou **não exata**?

_____

4 Lia fez 36 tortinhas de maçã e vai colocá-las em caixas para vender. Em cada caixa cabem 4 tortinhas. Quantas caixas serão necessárias para armazenar todas as tortinhas?

Serão necessárias _____ caixas.

Resolvendo problemas

Bruno tem 18 bonecos de super-heróis e quer distribuí-los igualmente em grupos. Quantos grupos ele poderá formar de modo que não sobre boneco?

5 Isabela tem 924 selos. Ela quer distribuí-los, igualmente, entre 4 amigas. Quantos selos ganhará cada uma delas?

Cada uma ganhará _____ selos.

6 Em uma fábrica de doces são produzidos 608 brigadeiros por dia. Eles são colocados em embalagens com 8 unidades. Quantas embalagens são utilizadas por dia?

São utilizadas _____ embalagens por dia.

7 Roberta comprou 120 laranjas. Repartiu-as igualmente em 5 cestas. Quantas laranjas foram colocadas em cada cesta?

Foram colocadas _____ laranjas em cada cesta.

Resolvendo problemas

O professor Hugo vai distribuir 9 folhas de papel para 18 crianças fazerem um trabalho. Quantas folhas inteiras cada uma vai receber?

_____

_____

8 Mário vai repartir igualmente 218 bolinhas de gude entre 7 amigos. Quantas bolinhas receberá cada um deles? Quantas bolinhas vão sobrar?

Cada amigo receberá _____ bolinhas

e sobrará _____ bolinha.

9 Iaci tem 64 canetas. Essas canetas devem ser colocadas em caixas com 5 canetas cada uma. Quantas caixas Iaci utilizará? Sobrarão canetas?

Iaci utilizará _____ caixas, e sobrarão _____ canetas.

10 Helena convidou 47 crianças para sua festa. As crianças foram acomodadas em mesas de 6 lugares. Quantas mesas foram utilizadas?

Foram utilizadas _____ mesas, sendo _____ delas completas

e 1 mesa com _____ crianças.

11 Em uma fábrica de brinquedos é produzida a mesma quantidade de trenzinhos por dia. Em 3 dias foram produzidos 744 trenzinhos. Quantos trenzinhos foram produzidos em cada dia?

Em cada dia foram produzidos _____ trenzinhos.

6 Problemas de divisão e outras operações

Aprendendo

Bruno comprou 9 dúzias de ovos e resolveu distribuí-los em caixas com 6 ovos cada. Quantas caixas serão necessárias?

```
    ¹
    1 2         1 0 8 | 6
  ×   9       −   6   | 1 8
  ─────           ───
  1 0 8           4 8
                − 4 8
                  ───
                    0
```

Serão necessárias exatamente 18 caixas.

Praticando

1 Catarina comprou 40 lápis, 36 borrachas e 84 canetas para repartir igualmente entre 4 grupos de amigos. Quantos produtos, ao todo, cada grupo de amigos receberá?

Cada grupo receberá _____ produtos.

2 Mário colheu 180 goiabas em um pomar. Deu 92 para sua escola e distribuiu o restante igualmente entre duas quitandas. Quantas goiabas recebeu cada quitanda?

Cada quitanda recebeu _____ goiabas.

3 Vinícius tinha 584 patos. Deu 79 patos para seu irmão, e o restante foi vendido igualmente a 5 criadores. Quantos patos cada criador comprou?

Cada criador comprou _____ patos.

4 Em 8 caixas há 192 latas de leite em pó. Em 7 caixas, quantas latas de leite há?

Em 7 caixas há _____ latas de leite.

5 Carla tinha 240 reais, e Paula, 312 reais. Elas juntaram esses valores e gastaram todo o dinheiro comprando 3 aparelhos eletrônicos. Se os 3 aparelhos tinham o mesmo preço, qual era o preço de cada um deles?

O preço de cada aparelho era _____ reais.

6 Tio Antônio repartiu, igualmente, entre Paulo, José e Pedro a quantia representada com as cédulas ao lado. Quanto recebeu cada criança? Quantos reais sobraram?

Cada criança recebeu _____ reais,

e sobraram _____ reais.

7 Bruno tinha 95 reais, e Isabela, 115 reais. Eles juntaram essas quantias para comprar 5 uniformes de futebol de salão para o time. Se eles gastaram todo o dinheiro, quanto custou cada uniforme?

Cada uniforme custou _____ reais.

8 Roberto comprou 260 maçãs. Ele vendeu 42 e colocou o restante em caixas com 6 frutas em cada. Quantas caixas Roberto montou? Quantas maçãs sobraram?

Roberto montou _____ caixas, e sobraram _____ maçãs.

9 Invente um problema que envolva situações de venda e distribuição. Depois, troque-o com o de um colega e resolva o dele.

duzentos e quarenta e nove 249

7 Valor do termo desconhecido

Aprendendo

1) Observe a cena.

Se eu ganhar mais 5 bolinhas, ficarei com 11!

- Quantas bolinhas Mário tem?

  □ + 5 = 11 ← sentença matemática

  ↑
  termo desconhecido

  Representamos o **termo desconhecido** por □.

Para determiná-lo, aplicamos a **operação inversa**. Observe.

□ = 11 − 5   □ = 6

Mário tem 6 bolinhas.

> **Sentença matemática** é a representação de uma sentença apresentada com palavras na linguagem matemática, usando números e símbolos matemáticos.

Praticando

1 Numere corretamente a sentença matemática de acordo com a situação correspondente.

(I) Paulo tinha alguns chocolates e ganhou outros 7. Agora, Paulo tem 12 chocolates. ( ) □ − 3 = 15

(II) Multiplicando um número por 3, obtemos 24. ( ) □ + 7 = 12

(III) Dividi pirulitos entre 5 crianças. Cada uma delas recebeu 6 pirulitos. ( ) □ × 3 = 24

(IV) Luís usou 3 moedas, ficando ainda com 15. ( ) □ ÷ 5 = 6

2 Observe o exemplo e escreva a sentença matemática que deve ser utilizada na solução dos problemas em cada item.

> **Exemplo:**
> Iaci ganhou 8 gatinhos de pelúcia. Agora, ficou com 15. Quantos gatinhos ela tinha inicialmente?
>
> $\square + 8 = 15$

a) Helena possuía alguns selos. Perdeu 18 deles e ficou com 25. Quantos selos Helena possuía?

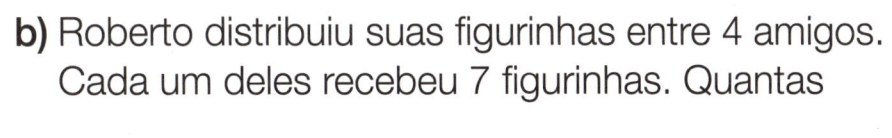

_____

b) Roberto distribuiu suas figurinhas entre 4 amigos. Cada um deles recebeu 7 figurinhas. Quantas figurinhas tinha Roberto? _____

c) O triplo de um número é 12. Qual é esse número? _____

d) A idade de Lúcia mais 12 anos é igual a 32. Qual é a idade de Lúcia? _____

Aprendendo

Operação inversa

1 Como já vimos, para determinar o termo desconhecido ($\square$), devemos utilizar a operação inversa.

Observe os exemplos.

$\square + 6 = 14$
$\square = 14 - 6$
$\square = 8$

> Subtração é a operação inversa da adição.

$\square - 18 = 6$
$\square = 6 + 18$
$\square = 24$

> Adição é a operação inversa da subtração.

☐ × 6 = 30
☐ = 30 ÷ 6
☐ = 5

> Divisão é a operação inversa da multiplicação.

☐ ÷ 3 = 16
☐ = 16 × 3
☐ = 48

> Multiplicação é a operação inversa da divisão exata.

Praticando

1 Calcule o valor do ☐, lembrando que a subtração é a operação inversa da adição.

Exemplo:
☐ + 8 = 19
☐ = 19 − 8
☐ = 11

a) ☐ + 12 = 20
☐ = _____
☐ = _____

b) ☐ + 25 = 48
☐ = _____
☐ = _____

c) ☐ + 34 = 65
☐ = _____
☐ = _____

d) 35 + ☐ = 49
☐ = _____
☐ = _____

e) 28 + ☐ = 54
☐ = _____
☐ = _____

f) 45 + ☐ = 87
☐ = _____
☐ = _____

g) 74 + ☐ = 90
☐ = _____
☐ = _____

2 Calcule o valor do ☐, lembrando que a adição é a operação inversa da subtração.

a) ☐ − 7 = 8

☐ = _____

☐ = _____

b) ☐ − 15 = 34

☐ = _____

☐ = _____

c) ☐ − 42 = 50

☐ = _____

☐ = _____

3 Calcule o valor do ☐, lembrando que a divisão é a operação inversa da multiplicação.

a) ☐ × 2 = 18

☐ = _____

☐ = _____

c) ☐ × 5 = 30

☐ = _____

☐ = _____

e) ☐ × 8 = 168

☐ = _____

☐ = _____

b) ☐ × 3 = 15

☐ = _____

☐ = _____

d) ☐ × 7 = 49

☐ = _____

☐ = _____

f) ☐ × 9 = 135

☐ = _____

☐ = _____

4 Calcule o valor do ☐, lembrando que a multiplicação é a operação inversa da divisão exata.

a) ☐ ÷ 3 = 8

☐ = _____

☐ = _____

c) ☐ ÷ 8 = 23

☐ = _____

☐ = _____

e) ☐ ÷ 6 = 15

☐ = _____

☐ = _____

b) ☐ ÷ 5 = 7

☐ = _____

☐ = _____

d) ☐ ÷ 4 = 32

☐ = _____

☐ = _____

f) ☐ ÷ 9 = 42

☐ = _____

☐ = _____

duzentos e cinquenta e três

5 Calcule o valor do ☐.

a) ☐ + 38 = 64	c) ☐ ÷ 7 = 4	e) ☐ − 75 = 108
b) 72 + ☐ = 145	d) ☐ × 3 = 315	f) ☐ × 4 = 100

Aprendendo

Problemas envolvendo sentenças matemáticas

1. Ana tirou 2 barquinhos da piscina. Restaram 6. Quantos barquinhos havia inicialmente na piscina?

☐ − 2 = 6
☐ = 6 + 2
☐ = 8

  6
+ 2
───
  8

Havia 8 barquinhos na piscina.

Praticando

1 Robin atirou 11 flechas. Sobraram 3. Quantas flechas Robin tinha inicialmente?

Robin tinha _____ flechas.

2 O triplo de um número é 156. Qual é esse número?

O número é _____.

3 Cláudio tinha alguns copos para distribuir entre 4 bandejas. Em cada bandeja ficaram 18 copos. Qual é o total de copos?

O total de copos é _____.

4 Raí passou a manhã pescando. Ao final da pescaria deu 15 peixes para seu amigo e ainda ficou com 23. Quantos peixes Raí pescou?

Raí pescou _____ peixes.

duzentos e cinquenta e cinco

5 A idade de Márcio menos 13 anos é igual a 15. Quantos anos Márcio tem?

Márcio tem _____ anos.

6 O dobro de um número é 346. Qual é esse número?

O número é _____.

7 Jorge saiu para comprar maçãs. Após a compra, deu 32 para sua mãe e ainda ficou com 44. Quantas maçãs Jorge comprou?

Jorge comprou _____ maçãs.

8 Dividindo um número por 7, obtemos 43. Qual é esse número?

O número é _____.

9 Na segunda-feira, Lucas começou a ler um livro. Na terça-feira leu mais 15 páginas, chegando à página 33. Quantas páginas Lucas leu na segunda-feira?

Lucas leu _____ páginas na segunda-feira.

10 Após fazer 17 gols em um campeonato, Ronaldo atingiu a marca de 100 gols. Quantos gols Ronaldo havia feito antes desse campeonato?

Ronaldo havia feito _____ gols.

11 Bruno pensou em um número. Multiplicou esse número por 9, obtendo 324. Em que número Bruno pensou?

Bruno pensou no número _____.

12 Luana fez diversos docinhos e repartiu-os igualmente entre seus 6 sobrinhos. Cada um deles recebeu 50 docinhos. Quantos docinhos Luana fez?

Luana fez _____ docinhos.

duzentos e cinquenta e sete 257

Educação financeira

Fazendo compras

Mário e Bruno saíram com suas mães para comprar um uniforme completo e uma bola de futebol para cada um deles. Inicialmente, foram em diversas lojas e pesquisaram os preços e a qualidade do material a ser comprado. Ao escolher a loja em que fariam a melhor compra, decidiram também efetuar o pagamento do valor total em quatro parcelas iguais.

Parcela ou prestação

Parcela ou **prestação** é cada uma das partes em que foi dividido o pagamento de uma mercadoria.

> **Sugestão de leitura**
>
> *Pedro compra tudo (e Aninha dá recados)*, de Maria de Lourdes Coelho.
>
> Leia mais informações sobre esse livro na página 319.

Agora é com você!

1. Por que é importante pesquisar preços antes de realizar uma compra?

2. Responda de acordo com os preços da ilustração acima.

    a) Para comprar duas camisas, dois calções, dois meiões e duas bolas, quanto eles vão gastar? _____ reais.

    b) O pagamento total será efetuado em quatro parcelas iguais. Qual será o valor de cada uma das parcelas? _____ reais.

3. O pai de Lucas comprou um telefone celular e parcelou a compra em 8 prestações iguais de 124 reais. Quanto ele pagou ao todo pelo aparelho? _____ reais.

Troco

O **troco** é a quantia em dinheiro que o comprador recebe ao efetuar o pagamento com cédulas de maior valor que o da compra.

> Dei 100 reais para pagar uma prestação de 80 reais. Recebi 20 reais de troco.

Lucro e prejuízo

Quando vendemos uma mercadoria por um valor superior ao que ela custou, temos **lucro**. Se vendemos por um valor menor do que o que ela custou, temos **prejuízo**.

Agora é com você!

1. A mãe de Iaci comprou uma camiseta por 43 reais e uma bermuda por 64 reais. Ela pagou com duas notas de 50 reais e uma de 20.

   Quanto a mãe de Iaci recebeu de troco? _____ reais.

2. Renato gastou 540 reais para produzir 30 camisetas. Ele vendeu cada uma delas por 25 reais.

   a) De quanto foi o lucro por camiseta? _____ reais.

   b) Qual será o lucro total na venda das 30 camisetas? _____ reais.

3. Breno comprou uma bicicleta por 320 reais. Após dois meses, ele vendeu essa bicicleta por 280 reais. De quanto foi o prejuízo? _____ reais.

Refletindo

a) O que é uma pesquisa de preço?

b) Por que devemos conferir o troco recebido?

c) Quando dizemos que uma pessoa teve prejuízo, o que isso significa?

d) Você sabe o que é o Código de Defesa do Consumidor? Qual é sua importância?

Praticando mais

1 Um garçom tem 48 copos para distribuir, igualmente, em 4 bandejas. Quantos copos ele deve colocar em cada bandeja?

Ele deve colocar _____ copos em cada bandeja.

2 Marcos recolheu 784 laranjas de seu sítio e repartiu-as, igualmente, em 4 caixas. Quantas laranjas foram colocadas em cada caixa?

Em cada caixa foram colocadas _____ laranjas.

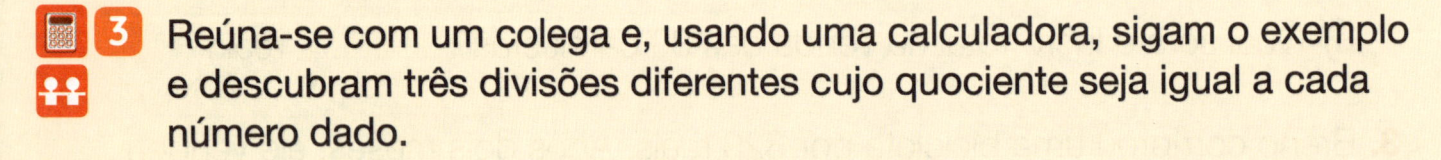

3 Reúna-se com um colega e, usando uma calculadora, sigam o exemplo e descubram três divisões diferentes cujo quociente seja igual a cada número dado.

3	6 ÷ 2	18 ÷ 6	150 ÷ 50
a) 4			
b) 5			
c) 6			
d) 7			

260 duzentos e sessenta

4 Na sequência abaixo, pinte de vermelho os números pares e de azul os números ímpares.

| 50 | 51 | 52 | 53 | 54 | 55 | 56 | 57 | 58 | 59 |

- Você percebeu alguma regularidade ao pintar os números pares e ímpares dessa sequência? Converse com os colegas sobre isso.

5 Reúna-se com um colega e justifiquem o resultado da divisão mostrada no esquema.

1 real será dividido entre duas pessoas.  ▶ Cada pessoa receberá 50 centavos.

Desafio

Uma partida de hóquei no gelo tem 90 minutos de duração. Esses 90 minutos são divididos em 3 tempos de jogo, de igual duração, e 2 intervalos de 15 minutos cada.
Qual é a duração de cada um dos tempos de jogo?

Cada um dos tempos de jogo dura _____ minutos.

duzentos e sessenta e um **261**

UNIDADE 10
Números na forma de fração

Trocando ideias

1. Quantas casas tem a trilha completa?
2. Podemos afirmar que o pino roxo já percorreu mais da metade da trilha? Por quê?
3. Podemos afirmar que o pino verde percorreu mais que a quarta parte da trilha? Por quê?

20 ÷ 4
20 ÷ 5
30 ÷ 2
16 × 2
25 ÷ 5
16 ÷ 4
235 + 235
100 ÷ 10
30 ÷ 3
620 − 30

CHEGADA

duzentos e sessenta e três 263

1 Noção de fração

Aprendendo

Veja alguns exemplos de como usamos frações no dia a dia.

- O marcador registra que ainda resta $\frac{1}{4}$ de combustível no tanque do carro.

- A ilustração ao lado representa $\frac{3}{4}$ de uma torta.

- Podemos misturar um copo de leite condensado com $\frac{1}{2}$ copo de suco de laranja, obtendo uma excelente cobertura para bolo.

Praticando

1 Pinte:

a) a sexta parte (uma parte de seis) da figura abaixo;

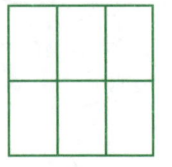

b) a oitava parte (uma parte de oito) da figura abaixo.

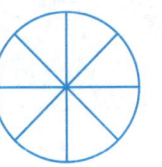

2 Com o auxílio de uma régua, divida a figura abaixo em 10 partes iguais e pinte apenas uma delas, ou seja, a décima parte dessa figura.

264 duzentos e sessenta e quatro

2 Metade ou meio

🎓 Aprendendo

- Iaci colheu um abacate. Ela o dividiu em duas partes iguais. Cada parte é uma **metade** do abacate.

Representamos a **metade** assim:

$\frac{1}{2}$ (lemos: **um meio** ou **metade**)

- Nas figuras abaixo, a parte colorida de azul representa a **metade** de cada figura.

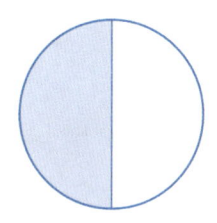

Observação

Para obter a metade de um número, devemos **dividi-lo por 2**. Assim, a metade de 8 é 4, pois 8 ÷ 2 = 4.

✏️ Praticando

1 Pinte a metade de cada figura a seguir.

a)

b)

c)

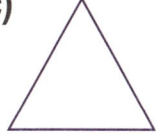

duzentos e sessenta e cinco **265**

2 Complete corretamente.

a) A metade de 10 é _____, pois 10 ÷ 2 = _____.

b) A metade de 16 é _____, pois 16 ÷ 2 = _____.

c) A metade de 30 é _____, pois 30 ÷ 2 = _____.

d) A metade de 54 é _____, pois 54 ÷ 2 = _____.

e) A metade de 80 é _____, pois 80 ÷ 2 = _____.

3 Calcule a metade dos números abaixo.

a) 104 ▶ _____

b) 250 ▶ _____

c) 360 ▶ _____

d) 856 ▶ _____

4 Que fração do total representa as frutas coloridas em cada grupo?

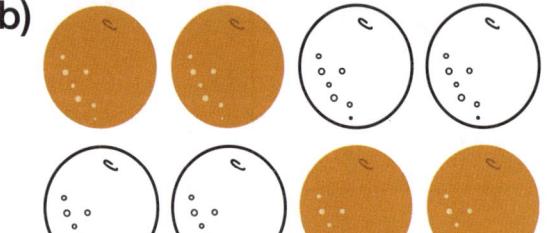

a) ▶ _____

b) ▶ _____

c) ▶ _____

3 Terça parte ou terço

🎓 Aprendendo

1) Isabela comprou uma *pizza*.

Ela dividiu essa *pizza* em três partes iguais.

Cada parte é **um terço** da *pizza*.

Representamos **um terço** assim:

$\dfrac{1}{3}$ (lemos: **um terço** ou a **terça parte**)

2) Nas figuras ao lado, a parte colorida de verde representa a **terça parte** de cada figura.

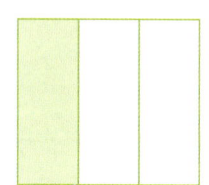

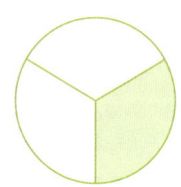

> **Observação**
>
> Para obter a terça parte de um número, devemos **dividi-lo por 3**.
> Assim, a terça parte de 30 é 10, pois 30 ÷ 3 = 10.

✏️ Praticando

1 Pinte um terço da quantidade de elementos de cada grupo.

a)

b)

2 Complete corretamente.

a) A terça parte de 15 é _____, pois 15 ÷ 3 = _____.

b) A terça parte de 36 é _____, pois 36 ÷ 3 = _____.

c) A terça parte de 48 é _____, pois 48 ÷ 3 = _____.

duzentos e sessenta e sete

4 Outras partes do inteiro

🎓 Aprendendo

1. Nas figuras abaixo, a parte colorida de laranja representa a **quarta parte** de cada figura.

Representamos **um quarto** assim:

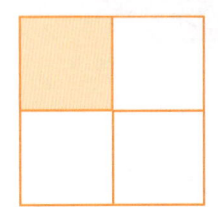

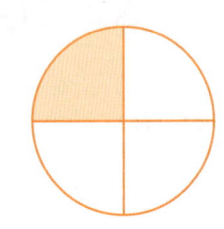

$\frac{1}{4}$ (lemos: **um quarto** ou a **quarta parte**)

> **Observação**
>
> Para determinar a quarta parte de um número, devemos **dividi-lo por 4**.
>
> Assim, a quarta parte de 44 é 11, pois 44 ÷ 4 = 11.

2. Veja a seguir a denominação dada a outras partes do inteiro. Quando é dividido por:

- 5 → um quinto ou a quinta parte $\frac{1}{5}$
- 6 → um sexto ou a sexta parte $\frac{1}{6}$
- 7 → um sétimo ou a sétima parte $\frac{1}{7}$
- 8 → um oitavo ou a oitava parte $\frac{1}{8}$
- 9 → um nono ou a nona parte $\frac{1}{9}$
- 10 → um décimo ou a décima parte $\frac{1}{10}$

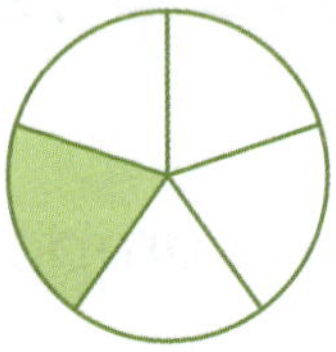

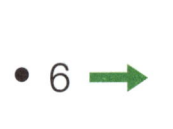

Praticando

1 Pinte a quarta parte de cada figura.

a) 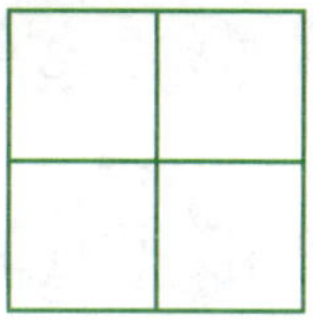   b) 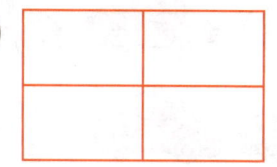   c)

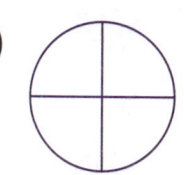

2 Que fração do total representam as frutas coloridas em cada grupo?

a)    b)

_____   _____

3 Complete corretamente.

a) A quarta parte de 20 é _____, pois 20 ÷ 4 = _____.

b) A quarta parte de 32 é _____, pois 32 ÷ 4 = _____.

c) A quarta parte de 60 é _____, pois 60 ÷ 4 = _____.

d) A quarta parte de 100 é _____, pois 100 ÷ 4 = _____.

4 Calcule a quarta parte dos números abaixo.

a) 216 ▶ _____   c) 564 ▶ _____

b) 344 ▶ _____   d) 680 ▶ _____

5 Pinte a quinta parte de cada figura.

a) 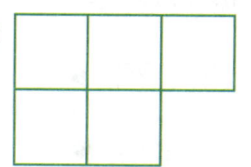   b)

duzentos e sessenta e nove

6 Que fração do total representam os elementos vermelhos em cada um dos grupos?

a)

b)

7 Que fração do círculo representa a parte pintada de verde?

8 Complete corretamente.

a) A quinta parte de 30 é _____, pois 30 ÷ 5 = _____.

b) A sétima parte de 56 é _____, pois 56 ÷ 7 = _____.

c) A oitava parte de 80 é _____, pois 80 ÷ 8 = _____.

d) A décima parte de 140 é _____, pois 140 ÷ 10 = _____.

9 Calcule.

a) A sexta parte de 270. ▶ _____

b) A décima parte de 800. ▶ _____

c) A sétima parte de 70. ▶ _____

d) A nona parte de 702. ▶ _____

e) A quinta parte de 625. ▶ _____

f) A oitava parte de 400. ▶ _____

270 duzentos e setenta

5 Problemas com números na forma de fração

Aprendendo

Uma árvore de Natal tem 60 bolas. Se $\frac{1}{3}$ dessas bolas tem cor azul, quantas bolas são azuis?

$60 \div 3 = 20$ ou

$$\begin{array}{r|l} 6\;0 & 3 \\ -\,6 & 2\;0 \\ \hline 0\;0 & \end{array}$$

São 20 bolas azuis.

Praticando

1. Rui tinha 8 reais. Gastou $\frac{1}{2}$ do que tinha comprando sorvete. Com quanto ele ficou?

Rui ficou com _____ reais.

2. Isabela fez as atividades de uma das aulas de Matemática em um quarto de hora. Quantos minutos ela levou para fazer as atividades?

*Para determinar o **quarto** de um número dividimos esse número por 4.*

Ela levou _____ minutos.

3 O jogo de boliche de Bruno é formado por 10 pinos. Ele derrubou $\frac{1}{5}$ desses pinos. Quantos pinos sobraram em pé?

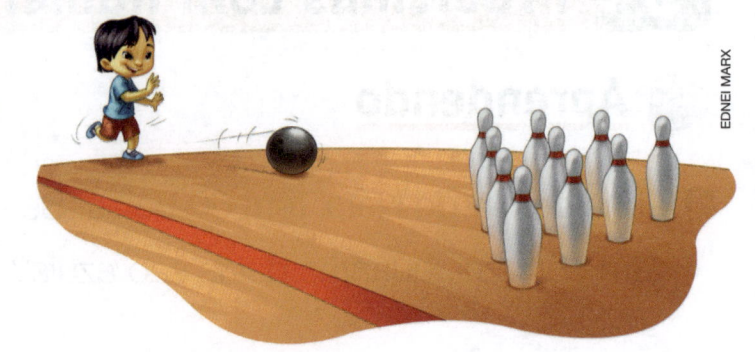

Sobraram _____ pinos em pé.

4 Plínio colheu 144 laranjas de seu pomar. Deu $\frac{1}{2}$ para seu irmão. Com quantas laranjas Plínio ficou?

Plínio ficou com _____ laranjas.

5 Em uma estante, há 250 livros. A quinta parte desses livros é de Língua Portuguesa. Quantos livros são de Língua Portuguesa?

São _____ livros de Língua Portuguesa.

6 João tem 84 anos. Hoje, seu neto tem a sétima parte de sua idade. Qual é a idade do neto hoje?

A idade do neto hoje é _____ anos.

272 duzentos e setenta e dois

7 Carla tinha 36 maçãs. Vendeu $\frac{1}{3}$ dessas maçãs.

Quantas maçãs Carla vendeu e quantas sobraram?

Carla vendeu _____ maçãs e sobraram _____.

8 Em um reservatório, cabem 720 litros de água.

Em outro reservatório, cabe $\frac{1}{6}$ dessa quantidade.

Quantos litros cabem no segundo reservatório?

No segundo reservatório, cabem _____ litros.

9 Roberto comprou 260 maçãs. Ele vendeu a quinta parte do total de maçãs para Tadeu e a décima parte do total de maçãs para João. Quantas maçãs ele vendeu para cada um? Quantas maçãs sobraram?

> Para encontrar a **quinta parte** de um número, dividimos esse número por 5; para encontrar a **décima parte**, dividimos por 10.

Roberto vendeu _____ maçãs para Tadeu e _____ para João.

Sobraram _____ maçãs.

duzentos e setenta e três **273**

Praticando mais

1 Iaci tinha uma coleção de 216 selos. Deu $\frac{1}{4}$ para Lucas. Com quantos selos Iaci ficou?

Iaci ficou com _____ selos.

2 Em um torneio de basquete, Júlio marcou 88 pontos, e Ângelo fez a quarta parte desses pontos. Quantos pontos fizeram os dois juntos?

Os dois juntos fizeram _____ pontos.

3 Cláudia tem 960 reais. Ela dividirá $\frac{1}{4}$ dessa quantia entre seus 6 sobrinhos. Quanto cada criança receberá?

Cada criança receberá _____ reais.

Desafios

1 Em uma gincana, foram arrecadados 770 quilogramas de alimentos e 600 caixas de leite que serão doados para 4 instituições.

A instituição onde Camila trabalha receberá $\frac{1}{7}$ dos alimentos e $\frac{1}{6}$ das caixas de leite. Quantos quilogramas de alimentos e quantas caixas de leite essa instituição receberá?

Receberá _____ quilogramas de alimentos e _____ caixas de leite.

2 Uma loja tinha em seu estoque 380 pares de meias e 296 camisetas. Em um final de semana, foram vendidos $\frac{1}{5}$ dos pares de meias e $\frac{1}{4}$ das camisetas.

a) Quantos pares de meias e quantas camisetas foram vendidos nesse período?

Foram vendidos _____ pares de meias e _____ camisetas.

b) Quantos pares de meias e quantas camisetas restaram na loja?

Restaram na loja _____ pares de meias e _____ camisetas.

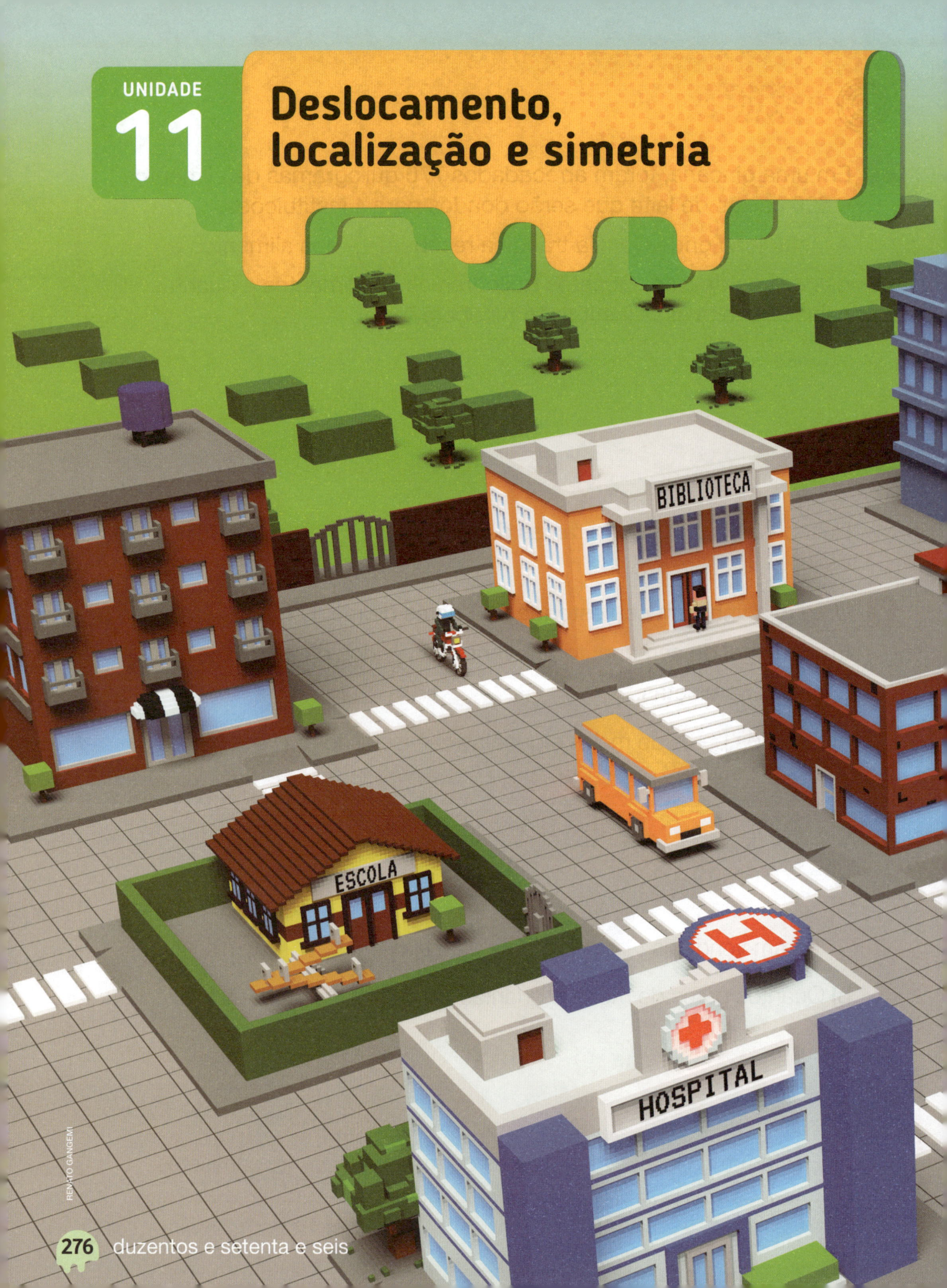

UNIDADE 11
Deslocamento, localização e simetria

Trocando ideias

1. Localize na ilustração o museu, marcando-o com um **X**, e a farmácia, cercando-a com uma linha.
2. Descreva a posição da moto em relação ao ônibus na ilustração.
3. Descreva um possível caminho para ir da escola à biblioteca.

duzentos e setenta e sete 277

1 Localização e deslocamento

Aprendendo

Na imagem ao lado, podemos ver que Isabela, Mário e Iaci estão sentados de frente para a mesa da professora e que, na parede à direita deles, há um quadro.

Observe que a porta da sala está à esquerda de Isabela.

Observe, também, que Iaci está à direita de Mário, e Isabela, à esquerda dele.

A professora de Iaci entregou um mapa da escola a cada aluno e pediu a eles que marcassem nele o caminho que fariam da sala de aula até a biblioteca. Veja como Iaci marcou no mapa o caminho que ela faria.

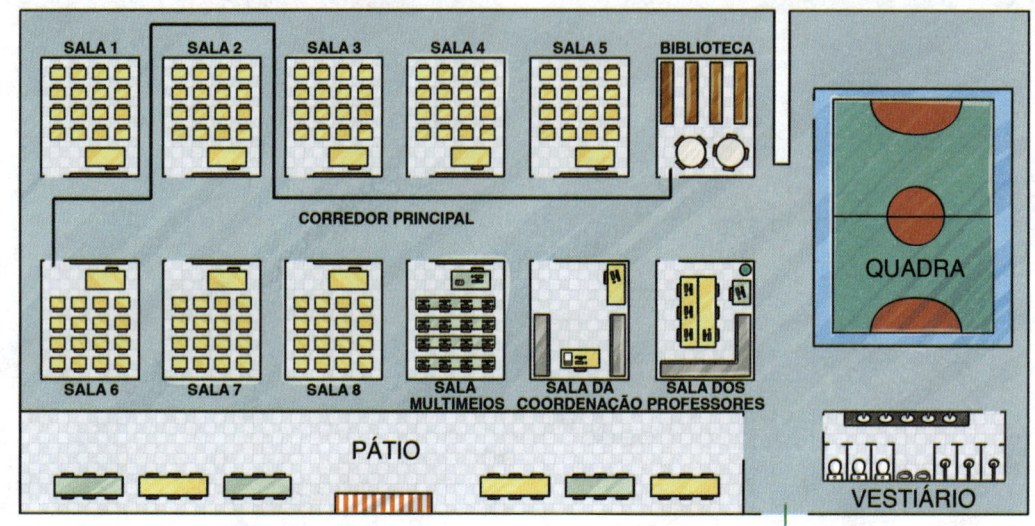

Iaci saiu da sala 6, seguiu em frente, virou à direita, seguiu em frente e virou à esquerda no primeiro corredor. Depois, seguiu em frente até o final desse corredor, virou à direita e seguiu em frente, virou à direita no corredor seguinte e seguiu até o corredor principal, virou à esquerda e seguiu em frente até chegar à biblioteca, à sua esquerda.

Praticando

1 Trace no mapa acima um caminho que você faria se fosse da sala 7 até o vestiário.

2 Veja na figura abaixo a posição de cada aluno do 3º C na sala de aula e, depois, responda às questões.

Localização
Nesta atividade, você vai treinar a localização em um mapa.

Disposição da sala (da frente para o fundo, vista com o quadro na parte inferior):

ALAN	LUCA	JADE	LIA	RONY
LARA	IVAN	ELZA	ÍSIS	OLGA
JAIR	HEBE	ELEN	TAÍS	TÉO
CLÉO	RUI	JOEL	CAIO	LUCI
ANA	YURI	DAVI	MAX	IARA

JANELA (lado esquerdo) — PORTA (lado direito) — QUADRO (frente)

a) Quem senta atrás de Cléo e do lado direito de Hebe? _____

b) Quem senta na frente de Jade e do lado esquerdo de Ivan? _____

c) Descreva a posição de Joel. _____

d) Trace, na figura, o caminho mais curto que Max deve fazer para ir até a mesa de Lia saindo de sua carteira.

e) Escolha cinco alunos da figura e descreva para um colega a posição de cada um, usando, pelo menos, dois pontos de referência. Seu colega deve descobrir quais foram os alunos que você escolheu.

duzentos e setenta e nove **279**

3 Observe abaixo o diálogo entre Ana e Bruno.

Oi, Bruno, você vai passar em casa hoje?

Vou, sim!

Legal! Então, anote o caminho que você pode fazer para chegar à minha casa.

Pode falar!

Saindo de sua casa, siga em frente e vire na 1ª rua à esquerda. Siga em frente e vire na 2ª rua à direita. Siga em frente; minha casa fica na terceira esquina, no número 22.

Obrigado, Ana. Até mais tarde.

- Utilizando a descrição de Ana, marque na malha quadriculada abaixo o caminho que Bruno deve fazer e localize a posição da casa de Ana.

Casa de Bruno

280 duzentos e oitenta

2 Comparando figuras

Aprendendo

Observe as figuras a seguir, que são formadas pela mesma quantidade de quadradinhos.

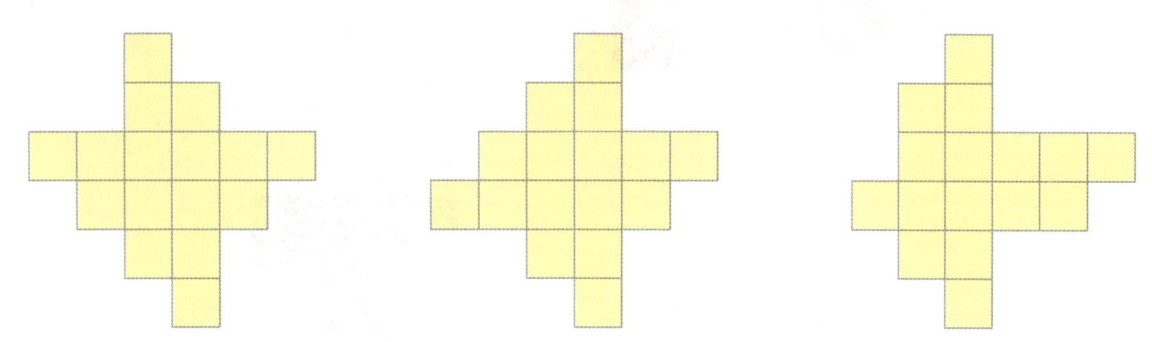

Note que as duas primeiras figuras têm o mesmo formato.

Praticando

1. Observe os quadrados na malha abaixo e, depois, responda às questões.

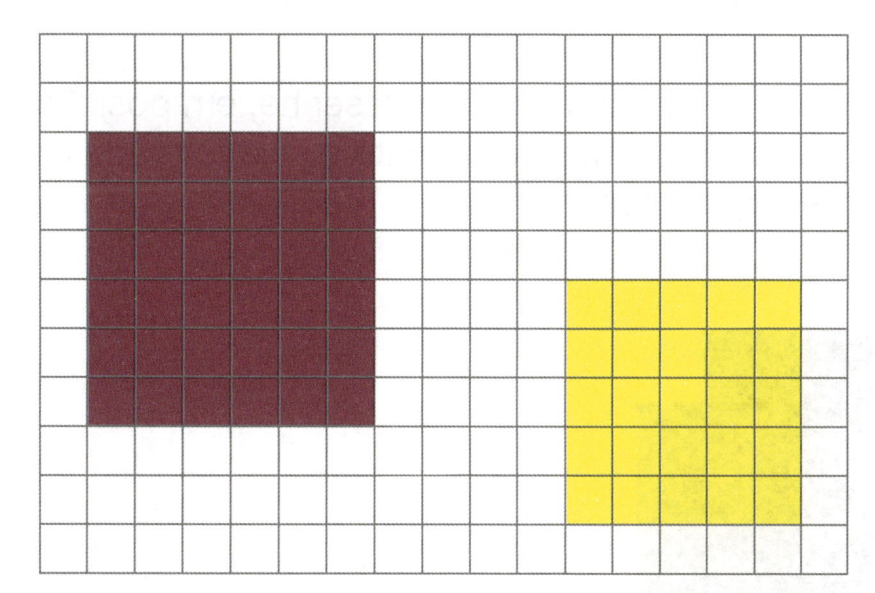

a) Compare visualmente os quadrados e responda: Qual deles é maior: o amarelo ou o vinho?

b) Cada um desses quadrados é formado por quantos quadradinhos coloridos?

duzentos e oitenta e um 281

2 Observe as figuras abaixo.

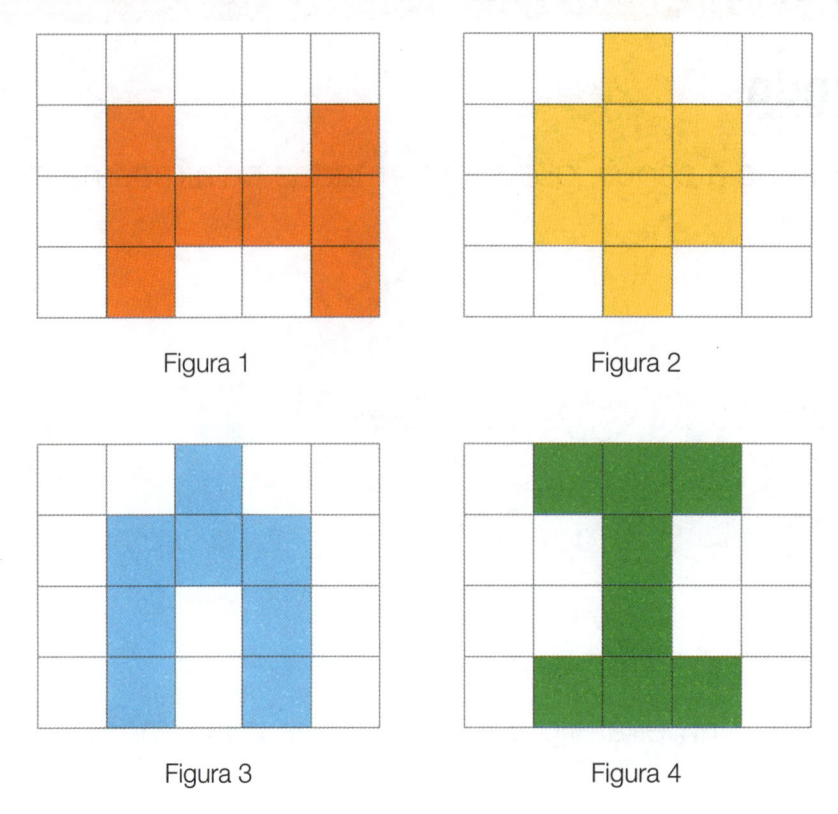

Figura 1

Figura 2

Figura 3

Figura 4

a) Cada figura é formada por quantos quadradinhos?

_____

b) Quais dessas figuras têm o mesmo formato? _____

3 Observe a figura na malha a seguir e desenhe, em posição diferente, outra figura que tenha o mesmo formato e seja formada pela mesma quantidade de quadrinhos.

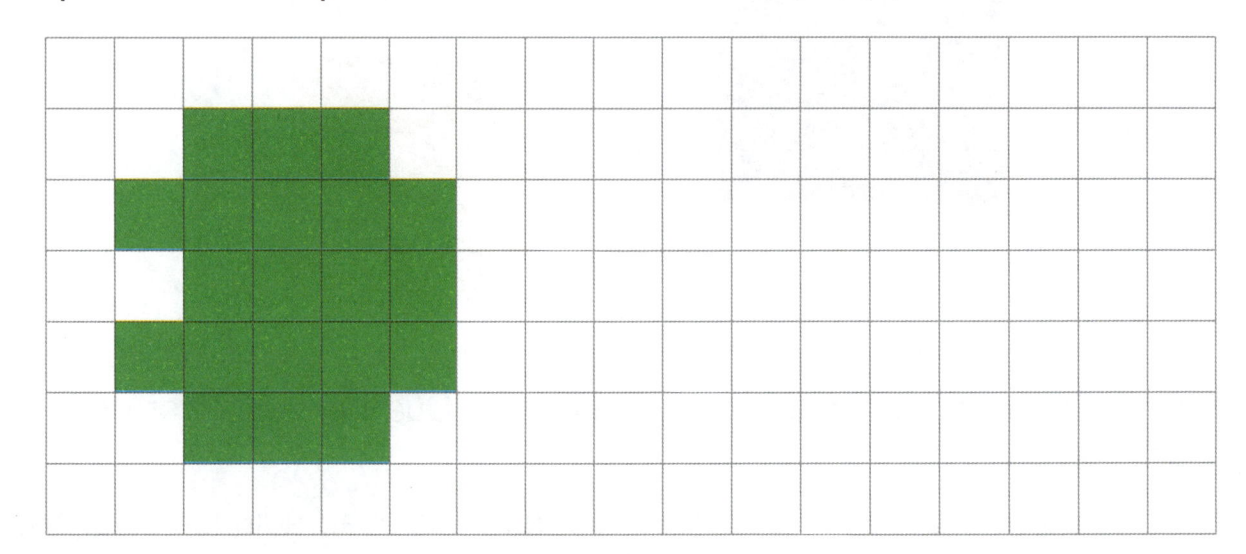

282 duzentos e oitenta e dois

3 Simetria

Aprendendo

Observe as figuras abaixo. Se pudéssemos dobrar cada uma delas nas linhas verdes, as duas partes das figuras coincidiriam. Isso indica que elas apresentam simetria.

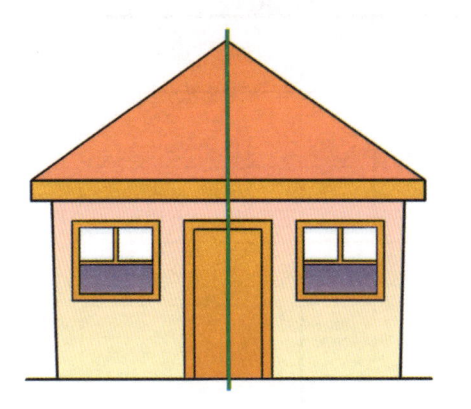

A linha da dobra indicada pela linha verde é chamada de **eixo de simetria** da figura.

Praticando

1 Marque com um **X** as figuras que apresentam simetria. Depois, trace o eixo de simetria de cada uma delas.

2 Em cada malha, pinte os quadrinhos para formar figuras com simetria. Lembre-se: a linha verde é o eixo de simetria.

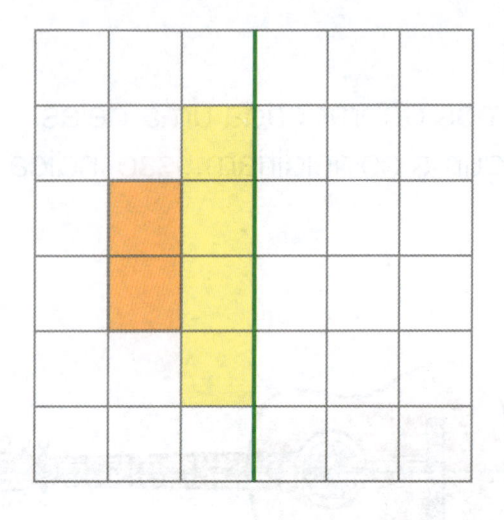

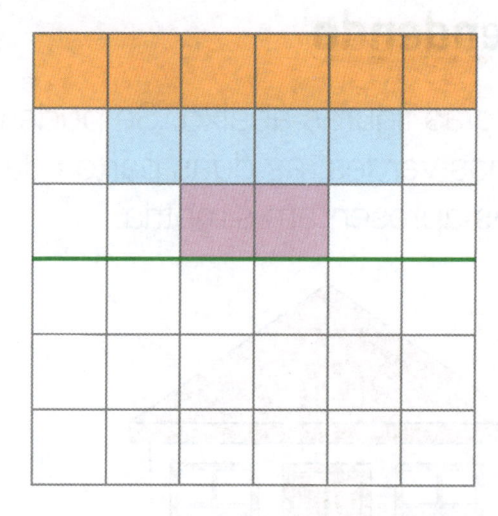

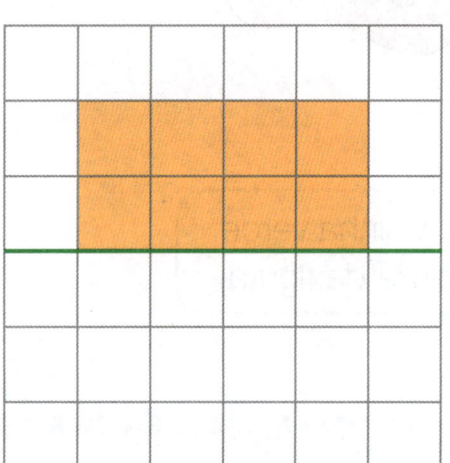

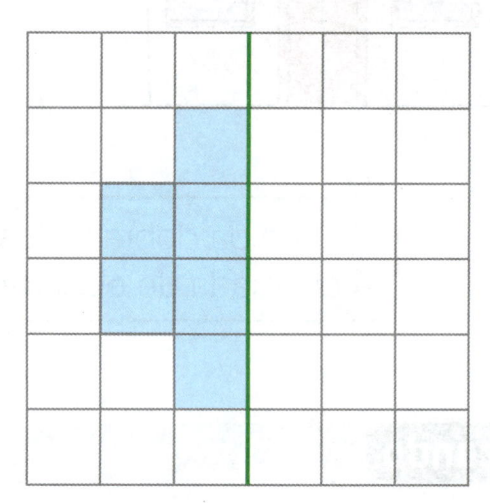

3 A letra **M** apresenta simetria em relação ao eixo traçado em verde. Desenhe outra letra em que também podemos traçar um eixo de simetria.

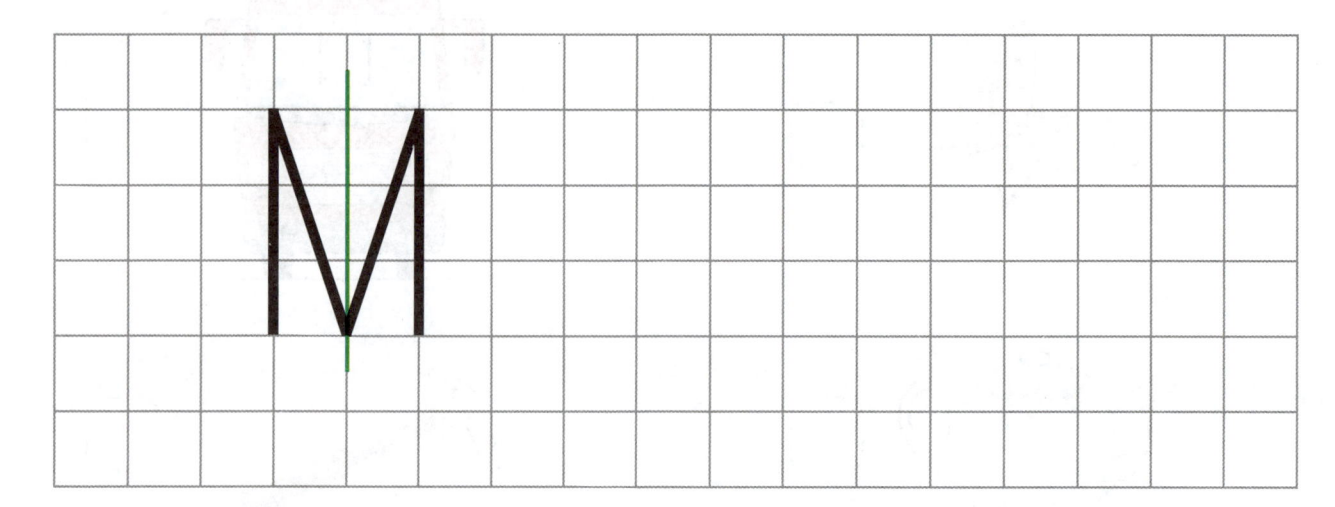

284 duzentos e oitenta e quatro

4 Cerque com uma linha a figura que completa o desenho do barco que está no quadro, de modo que apresente simetria em relação ao traço preto.

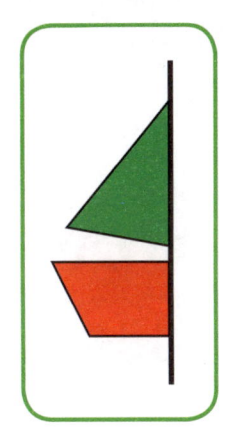

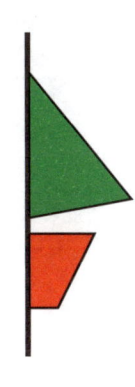

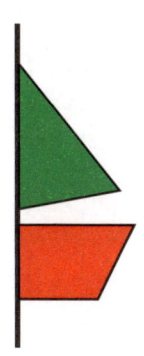

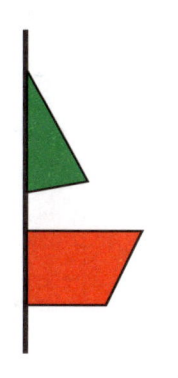

Agindo e construindo

Criando um modelo de figura que apresenta simetria

Material
- Folha de papel sulfite
- Tesoura sem ponta
- Lápis

Tarefa

1. Pegue uma folha de papel.

2. Dobre-a ao meio.

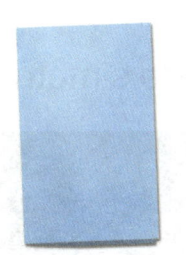

3. Desenhe uma figura

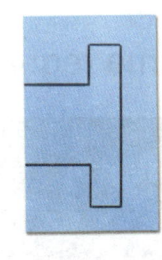

4. Recorte a figura.

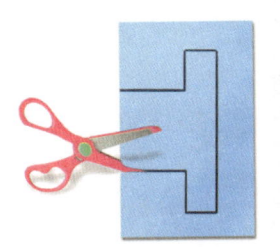

5. Desdobre a folha recortada. Você obterá uma figura que apresenta simetria.

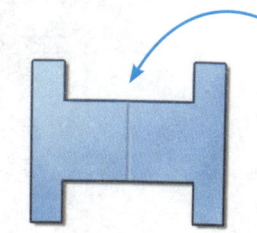

A linha de dobra corresponde ao **eixo de simetria**.

duzentos e oitenta e cinco 285

5 Desenhe e pinte a simétrica de cada figura em relação ao eixo de simetria representado pela linha verde.

a)

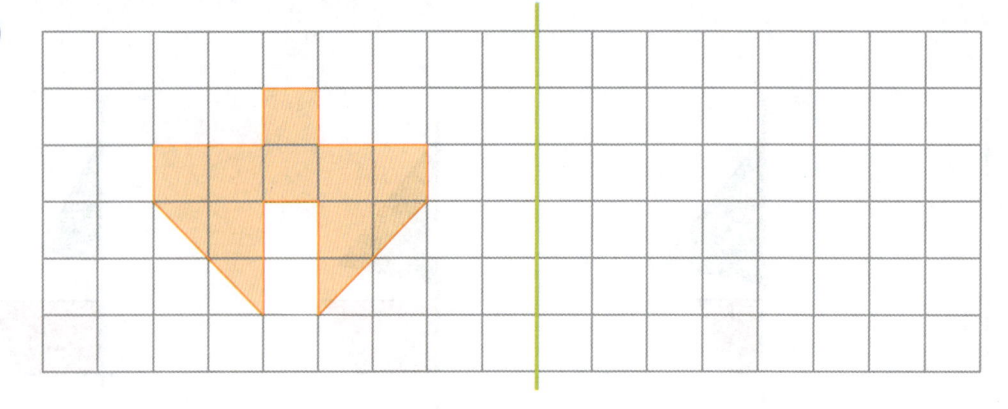

b)

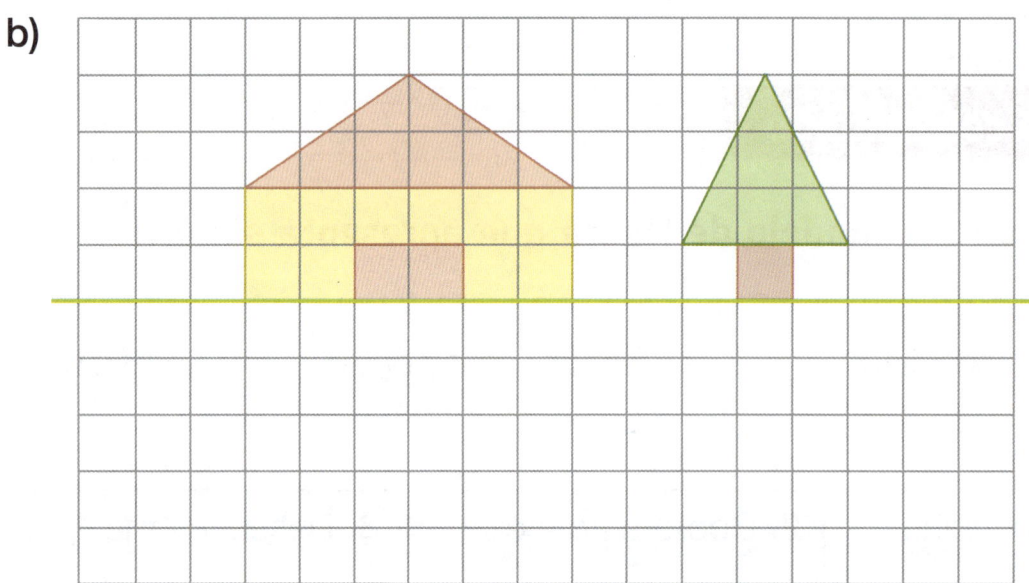

6 Com uma régua, trace o eixo de simetria na foto abaixo.

Caracol com imagem refletida.

Simetria

Nesta atividade, você terá de resolver desafios com figuras que podem ou não apresentar eixos de simetria.

286 duzentos e oitenta e seis

Lendo e descobrindo
A simetria do Taj Mahal

O Taj Mahal é o monumento mais conhecido da Índia. Ele foi classificado pela Organização das Nações Unidas para a Educação, a Ciência e a Cultura (Unesco) como patrimônio da humanidade. Além disso, é considerado uma das Sete Maravilhas do Mundo Moderno.

É uma das construções mais notáveis da Terra. Na imagem da fachada dessa pérola da arquitetura, toda de mármore, podemos observar uma simetria em relação a um eixo vertical.

Taj Mahal, localizado na Índia, 2013.

- A simetria está presente em algumas esculturas, pinturas e construções. Com o auxílio de uma régua, trace o eixo de simetria das imagens abaixo.

Vaso de 1880.

Luiz Sacilotto, *Concreção 8078*, 1980.

Parthenon, templo grego construído no século V a.C.

duzentos e oitenta e sete **287**

Praticando mais

1 Trace no mapa o caminho mais curto que Lucas pode fazer para sair de sua casa e ir até a casa de Ana. Depois, em seu caderno, descreva o caminho que você traçou.

2 Desenhe na malha quadriculada uma figura que apresente simetria em relação ao eixo de simetria traçado.

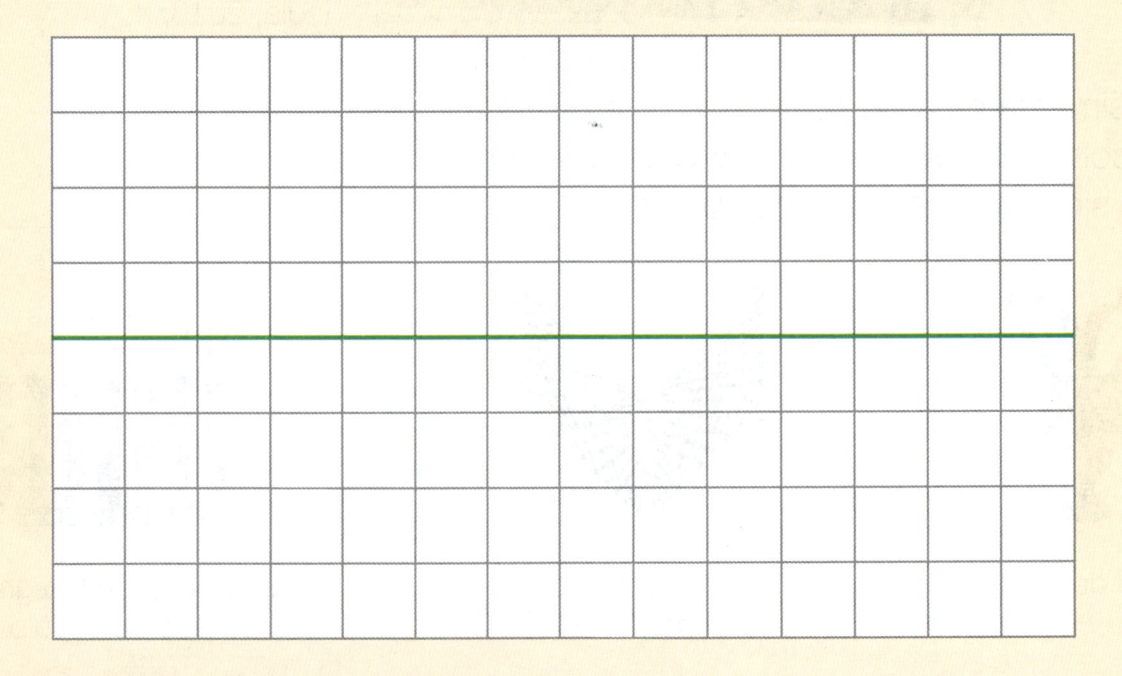

288 duzentos e oitenta e oito

3 Complete cada figura de modo que a linha vermelha seja o eixo de simetria.

a)

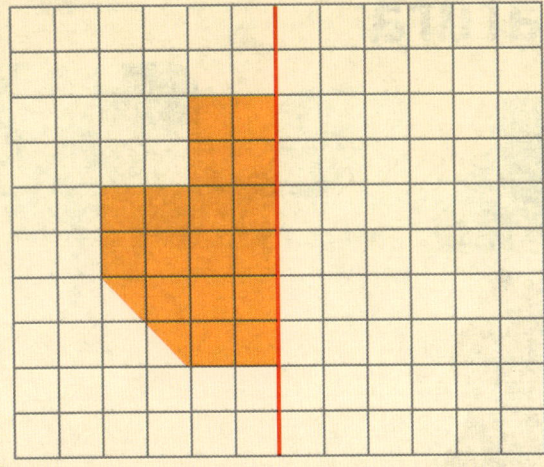

b)

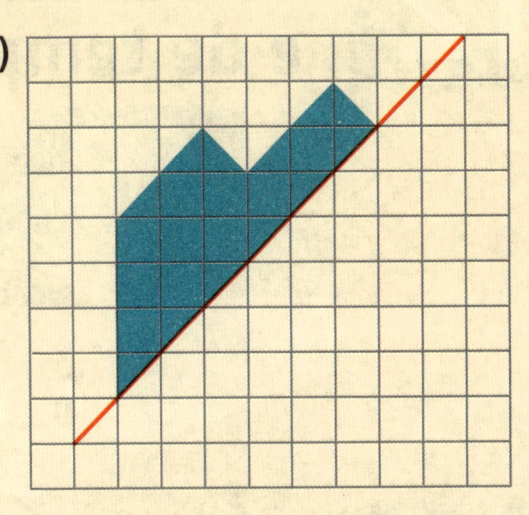

Desafio

A letra **X** apresenta dois eixos de simetria: um vertical e outro horizontal. Desenhe outras duas letras que também apresentem pelo menos dois eixos de simetria.

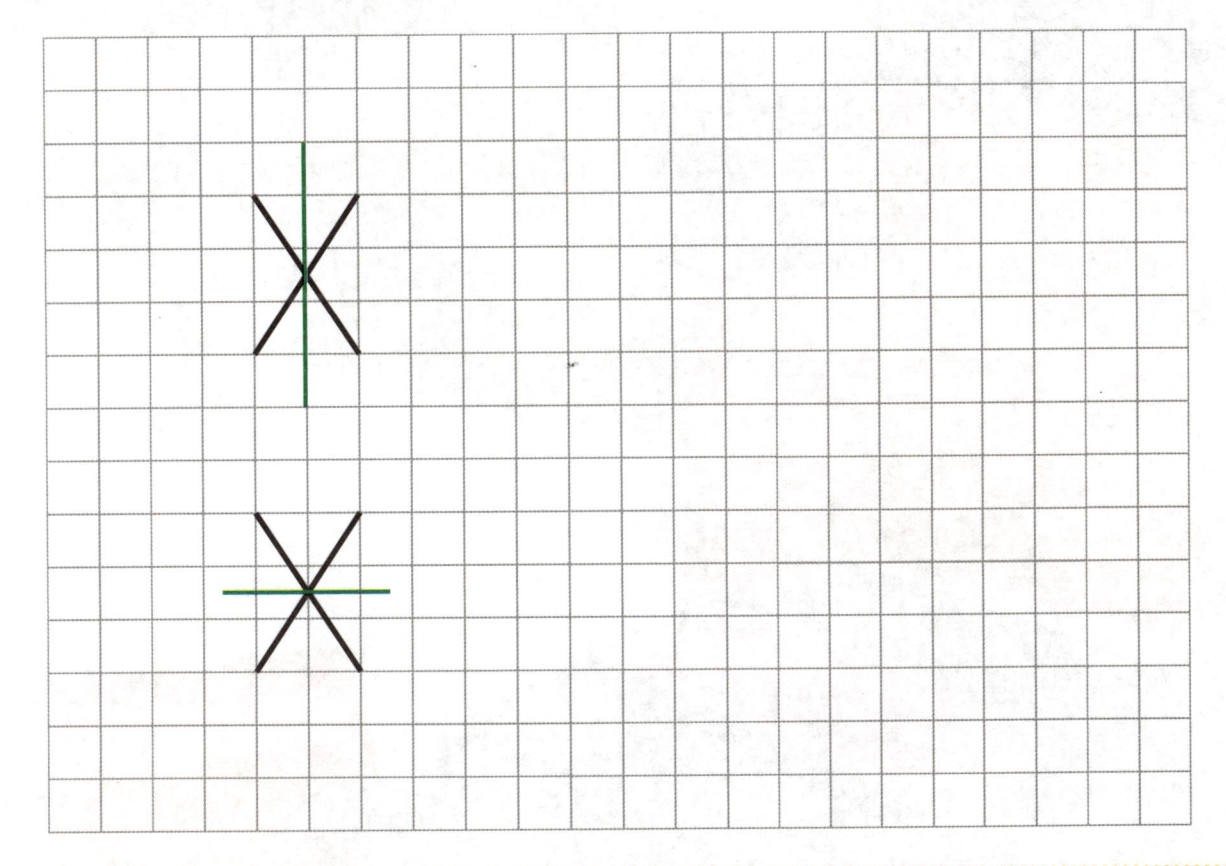

duzentos e oitenta e nove **289**

UNIDADE 12

Medidas de massa, de capacidade e de temperatura

Trocando ideias

1. Qual é a unidade de medida indicada na embalagem de farofa?
2. Qual é a unidade de medida indicada na embalagem de suco dessa ilustração?
3. Dê exemplos de produtos que estão dentro de embalagens com indicação de mais de 1 quilograma.
4. Raíssa perguntou para seu pai qual era a temperatura. Ele disse que o termômetro indicava 23 °C. Na sua opinião, o dia estava quente ou não?

1 Unidades de medida de massa

🎓 Aprendendo

O quilograma e o grama

1. Isabela e Bruno foram ao supermercado comprar farinha. Observe a cena.

Vou comprar um pacote de farinha de 1 kg.

Vou comprar a mesma quantidade de farinha que você, só que vou levar dois pacotes de 500 g cada um.

FARINHA COM 500 g — 6 reais
FARINHA COM 1 kg — 12 reais

> O **quilograma** (**kg**) é a unidade de medida padrão para expressar a massa de um corpo ou objeto.

Outra unidade de medida de massa é o grama.

Se dividirmos 1 quilograma em 1 000 partes iguais, cada parte corresponderá a 1 grama.

> 1 quilograma (1 kg) corresponde a 1 000 gramas (1 000 g).
> 1 kg = 1 000 g

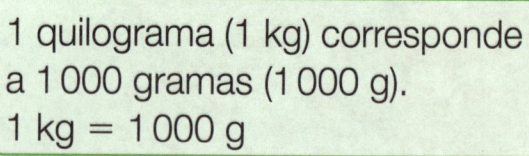

A metade de 1 quilograma corresponde a 500 gramas.

$$\frac{1}{2} \text{ kg} = 500 \text{ g}$$

A quarta parte de 1 quilograma corresponde a 250 gramas.

$$\frac{1}{4} \text{ kg} = 250 \text{ g}$$

292 duzentos e noventa e dois

Curiosidade

O grama

É muito comum a palavra *grama*, quando usada como unidade de medida de massa, ser considerada um substantivo feminino. Nesse caso, para indicar a quantidade de lentilha no pacote ao lado, as pessoas costumam dizer:

"Nesse pacote há quinhentas gramas de lentilha".

A frase acima está **errada**. Usada como unidade de massa de um corpo, a palavra *grama* é um substantivo masculino. Veja, a seguir, a maneira correta de dizer a frase.

Nesse pacote há **quinhentos gramas** de lentilha.

Praticando

1 Marque com um **X** os produtos que geralmente compramos por quilograma.

a)

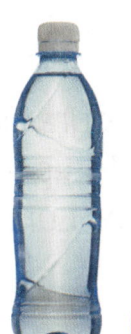

b)

c)

d)

e)

f)

duzentos e noventa e três **293**

2 Um objeto grande é sempre mais pesado que um objeto pequeno? Explique sua resposta.

_____
_____
_____

3 Escreva por extenso a massa indicada nas mercadorias abaixo.

a) Feijão 1 kg

_____

b) CAFÉ 500 g

_____

c) Arroz 2 kg

_____

d) Açúcar 5 kg

_____

4 Luís usou um haltere de meio quilograma com duas anilhas de 1 quilograma cada uma. Quantos gramas tem, ao todo, o haltere com as anilhas usado por Luís?

O haltere com as anilhas tem _____ gramas.

5 Quantos gramas há em:

a) meio quilograma? _____

b) um quilograma e meio? _____

c) dois quilogramas? _____

d) três quilogramas? _____

Curiosidade

Balança

Na foto ao lado, você vê uma balança de farmácia.

Esse é o instrumento usado para medir nossa massa, embora na linguagem diária as pessoas tenham o costume de utilizar a palavra "peso".

Veja outros tipos de balança.

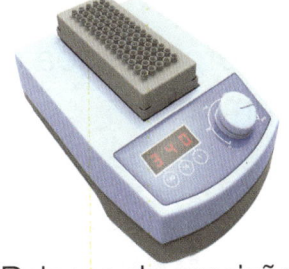

Balança de farmácia

Balança digital

Balança de precisão

Balança de dois pratos

6 Desenhe uma fruta em cada prato da balança de acordo com o enunciado.

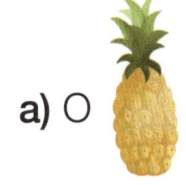

a) O 🍍 é mais pesado que a 🍐.

b) O cacho de 🍇 é mais pesado que a 🍌.

duzentos e noventa e cinco 295

7 Laura tinha 60 quilogramas de massa e emagreceu 8 quilogramas. Com que massa, em quilograma, Laura ficou?

Laura ficou com _____ quilogramas.

8 Ligue corretamente cada objeto, pessoa ou animal à sua massa, considerando o valor aproximado.

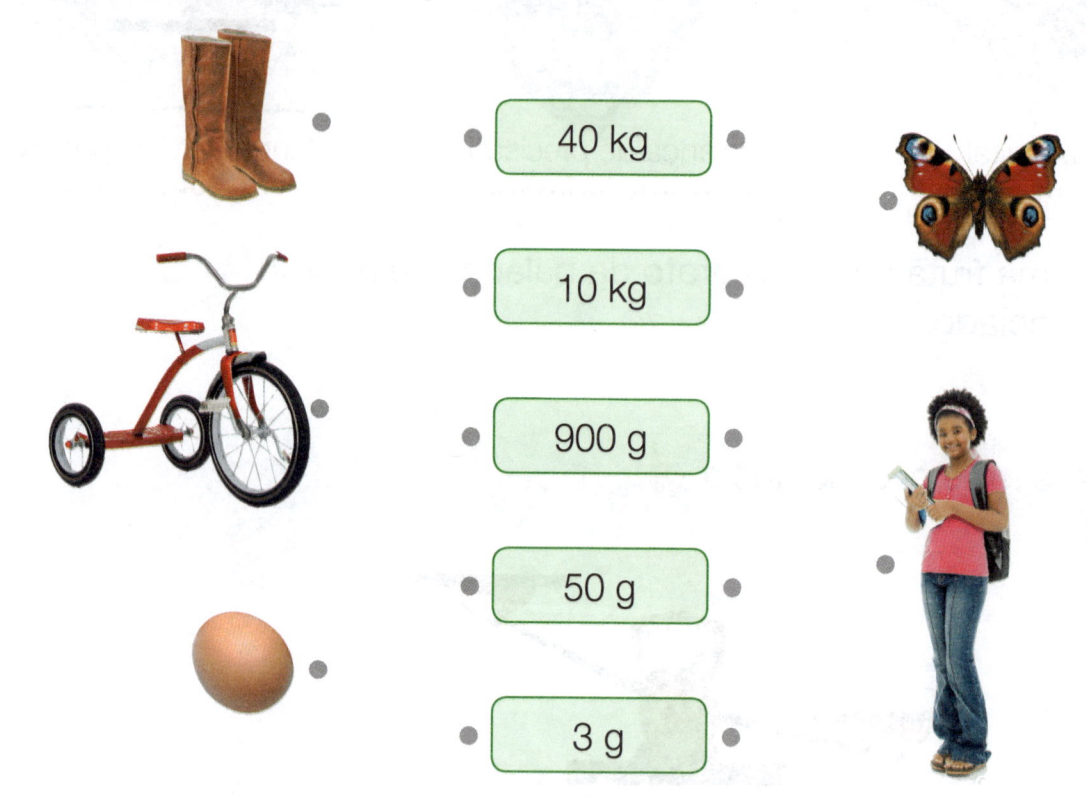

- 40 kg
- 10 kg
- 900 g
- 50 g
- 3 g

9 Duas malas de massas iguais foram colocadas em uma balança. Observe a ilustração e responda.

a) Qual é a massa das duas malas juntas?

_____

b) Qual é a massa de cada mala?

_____

296 duzentos e noventa e seis

10 Calcule mentalmente e, depois, escreva quantos pacotes iguais ao representado ao lado são necessários para se obter:

a) 1 quilograma de café? _____

b) 2 quilogramas de café? _____

c) 3 quilogramas de café? _____

d) 4 quilogramas de café? _____

e) 5 quilogramas de café? _____

11 Veja como Marcela fez para descobrir a massa de seu gato.

A massa do meu gato é 2 quilogramas.

- Agora, junte-se a um colega e tentem descobrir como Marcela conseguiu determinar a massa do gato.

12 Observe as balanças em equilíbrio e determine, em grama, a massa do vaso e a do bolo.

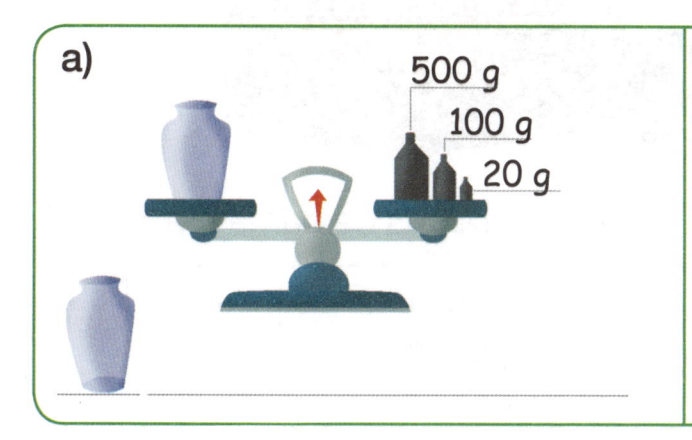

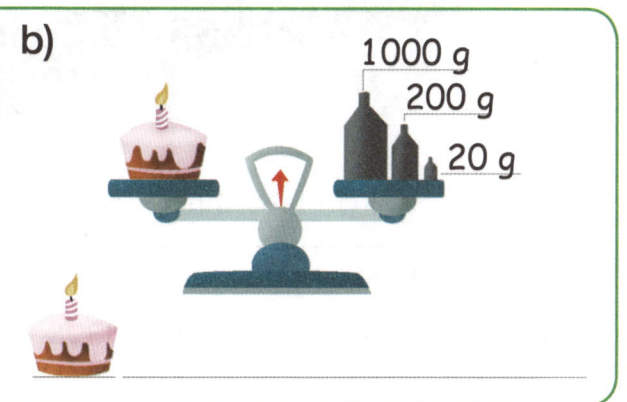

a) 500 g, 100 g, 20 g

b) 1000 g, 200 g, 20 g

duzentos e noventa e sete **297**

13 Cresce no Brasil o uso de bicicletas elétricas, que, além de silenciosas, não poluem o ar. Mas, apesar de mais velozes, elas pesam em torno de 40 quilogramas, enquanto as bicicletas convencionais pesam, em média, 13 quilogramas. Quantos quilogramas, em média, a bicicleta convencional é mais leve que a bicicleta elétrica?

A bicicleta convencional é, em média, _____ quilogramas mais leve que a bicicleta elétrica.

Aprendendo

A tonelada

Leonardo foi contratado para transportar 1 000 pacotes de 1 quilograma de feijão cada um, ou seja, 1 000 quilogramas de feijão.

CAPACIDADE MÁXIMA: 3 TONELADAS

— O seu caminhão pode carregar 1 000 quilogramas de feijão?

— Sim, suporta até 3 toneladas, que correspondem a 3 vezes a massa de 1 000 quilogramas.

O caminhão de Leonardo suporta 3 000 quilogramas de carga máxima.

> A **tonelada** (t) também é uma unidade de medida de massa.
> 1 tonelada = 1 000 quilogramas
> 1 t = 1 000 kg

Curiosidade

Baleias jubarte

Você sabia que as baleias jubarte mamam cerca de 100 litros de leite por dia até os 10 meses de idade? E como as baleias não têm mamas, elas liberam o leite na água, e o filhote abocanha aquela "nuvem de leite". A jubarte é uma das maiores baleias do planeta, podendo atingir 16 metros de comprimento e pesar, quando adulta, até 40 000 quilogramas, o que equivale a 40 toneladas. Apesar de enormes, elas são extremamente dóceis e brincalhonas. Elas emitem sons sofisticados, com variações de notas e melodia, tal qual uma música.

Instituto Baleia Jubarte. Dados obtidos em: <http://mod.lk/jubarte>. Acesso em: 12 abr. 2019.

O miligrama

1. O visor da balança de precisão indica a medida de massa, em miligrama, do "pesinho" que está sobre a balança.

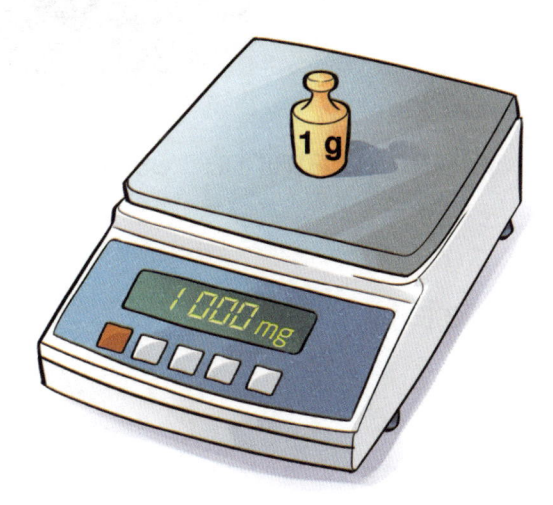

O **miligrama (mg)** também é uma unidade de medida de massa.
1 grama = 1 000 miligramas
1 g = 1 000 mg

duzentos e noventa e nove **299**

Praticando

1 Complete os espaços com a unidade de massa mais adequada em cada caso: kg, g ou mg.

a) Pacote de queijo ralado

b) Pacote de arroz

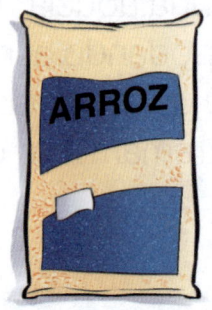

c) Comprimido

100 _____

5 _____

100 _____

2 Um caminhão transporta 5 toneladas de alimentos. A metade dessa carga é de café, 600 quilogramas são de feijão e o restante é de leite em pó.

a) Quantos quilogramas de café o caminhão está transportando?

_____

b) E quantos quilogramas de leite em pó? _____

3 Se na caixa ao lado há 50 comprimidos, qual é a massa, em miligrama, de cada comprimido?

_____

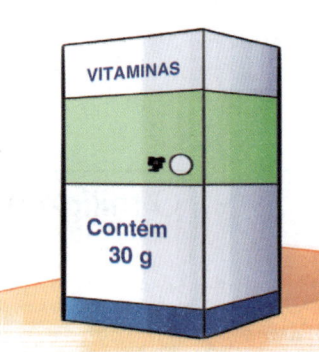

300 trezentos

4 Observe atentamente as figuras a seguir e determine a massa do pacote **B**, em grama, sabendo que as balanças de pratos estão em equilíbrio. _____

5 Em uma caixa de papelão foram colocados 25 pacotes de bolacha. Cada pacote de bolacha tem massa de 200 gramas. Qual é a massa do conteúdo dessa caixa, em quilograma? _____

6 Paulo transportou 60 latas de 3 kg cada uma. Qual foi a massa total transportada, em grama? _____

Resolvendo problemas

Ana Maria foi ao supermercado e comprou 3 quilogramas de margarina. Observe ao lado os tipos de pote que ela encontrou.

- Quantos potes de margarina Ana pode ter comprado?

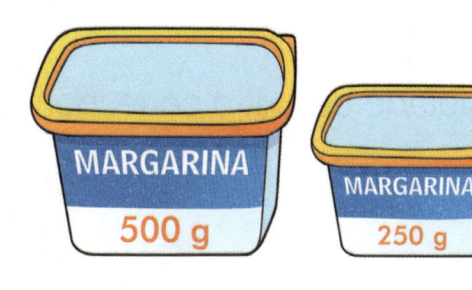

trezentos e um **301**

2 O litro e o mililitro

Aprendendo

Sugestão de leitura

Assim ou assado?, de Alcy. Leia mais informações sobre esse livro na página 319.

1. Observe as ilustrações.

Esse galão de água tem capacidade para 20 **litros**.

A capacidade do reservatório de combustível do carro de Aníbal é 50 **litros**.

Conhecer a capacidade de um recipiente significa determinar o seu volume interior.

O **litro** (**L**) é a unidade de medida padrão de capacidade.

Outra unidade de medida de capacidade é o **mililitro** (**mL**). 1 litro corresponde a 1 000 mililitros.

Se dividirmos 1 litro em 1 000 partes iguais, cada parte corresponderá a 1 mililitro.

$$1\ L = 1\ 000\ mL$$

A metade de 1 litro corresponde a 500 mililitros.

$$\frac{1}{2}\ L = 500\ mL$$

A quarta parte de 1 litro corresponde a 250 mililitros.

$$\frac{1}{4}\ L = 250\ mL$$

Praticando

1 Se despejarmos a água de todos esses recipientes na parte superior do filtro, ele ficará completamente cheio.

garrafa de água: 1,5 L    garrafa de água: 1,5 L

copo de água: 250 mL   copo de água: 250 mL 
copo de água: 250 mL   copo de água: 250 mL

- Quantos litros de água cabem na parte superior do filtro? _____

2 Marque com um **X** o que, geralmente, compramos por litro.

a)

b)

c)

d)

e)

f)

3 Observe a ilustração ao lado e responda.

a) Qual é a capacidade desse recipiente? _____

b) Ele tem menos ou mais de 1 litro? _____

Óleo 900 mL

trezentos e três **303**

4 Os recipientes ao lado têm formas diferentes, mas possuem a mesma capacidade: 2 litros. Isso é possível? Converse com um colega e registre a conclusão de vocês.

_____
_____
_____

5 Em um dia, uma loja de conveniência vendeu 4 litros de suco de laranja, 6 litros de suco de uva e 2 litros de suco de acerola. Quantos litros desses sucos foram vendidos ao todo nesse dia?

Foram vendidos _____ litros de suco.

6 Complete os itens abaixo, lembrando que 1 L = 1 000 mL.

a) 3 L = _____ mL

b) 7 L = _____ mL

c) $\frac{1}{2}$ L = _____ mL

d) 2 000 mL = _____ L

e) 5 000 mL = _____ L

f) 250 mL = _____ L

7 Para fazer meio litro de limonada, Válter usou 3 limões iguais. Quantos limões iguais a esses serão necessários para fazer 5 litros de limonada?

Serão necessários _____ limões.

8 A metade da capacidade de uma piscina é 430 litros de água. Quantos litros de água são necessários para encher completamente essa piscina?

Para encher completamente essa piscina, são necessários _____ litros de água.

9 No reservatório de uma bomba há 780 litros de etanol. A cada dia, nessa bomba, são vendidos 232 litros de etanol. Após 3 dias, quantos litros restarão nessa bomba se o reservatório não for abastecido?

Após 3 dias, restarão na bomba _____ litros de etanol.

10 Pergunte a um adulto qual é a capacidade do tanque de combustível de um carro pequeno. Depois, pesquise o preço de 1 L de etanol em um posto de gasolina e calcule quanto você gastaria para encher o tanque desse carro. Compare seu resultado com o de seus colegas.

Carro (modelo)	
Capacidade do tanque (litro)	
Preço por litro de etanol	
Total gasto para encher o tanque	

11 Lúcia despejou a água de 8 copos de 250 mL em uma jarra para fazer um suco. Quantos litros de água Lúcia utilizou para fazer esse suco?

Medidas
Nesta atividade, você terá de resolver alguns desafios que envolvem diferentes unidades de medida.

Lúcia utilizou _____ litros de água.

12 Um carro-pipa transporta 984 litros de água. Quantos baldes de 8 litros poderão ser enchidos com toda essa água?

Poderão ser enchidos exatamente _____ baldes.

13 Observe as caixas de suco que Marta comprou. Quantos litros de suco ela comprou ao todo?

306 trezentos e seis

3 Temperatura

Aprendendo

Durante as férias, Isabela e Ana foram viajar. Isabela foi passar alguns dias na casa de alguns parentes que moram na região Sul do Brasil e Ana foi para uma cidade do Nordeste com seus pais.

Acabei de ver pela televisão que a temperatura está 8 graus Celsius agora.

33 °C

Nossa! A temperatura daqui está mais alta.

Praticando

1 Observe as ilustrações acima e responda às questões.

a) Escreva por extenso a temperatura do ambiente mais quente.

_____

b) Quantos graus Celsius a temperatura do ambiente mais quente está maior que a do outro ambiente? _____

2 Escreva em cada quadro a temperatura correspondente.

35 ☐ 37 ☐ ☐ 40 ☐ 42

trezentos e sete **307**

3 Lucas foi ao parque com seus pais. Antes de sair de casa, disse para sua mãe que gostaria de tomar um picolé. Ela respondeu que, se a temperatura ficasse maior que 28 °C, lhe compraria um.

a) Lucas vai ganhar seu picolé conforme a condição que sua mãe havia colocado? Por quê?

_____

b) Qual desconto Lucas receberia no total se, em vez de comprar apenas 1, comprasse 3 picolés? _____

c) Sabendo que Lucas quer apenas um picolé e seus pais não querem nenhum, vale a pena ele comprar os 3 picolés para ter o desconto?

4 Quando Mário acordou para ir à escola, seus pais estavam ouvindo noticiário e uma das informações passadas foi a seguinte: "Temperatura máxima de hoje 32 °C e mínima de 24 °C". O que você acha que Mário pôde concluir diante disso?

_____

_____

_____

308 trezentos e oito

5 Bruno e seus pais reservaram um dia para irem passear; de manhã, foram à praia e na parte da tarde foram ao cinema. Durante o dia, Bruno notou que a temperatura variava. Observe as cenas abaixo.

> Bruno acordou às 7 horas. — 19°C / 07:00

> Foi à praia após o café da manhã. — 26°C / 10:00

> Depois do almoço foi ao cinema. — 29°C / 14:00

> Deitou-se para dormir às 21 horas. — 21°C / 21:00

- Agora, responda às perguntas.

    a) Qual foi a temperatura mais alta que Bruno notou nesse dia? _____

    b) Em qual horário Bruno notou a temperatura mais baixa nesse dia?
    _____

    c) Em quantos graus Celsius a temperatura estava mais alta, ao ser comparado o momento em que ele foi ao cinema ao momento em que ele foi à praia? _____

Lendo e descobrindo

As consequências do aquecimento global

São várias as consequências do aquecimento global, e algumas delas já podem ser sentidas em diferentes partes do planeta.

Estima-se que, se as temperaturas continuarem em elevação, fenômenos naturais como derretimento de geleiras, tempestades, ondas de calor, secas, entre outros tornem-se cada vez mais frequentes e intensos em todo o mundo, trazendo graves consequências para as populações humanas e para o ambiente, podendo ocasionar a diminuição e até a extinção de espécies animais e vegetais.

Linha do tempo dos registros de temperatura feitos pela Nasa (1880-2017)

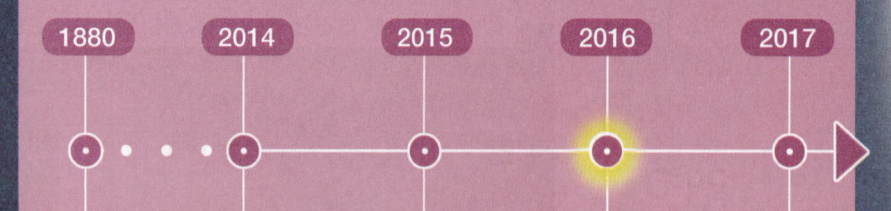

1880 — Nesse período, a temperatura média do planeta aumentou.

2014 — A temperatura média no planeta nesse ano foi quase 1 °C maior que a média do século XX.

2015

2016 — Esse ano bateu o recorde de ano mais quente desde 1880.

2017 — O mês de julho de 2017 foi considerado o mês de julho mais quente em 137 anos.

BRASIL

Representação esquemática da Terra com cores-fantasia

Temperaturas altas e mudança na frequência das chuvas

Projeções do relatório de avaliação do Painel Intergovernamental de Mudanças Climáticas (IPCC) indicam que o Brasil deverá ficar ao menos 3 °C mais quente até o fim do século XXI e que as chuvas podem aumentar nas regiões Sul e Sudeste e diminuir nas regiões Norte e Nordeste.

310 trezentos e dez

MEIO AMBIENTE

ÁRTICO

EUROPA

Ondas de calor

Intensas ondas de calor vêm atingindo a Europa. Em 2017, 11 países declararam estado de emergência por causa do calor intenso. As temperaturas passaram dos 40 °C.

Derretimento das calotas polares

As bordas da Antártida estão desmoronando devido ao aquecimento global. Até 2100, as previsões são de que o derretimento das calotas polares, em especial a do Ártico, contribua para o aumento de mais de 1 metro no nível dos oceanos.

ANTÁRTIDA

ILUSTRAÇÃO: RAUL AGUIAR

Faça as atividades em seu caderno.

1. Segundo o texto, o Brasil deverá ficar quantos graus Celsius mais quente até o fim do século XXI?

2. Reúna-se com três colegas e pesquisem sobre o aquecimento global. Depois, conversem sobre o que nós podemos fazer para ajudar a diminuir o aquecimento do planeta.

FONTES: National Aeronautics and Space Administration (Nasa). Disponível em: <https://www.nasa.gov/press/2014/january/nasa-finds-2013-sustained-long-term-climate-warming-trend/#.WcT_FfOGOM8>; <https://www.nasa.gov/content/goddard/nasa-finds-2013-sustained-long-term-climate-warming-trend/>; <https://data.giss.nasa.gov/gistemp/news/20170815/>; Instituto Nacional de Meteorologia (INMET). Disponível em: <http://www.inmet.gov.br/portal/notas_tecnicas/2015/nota_tecnica_temperaturas_2015.pdf>; Intergovernmental Panel on Climate Change (IPCC). Disponível em: <http://www.ipcc.ch/pdf/assessment-report/ar5/syr/SYR_AR5_FINAL_full_wcover.pdf>; <http://www.ipcc.ch/>; World Wildlife Fund (WWF). Disponível em: <https://www.wwf.org.br/natureza_brasileira/reducao_de_impactos2/clima/mudancas_climaticas2/>. Acessos em: 29 maio 2019. PIVETTA, Marcos. Um Brasil mais vulnerável no século XXI. *Pesquisa Fapesp*. São Paulo, n. 249, p. 16-21, nov. 2016; FOX, Douglas. O colapso do gelo. *National Geographic*. São Paulo, n. 208, p. 22-39, jul. 2017.

trezentos e onze **311**

Tratando a informação

Fazendo uma pesquisa

1 *Funk*, *rock*, sertanejo ou samba? Iaci e seus amigos queriam saber de qual desses estilos de música os alunos do 3º ano da escola mais gostam. Para coletar os dados, eles aplicaram o questionário a seguir.

Nome: _____

Gênero: ( ) Masculino   ( ) Feminino

De qual dos estilos de música abaixo você mais gosta?
( ) Funk   ( ) Rock   ( ) Sertanejo   ( ) Samba

Depois, eles recolheram os questionários preenchidos e fizeram uma lista.

Número	Nome	Gênero	Estilo de música de que mais gosta
1	Camila	Feminino	Sertanejo
2	Luana	Feminino	Samba
3	Jéssica	Feminino	Sertanejo
4	Aline	Feminino	Rock
5	Marília	Feminino	Rock
6	Pedro	Masculino	Funk
7	Sofia	Feminino	Samba
8	Igor	Masculino	Samba
9	Guilherme		

ILUSTRAÇÕES: JOSÉ LUIS JUHAS

Por último, eles organizaram os dados em uma tabela. Complete os totais das linhas e das colunas da tabela.

Preferência musical dos alunos do 3º ano

Gênero	Estilo de música				Total
	Funk	*Rock*	Samba	Sertanejo	
Feminino	12	20	11	13	
Masculino	10	18	11	17	
Total					112

Dados obtidos por Iaci e seus amigos, em maio de 2019.

- Que conclusões você pode tirar com base nos dados obtidos por Iaci e seus amigos? Converse com os colegas.

2 Agora é a sua vez! Reúna-se com os colegas e façam uma pesquisa seguindo o roteiro abaixo.

Roteiro

1º Escolham um tema do interesse de vocês e elaborem um questionário.

2º Coletem os dados de que necessitam aplicando um questionário aos alunos do 3º ano da escola em que estudam.

3º Façam uma lista com as respostas que obtiveram.

4º Organizem os dados obtidos em uma tabela ou em um gráfico.

5º Analisem os resultados e conversem entre si para chegar a algumas conclusões.

6º Compartilhem com a classe as conclusões a que chegaram.

JOSÉ LUIS JUHAS

trezentos e treze **313**

Praticando mais

1 Observe as situações e responda às questões.

a) "Quero 1 kg de carne moída." (580 g)

Quantos gramas de carne faltam para completar 1 kg?

_____

c) Açúcar 500 g por 2 reais. "Preciso de 4 kg de açúcar."

Quanto ela vai pagar por 4 kg de açúcar?

_____

b) "Preciso distribuir igualmente este chocolate em 5 embalagens." (16 kg de chocolate)

Quantos gramas ela vai colocar em cada embalagem?

_____

d) "Quero 3 quilogramas de uva." (2 300 g)

Quantos quilogramas de uva faltam para completar essa compra?

_____

2 Um caminhão pode transportar 10 t de carga. Já foram colocadas 60 caixas de 80 kg cada uma. Quantos quilogramas faltam para completar a carga máxima do caminhão?

_____

3 Escreva no termômetro abaixo as temperaturas que faltam e pinte a coluna desse termômetro de modo que represente a temperatura de uma pessoa com febre.

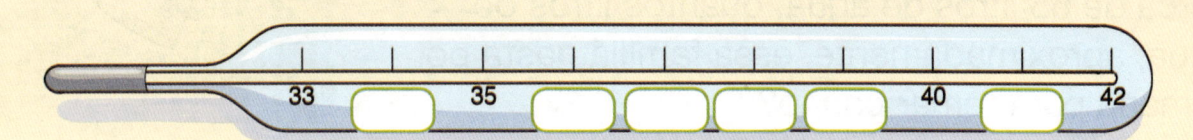

33   35   40   42

4 Coloque um grão de feijão na palma da mão. Agora, faça o que se pede.

a) Qual é a unidade mais adequada para expressar a medida da massa desse grão de feijão?

b) Estime a massa desse grão de feijão.

c) Estime a massa de 100 grãos de feijão como esse.

5 Observe os produtos de uma empresa e responda às questões.

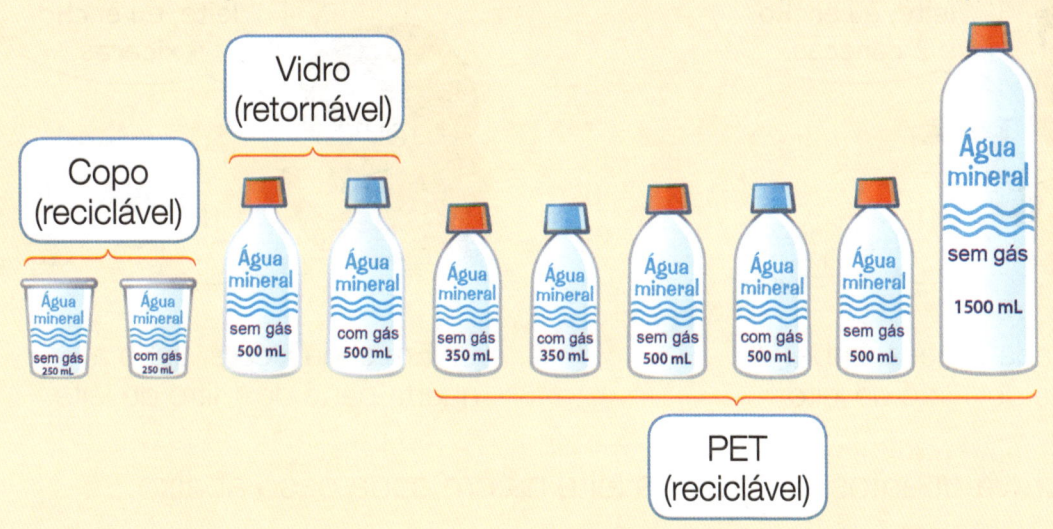

Copo (reciclável): Água mineral sem gás 250 mL; Água mineral com gás 250 mL

Vidro (retornável): Água mineral sem gás 500 mL; Água mineral com gás 500 mL

PET (reciclável): Água mineral sem gás 350 mL; Água mineral com gás 350 mL; Água mineral sem gás 500 mL; Água mineral com gás 500 mL; Água mineral sem gás 500 mL; Água mineral sem gás 1500 mL

a) Qual produto dessa empresa tem maior capacidade?

b) Qual produto dessa empresa tem menor capacidade?

c) Quantas vezes a água do produto de menor capacidade cabe no recipiente de maior capacidade?

trezentos e quinze **315**

6 Uma família é formada por 6 pessoas. Sabendo que cada pessoa dessa família toma 2 banhos por dia e que, em cada banho, são consumidos cerca de 65 litros de água, quantos litros de água, aproximadamente, essa família gasta por semana para tomar banho?

_____

7 Observe as situações.

Com 1 litro de leite, eu encho 2 canecas.

Com 1 litro de leite, eu encho 4 xícaras.

Em cada caneca, cabe metade de 1 litro de leite.

Em cada xícara, cabe a quarta parte de 1 litro de leite.

Agora, escreva quantos mililitros de leite há em cada caso abaixo.

a) _____

b) _____

• Explique para um colega como você pensou para resolver os itens acima.

8 Para preparar biscoitos para vender, Lívia tem 20 litros de leite e precisará dividir essa quantidade em copos.

a) Quantos copos de 200 mL Lívia pode encher? _____

b) Quantos copos de 250 mL ela pode encher? _____

9 Se 6 litros de um suco de frutas custam 12 reais, quantos reais custam 2 litros desse suco? _____

10 Observe a balança de pratos em equilíbrio. Explique como você distribuiria todas as peças ao lado nessa balança, de modo a mantê-la em equilíbrio.

11 Observe as figuras e determine a massa aproximada do pão.

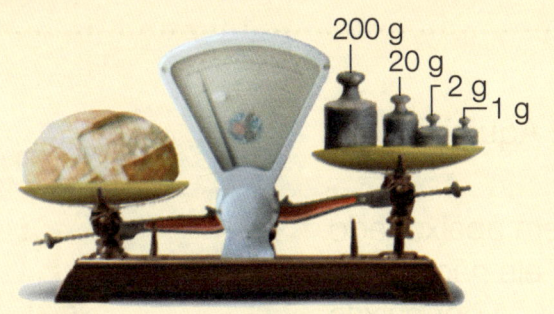

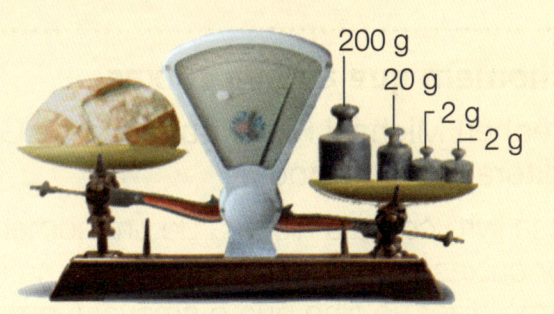

Desafio

Danilo tem três caixas que parecem iguais. Uma delas é mais leve que as outras, que possuem massas iguais.
Ele realizou uma única pesagem usando uma balança de dois pratos e descobriu qual das caixas é a mais leve.

- Converse com um colega e descubram como Danilo fez isso.

trezentos e dezessete **317**

Sugestões de leitura

A origem dos números
Majungmul e Ji Won Lee, Callis. (Coleção Tan tan)

Como as pessoas faziam para contar antes de surgirem os numerais? Elas usavam diferentes formas para representar quantidades; partes do corpo, como as mãos e os pés, eram utilizadas para indicar quantidades.

O valor de cada um
Martins Rodrigues Teixeira, FTD.
(Coleção Matemática em mil e uma histórias)

Nesse livro, acontece uma briga entre os números e você terá de resolvê-la; desse modo, você vai aprender de maneira divertida o real valor de cada número.

O homem que amava caixas
Stephen Michael King. Tradução de Gilda de Aquino. Editora Brinque-Book.

Esse livro conta a história de um homem que era apaixonado por caixas e por seu filho. O problema era que ele não sabia como dizer ao filho que o amava. Com sua paixão por caixas, o pai construía castelos, aviões e todo tipo de objetos para divertir o menino. Seu amor pelo garoto se manifestava por meio das caixas, que eram usadas nas brincadeiras do filho.

Que horas são?
Guto Lins, Mercuryo Jovem.

Há hora para todas as coisas: hora de acordar, de almoçar, de lanchar, de jantar e de dormir. Um poema descreve essa rotina diária e, enquanto você o lê, vai aprendendo as horas.

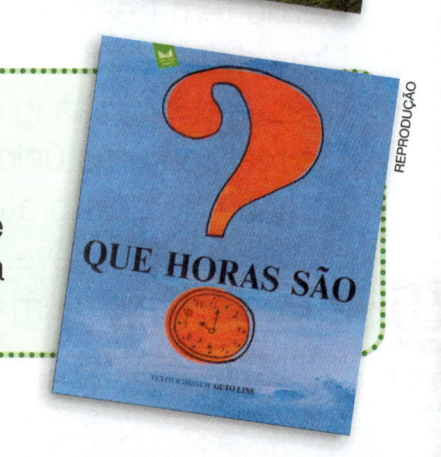

Onde estão as multiplicações?

Luzia Faraco Ramos Faifi, Ática.
(Coleção Turma da Matemática)

Adelaide está com um problema muito sério: precisa encontrar exemplos de multiplicação no dia a dia para fazer um trabalho de escola. Ela e seus amigos saem por aí procurando multiplicações – carrinhos, chaves, flores, aranhas, baratas e outras coisas, tudo isso pode ajudar a compreender e a resolver essa operação.

Bem-me-quer, mal-me-quer! Margarida par ou margarida ímpar?

Atilio Bari, Scipione. (Coleção Em cena)

Risonho gosta de Lindinha e vive brincando de tirar as pétalas da margarida para saber se ela também gosta dele. Mas as pétalas nunca terminam no bem-me-quer. E agora? Será que alguém vai ensinar os pares e os ímpares para Risonho encontrar a margarida certa?

Pedro compra tudo (e Aninha dá recados)

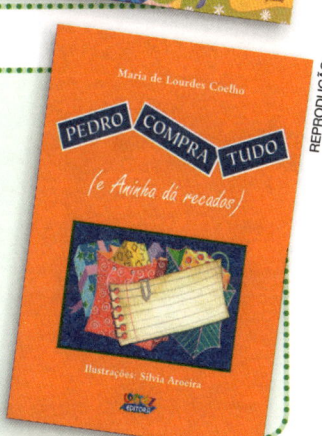

Maria de Lourdes Coelho, Cortez.

A história de um garoto consumista que aos poucos vai aprendendo a consumir de forma consciente, a solicitar nota fiscal, a observar as condições do produto etc. No desenrolar da história, vão surgindo orientações para um consumo consciente e para conhecer os direitos do consumidor.

Assim ou assado?

Alcy, Formato. (Coleção Unidunitê)

A obra faz algumas comparações de grandezas: Grande ou pequeno? Leve ou pesado? Gordo ou magro? Claro ou escuro? Macio ou áspero? Cheio ou vazio? Longe ou perto? E traz ilustrações grandes e bem-humoradas, em que há inúmeras possibilidades de explorar essas noções.

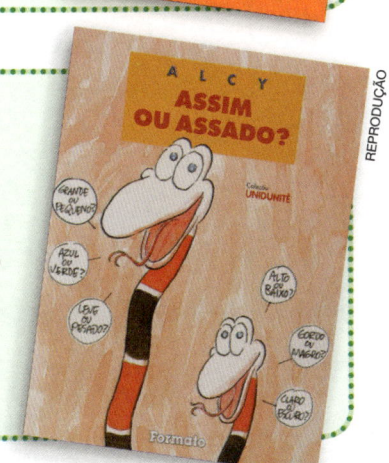

trezentos e dezenove 319

Material para a seção Agindo e construindo da página 34

A1

Cole Cole Cole Cole Cole Cole Cole Cole Cole

Este suplemento é parte integrante da obra *Matemática*, de Ênio Silveira e Cláudio Marques. Não pode ser vendido separadamente. Editora Moderna.

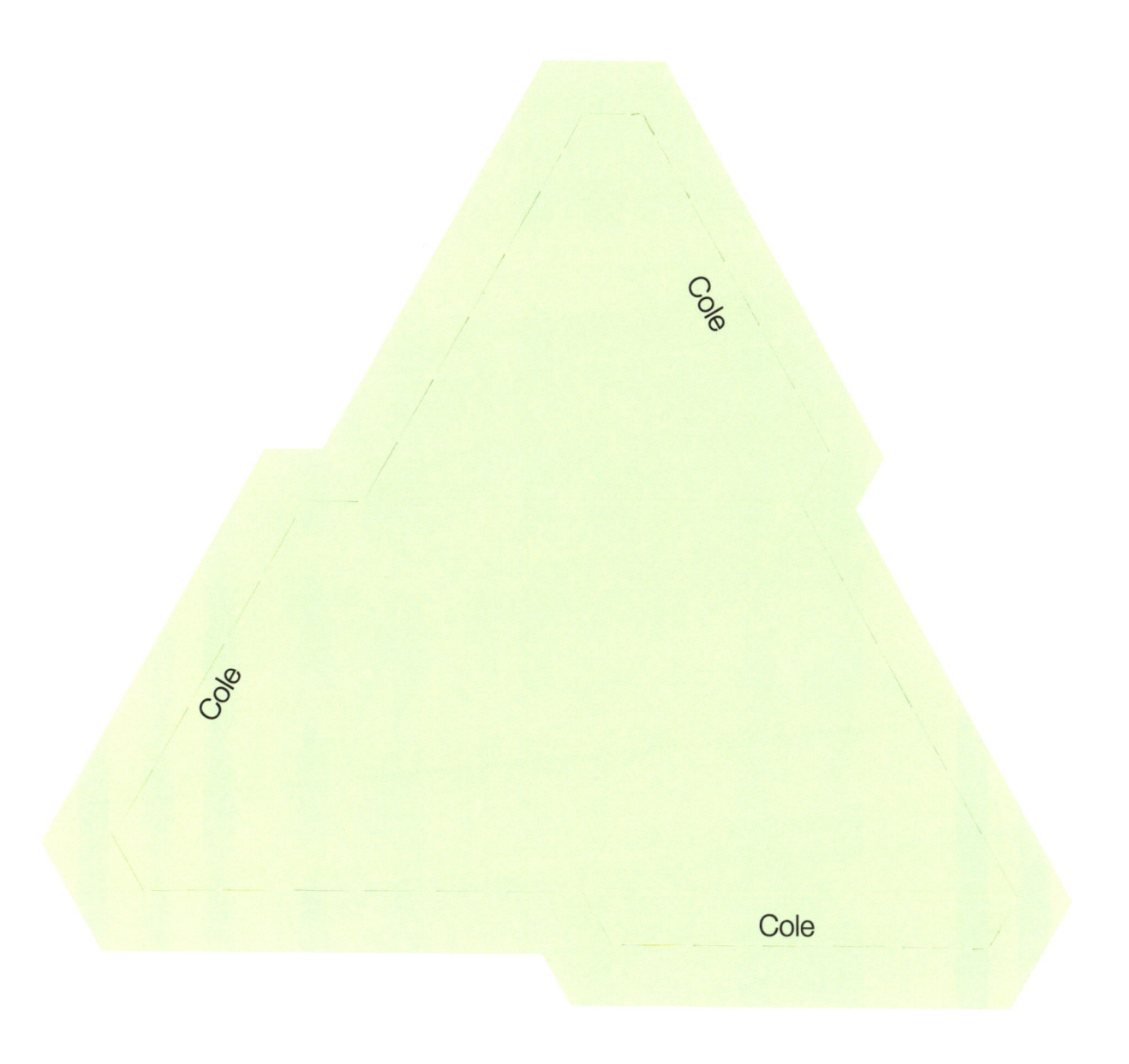

Material para a seção Agindo e construindo da página 36

A2

Cole

Cole

Cole

Este suplemento é parte integrante da obra *Matemática*, de Ênio Silveira e Cláudio Marques. Não pode ser vendido separadamente. Editora Moderna.

Material para a seção Agindo e construindo da página 39 — **A3**

Cole

Este suplemento é parte integrante da obra *Matemática*, de Ênio Silveira e Cláudio Marques. Não pode ser vendido separadamente. Editora Moderna.

Material para a seção Agindo e construindo da página 39

A4

Cole

Este suplemento é parte integrante da obra *Matemática*, de Ênio Silveira e Cláudio Marques. Não pode ser vendido separadamente. Editora Moderna.

Cédulas e moedas

A5

Este suplemento é parte integrante da obra *Matemática*, de Ênio Silveira e Cláudio Marques. Não pode ser vendido separadamente. Editora Moderna.

BANCO CENTRAL DO BRASIL

Este suplemento é parte integrante da obra *Matemática*, de Ênio Silveira e Cláudio Marques. Não pode ser vendido separadamente. Editora Moderna.

BANCO CENTRAL DO BRASIL

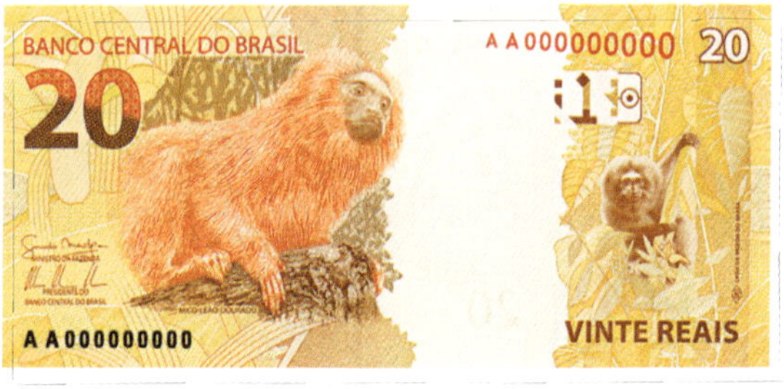

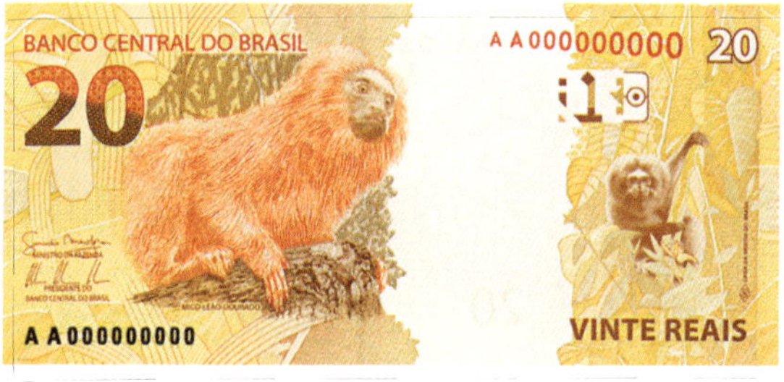

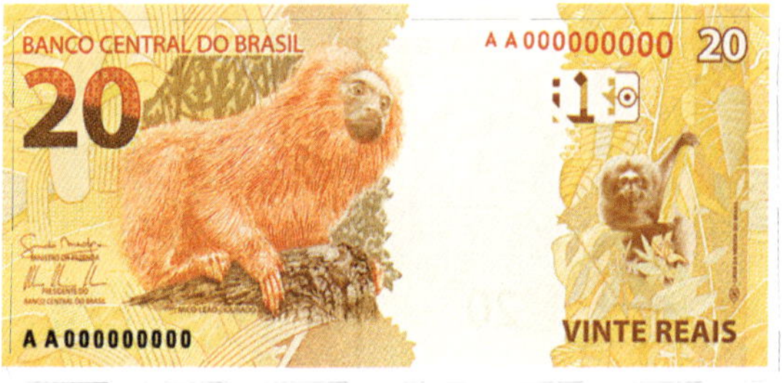

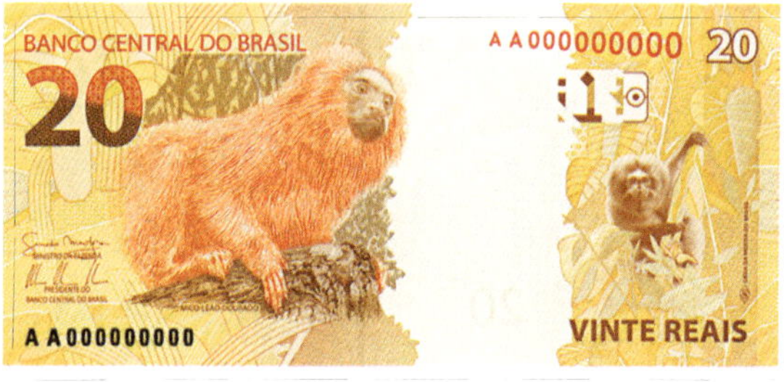

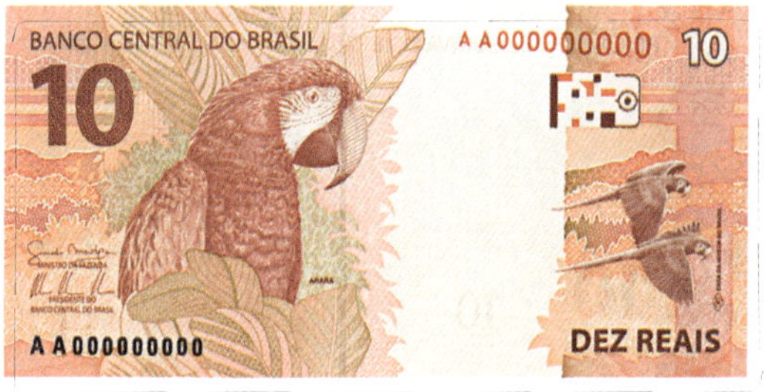

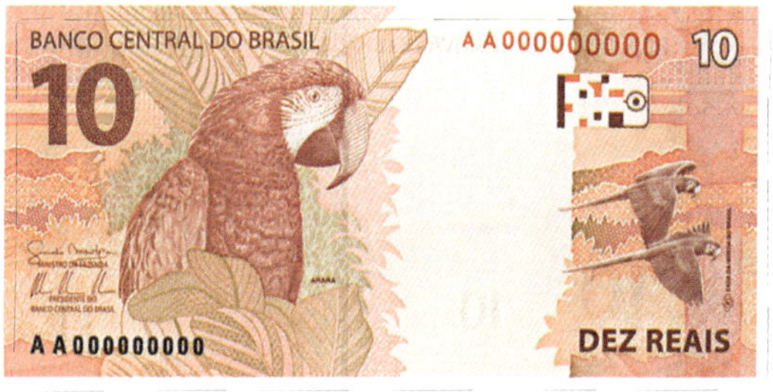

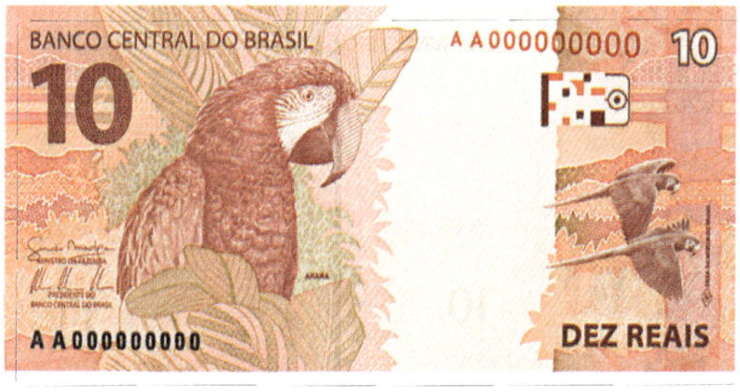

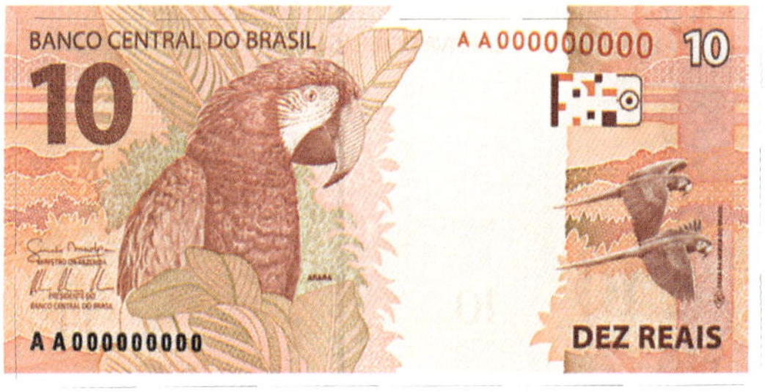

Este suplemento é parte integrante da obra *Matemática*, de Ênio Silveira e Cláudio Marques. Não pode ser vendido separadamente. Editora Moderna.

BANCO CENTRAL DO BRASIL

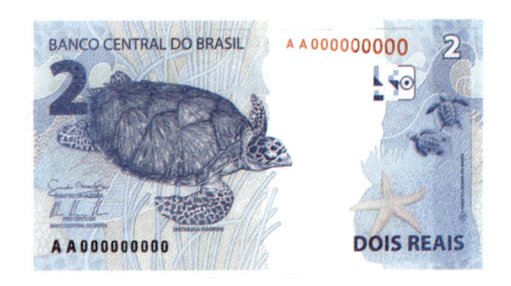

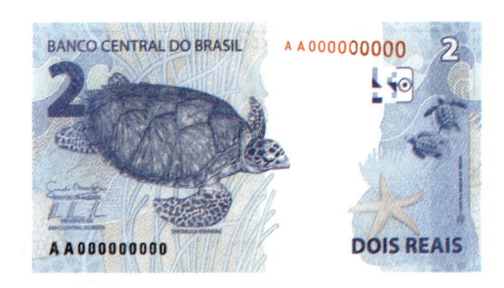

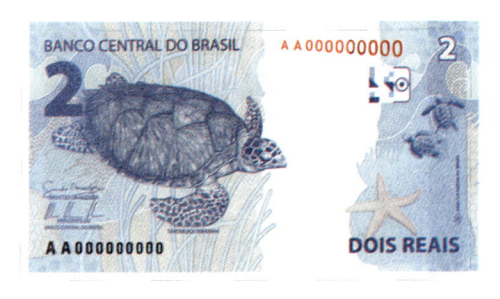

Envelope para guardar materiais

A6

Parte A

Para guardar materiais

Parte B

Nome:

Turma:

Este suplemento é parte integrante da obra *Matemática*, de Ênio Silveira e Cláudio Marques. Não pode ser vendido separadamente. Editora Moderna.

dobre aqui

dobre aqui

dobre aqui

dobre aqui

colar a Parte B aqui

colar a Parte A aqui

Material dourado

A7

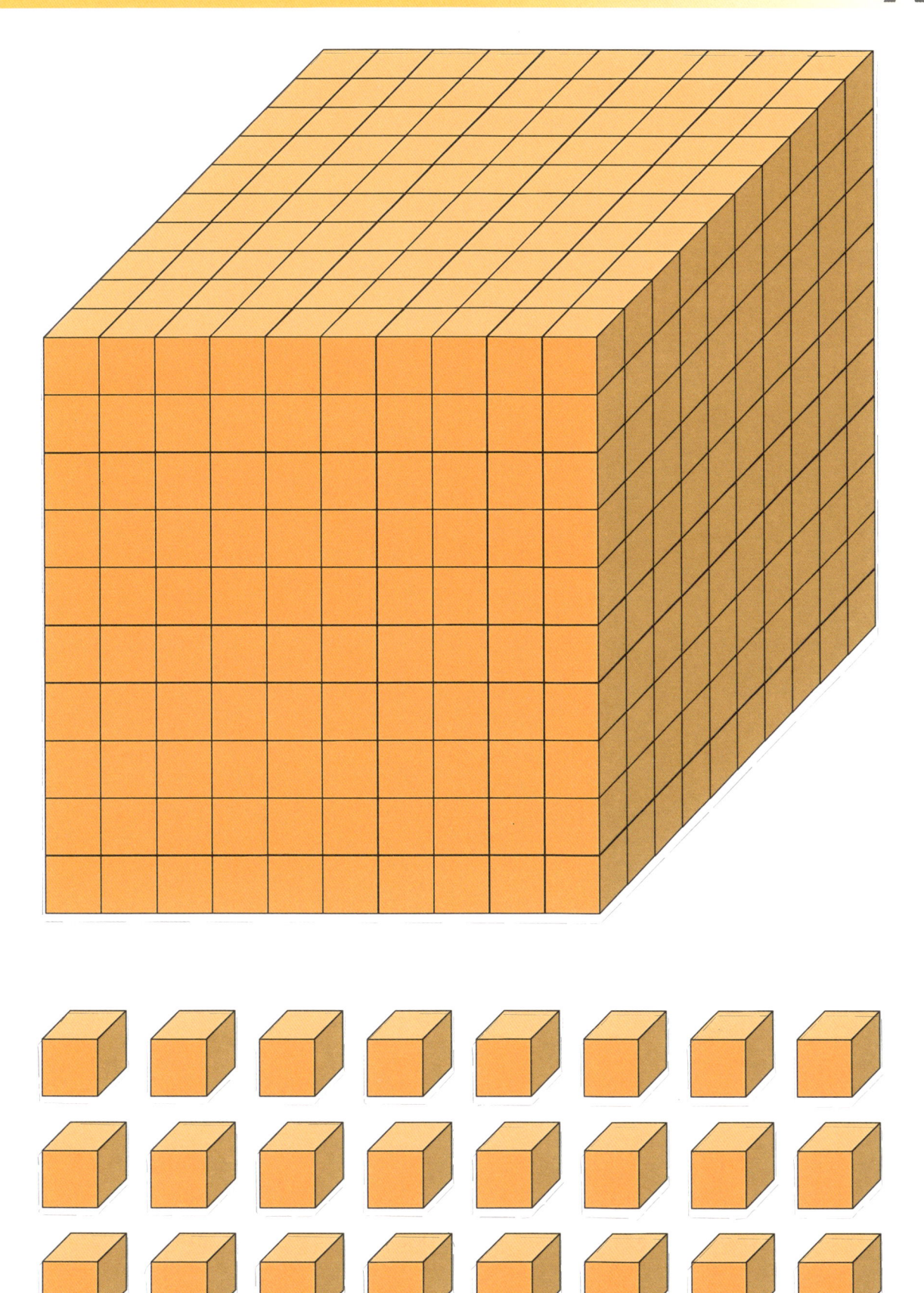

Este suplemento é parte integrante da obra *Matemática*, de Ênio Silveira e Cláudio Marques. Não pode ser vendido separadamente. Editora Moderna.

ILUSTRAÇÕES: ADILSON SECCO

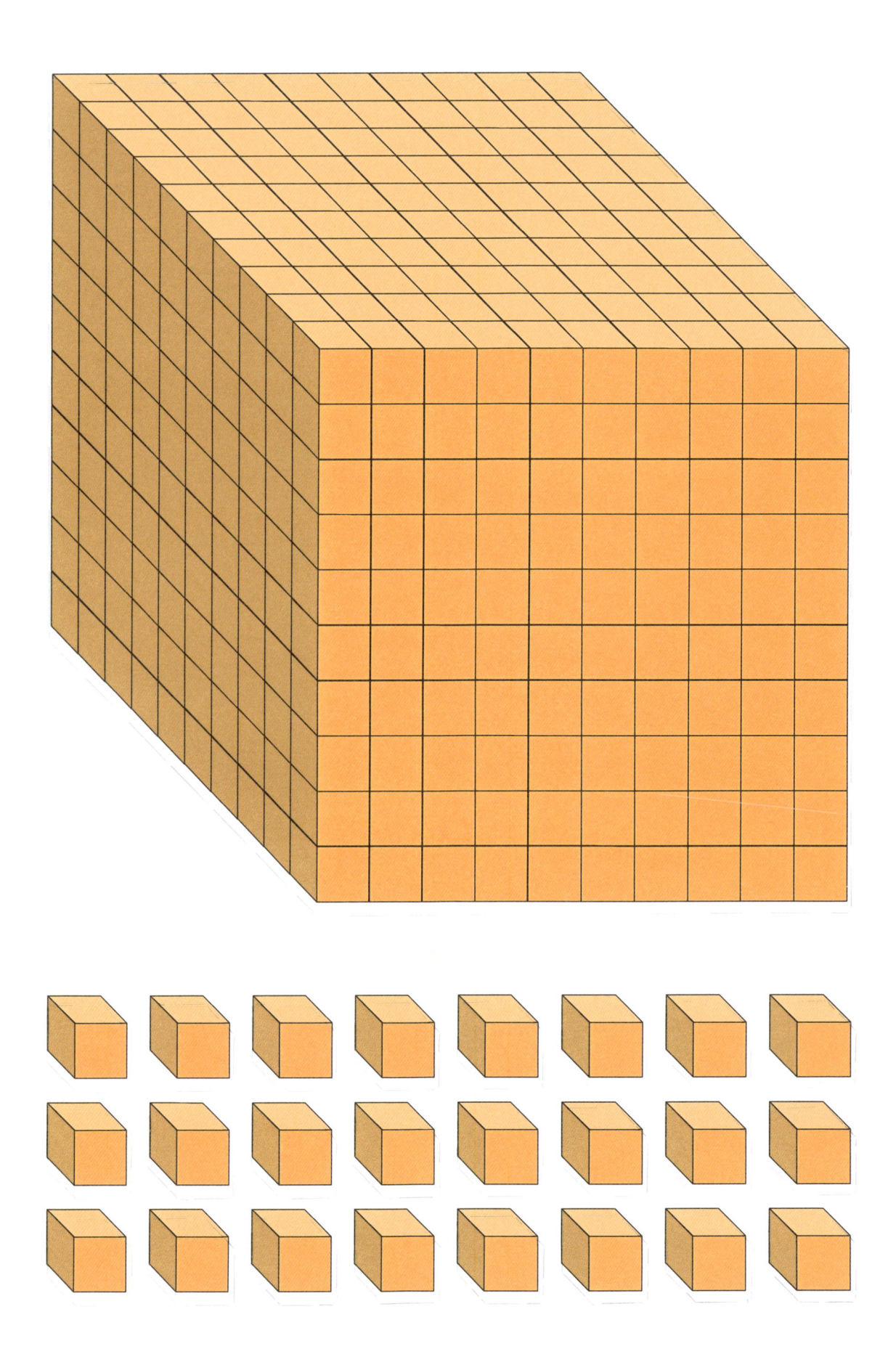

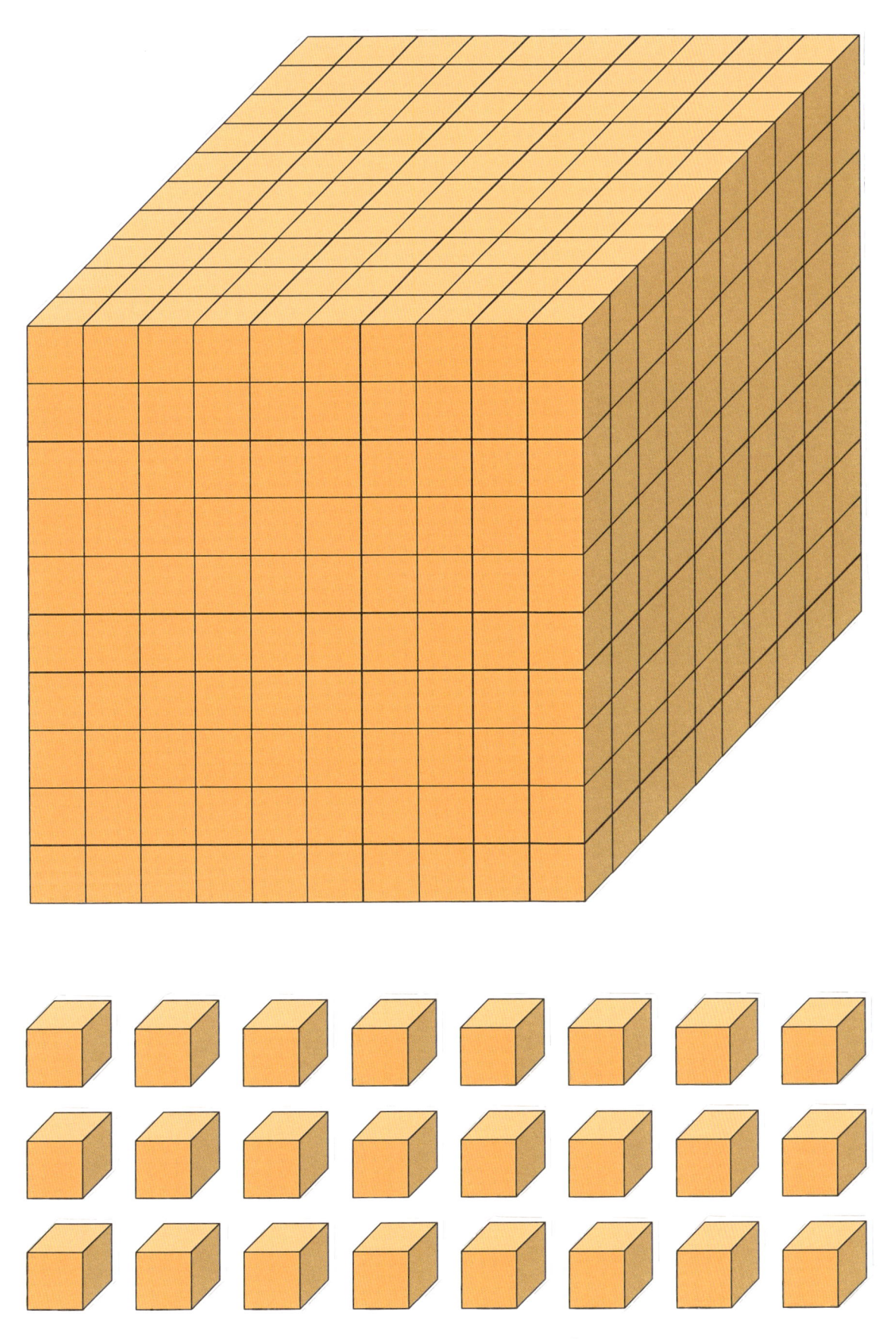

Este suplemento é parte integrante da obra *Matemática*, de Ênio Silveira e Cláudio Marques. Não pode ser vendido separadamente. Editora Moderna.

ILUSTRAÇÕES: ADILSON SECCO

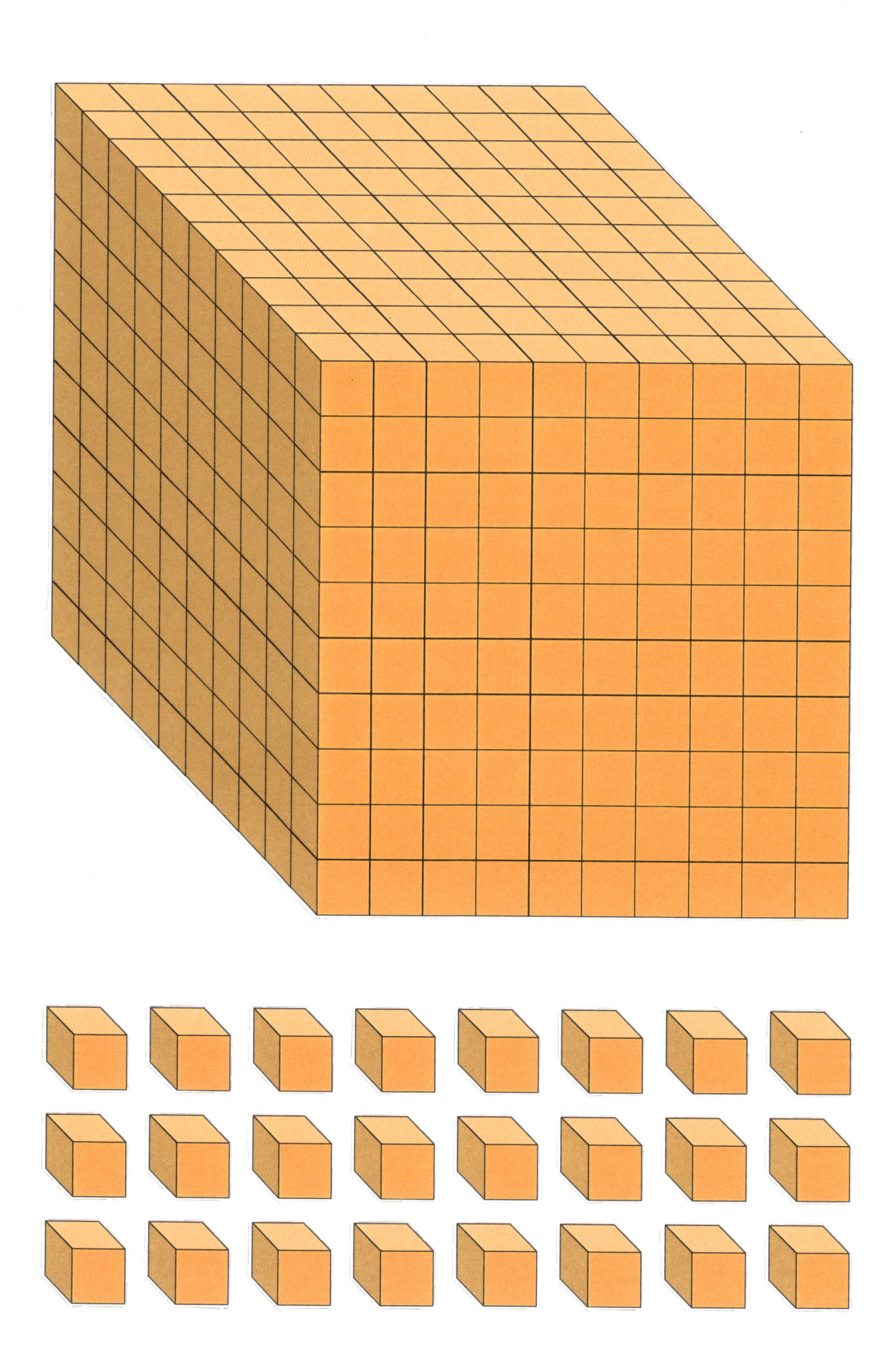

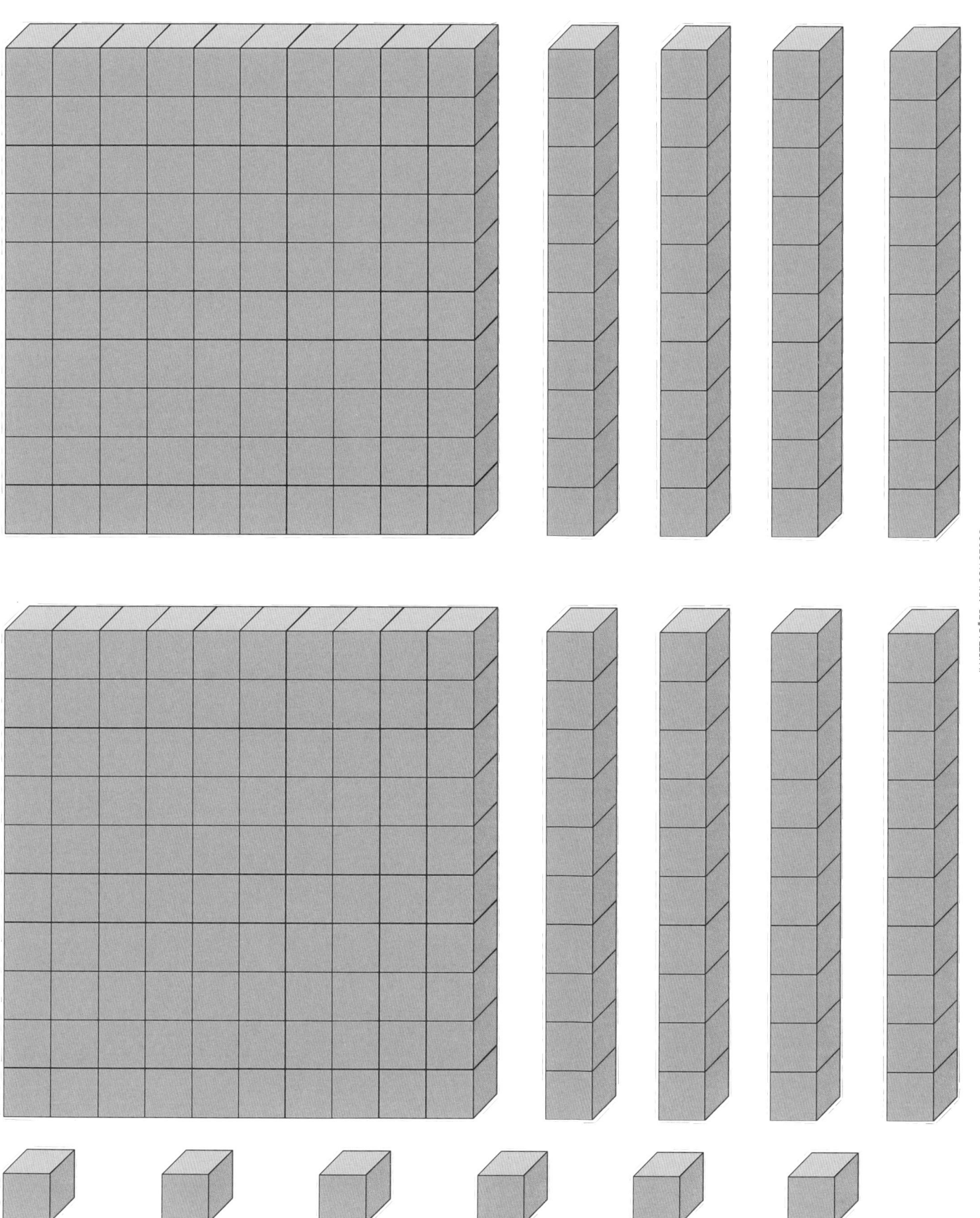

Este suplemento é parte integrante da obra *Matemática*, de Ênio Silveira e
Cláudio Marques. Não pode ser vendido separadamente. Editora Moderna.

ILUSTRAÇÕES: ADILSON SECCO

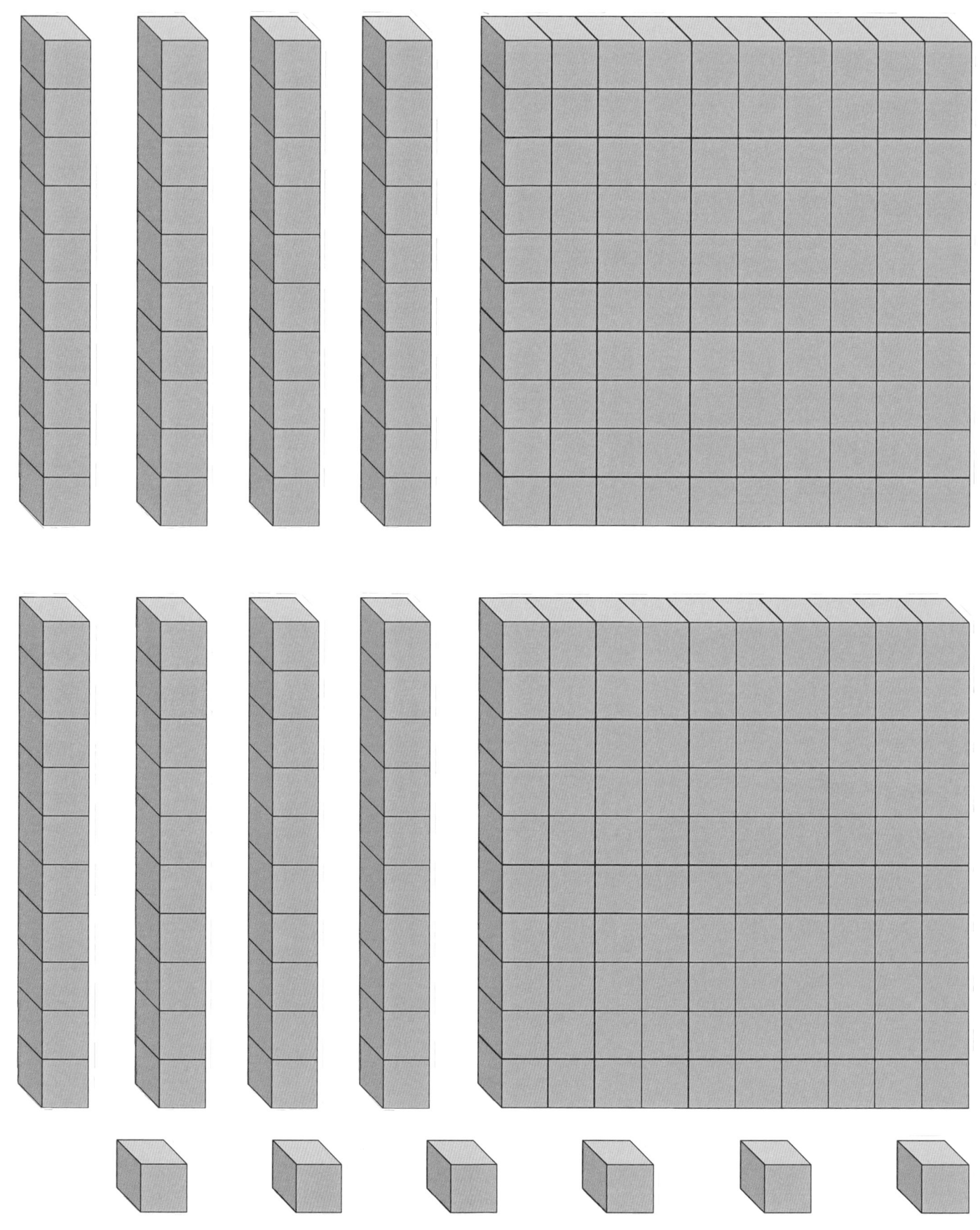

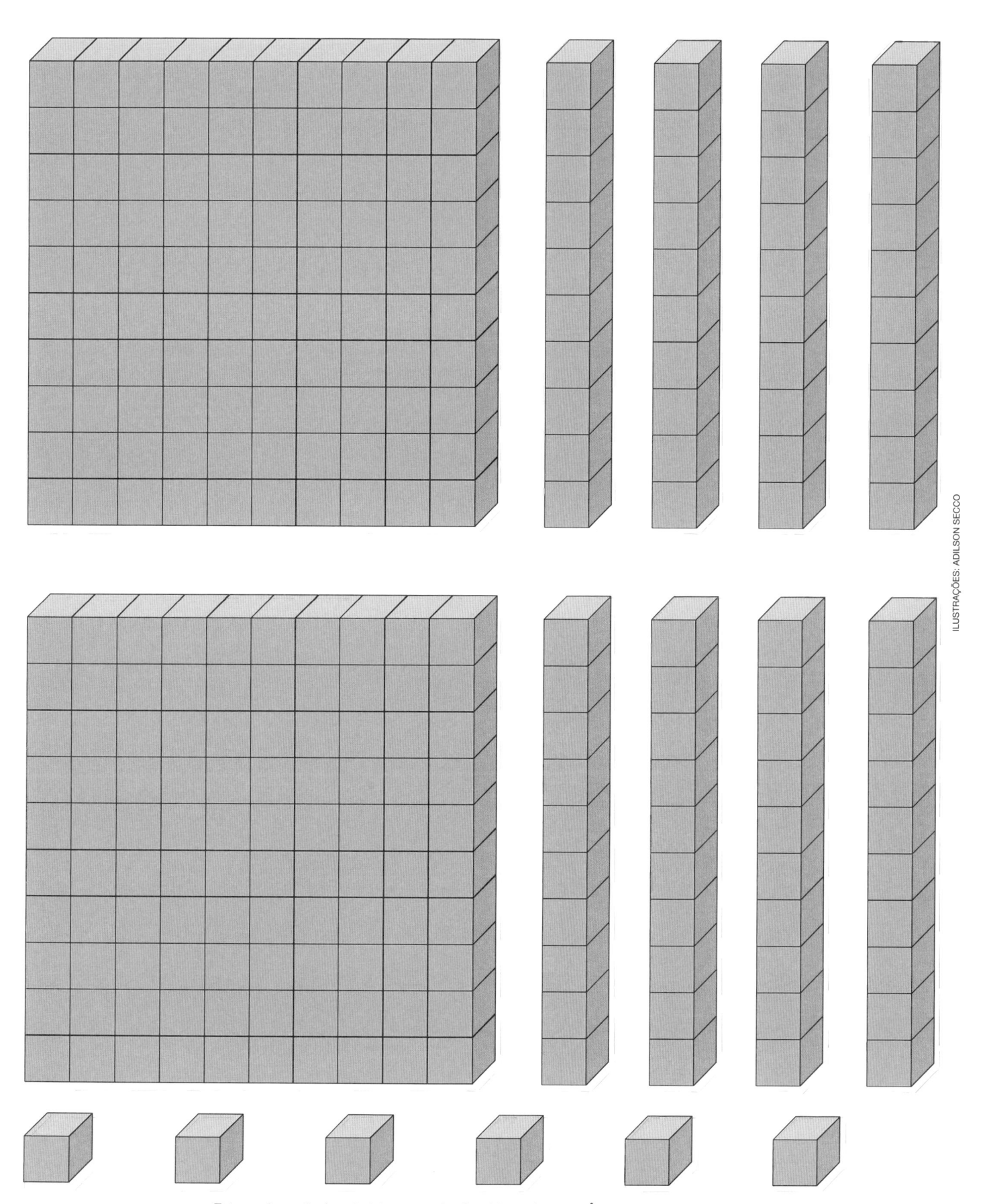

Este suplemento é parte integrante da obra *Matemática*, de Ênio Silveira e
Cláudio Marques. Não pode ser vendido separadamente. Editora Moderna.

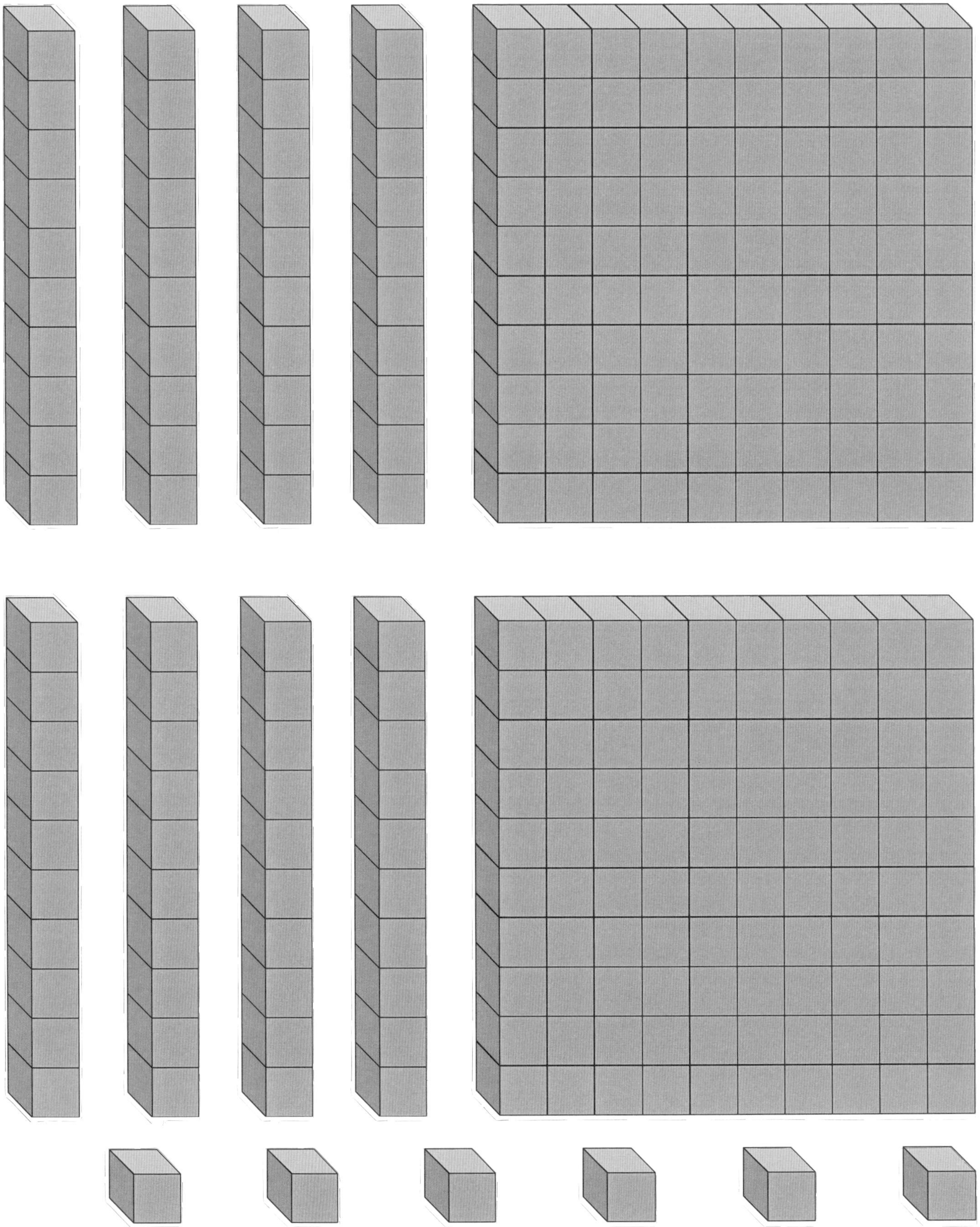

ILUSTRAÇÕES: ADILSON SECCO

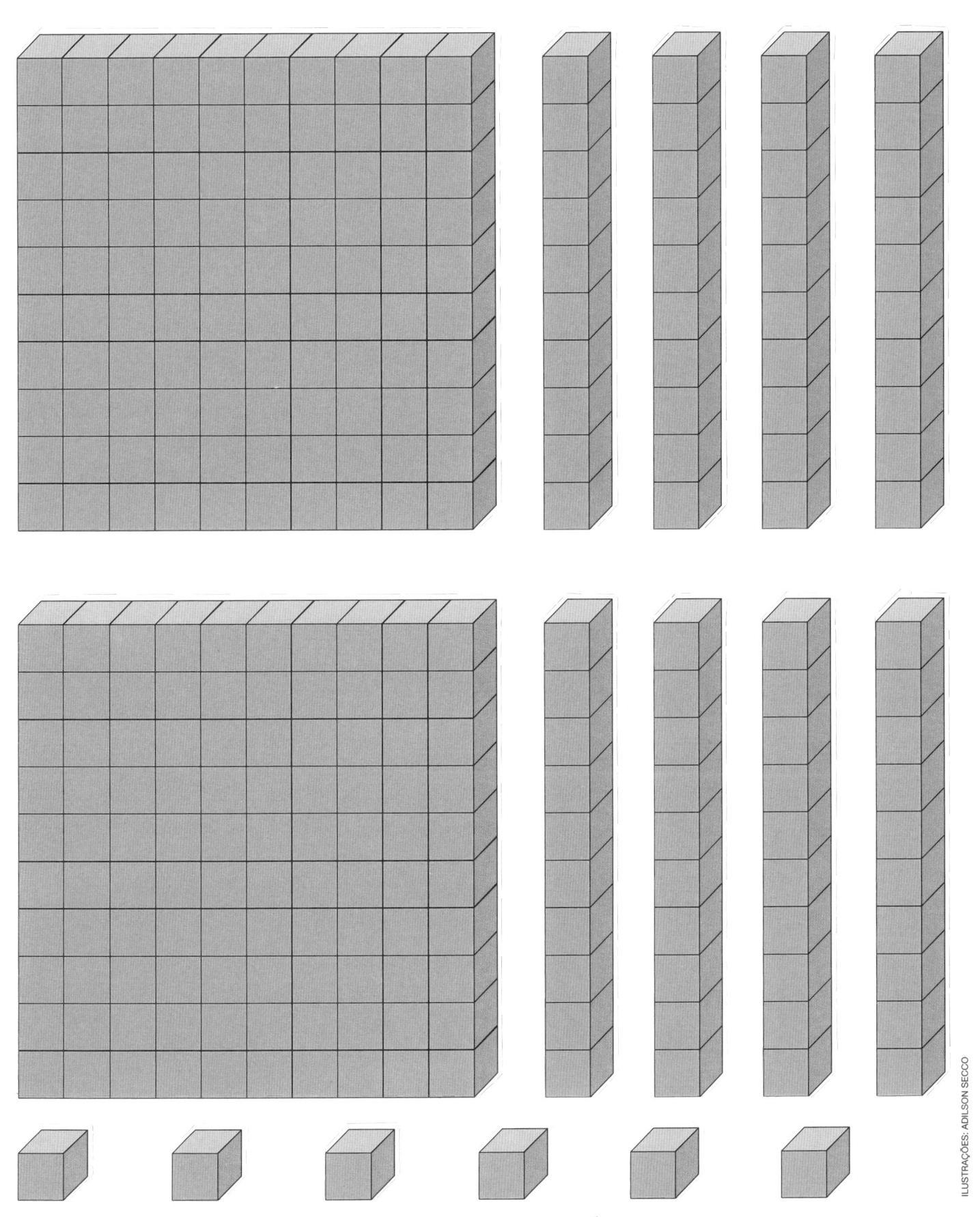

Este suplemento é parte integrante da obra *Matemática*, de Ênio Silveira e
Cláudio Marques. Não pode ser vendido separadamente. Editora Moderna.

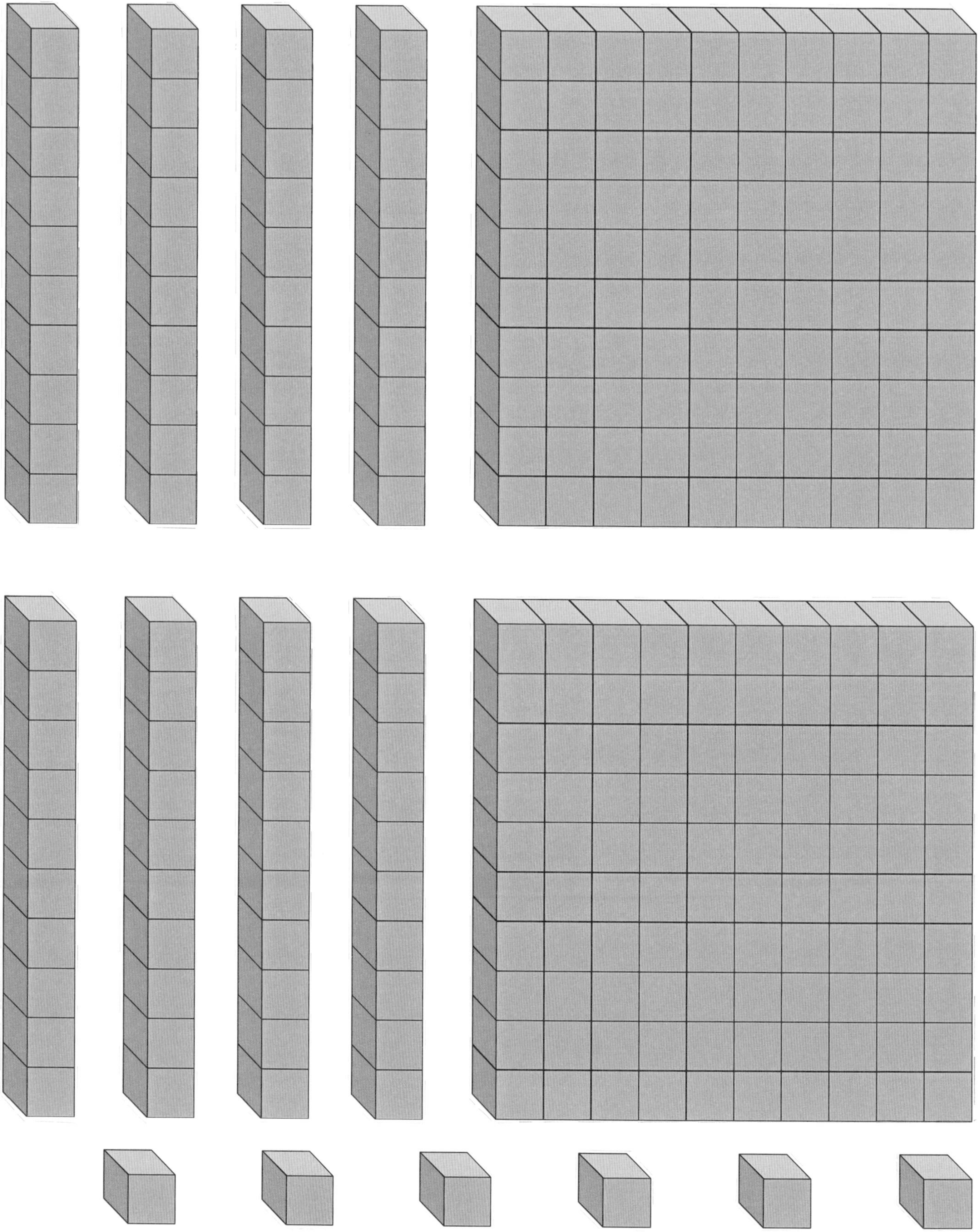

ILUSTRAÇÕES: ADILSON SECCO

Material para a atividade 3 da página 131 — **A8**

Este suplemento é parte integrante da obra *Matemática*, de Ênio Silveira e Cláudio Marques. Não pode ser vendido separadamente. Editora Moderna.

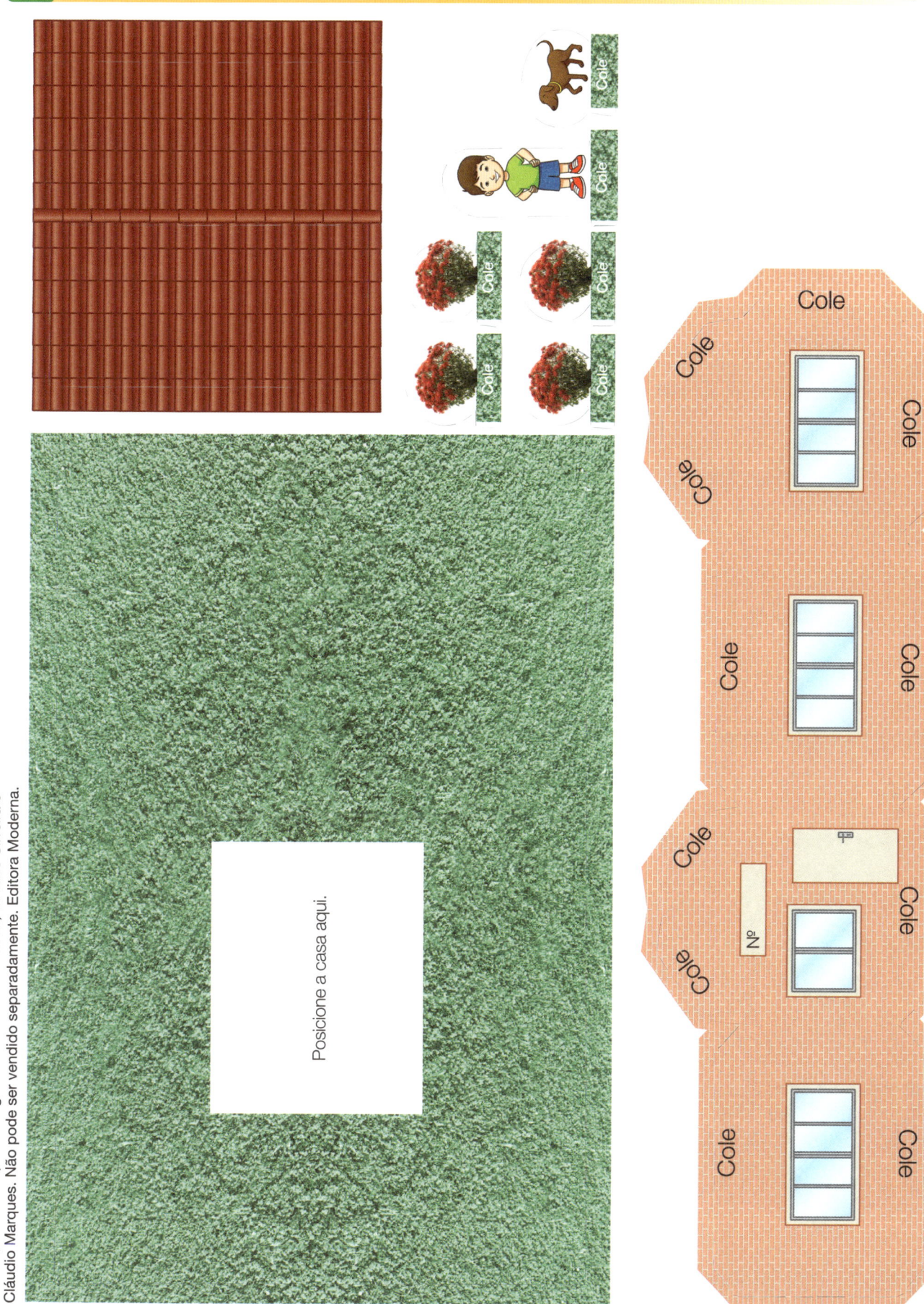

Material para a seção Agindo e construindo da página 154 — **A9**

Posicione a casa aqui.

Este suplemento é parte integrante da obra *Matemática*, de Ênio Silveira e Cláudio Marques. Não pode ser vendido separadamente. Editora Moderna.

ILUSTRAÇÕES: CREDITO

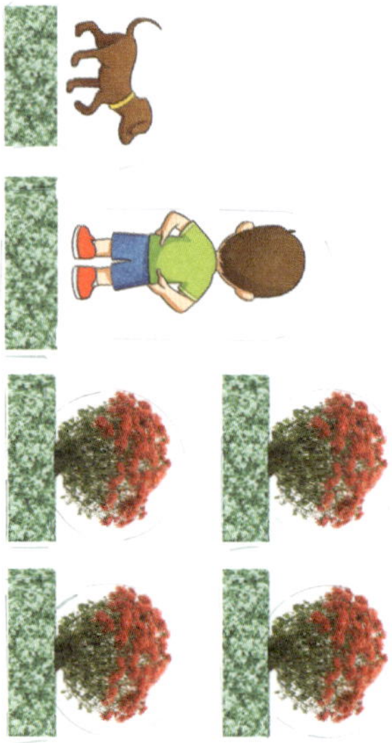
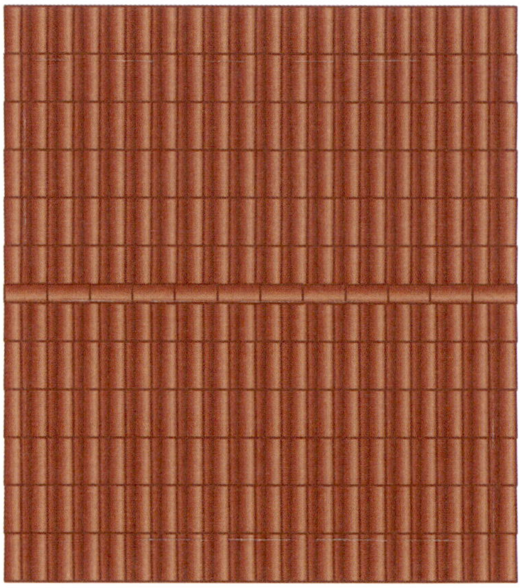

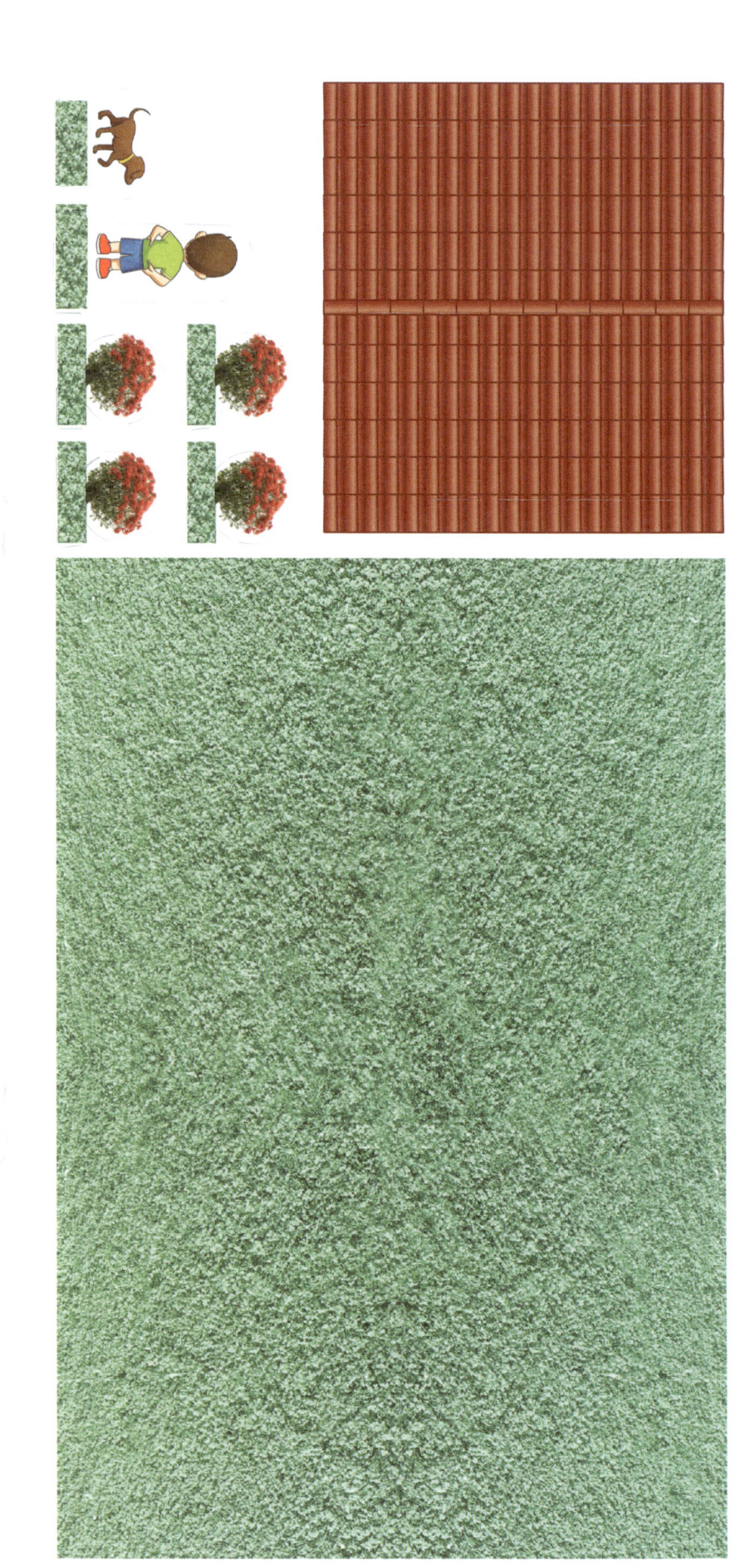